Walther Heissig
Die Mongolen

Walther Heissig

Die Mongolen

Ein Volk sucht seine Geschichte

Gondrom

Sonderausgabe für den Gondrom Verlag, Bindlach 1989

Gesetzt aus der Times der Linotype GmbH
Satz: Dörlemann-Satz, Lemförde
Druck und Bindung: Wiener Verlag, Himberg bei Wien
Printed in Austria
ISBN 3-8112-0639-7

Inhalt

1. Kapitel

Ex tartaro – aus der Hölle kamen sie

Die Mongolen und ihre »geheime Geschichte«

Welche Vorstellungen drängen sich uns auf, wenn der Begriff »Mongolen« fällt? Wir denken an das Einbrechen schneller wilder Reiterheere in Rußland, Ungarn, Schlesien; an die blutige Schlacht bei Liegnitz im Jahre 1241. Der Name Dschingis Khan stellt sich ein und mit ihm der Mythos des Schreckens, mit dem er verbunden war. All das, was unsere Vorfahren vor siebenhundert und mehr Jahren an Angst vor den kurzbeinigen Reitern auf struppigen kleinen Pferden empfanden, die sie »ex tartaro« – »aus der Hölle« entsprungen dachten – weshalb sie den Namen Tatar in Tartaren verwandelten –, lebt unterschwellig in uns noch weiter. Die Geschichtsschreiber der Jahrzehnte nach Dschingis Khan, die Augenzeugen seiner Kriegstaten, die mittelalterlichen Historiker, alle haben sich bemüht, ihn nur als grausamen Eroberer zu schildern. Sechzigtausend chinesische Mädchen sollen sich 1214 beim Herannahen der Mongolen von den Mauern der nordchinesischen Hauptstadt gestürzt haben, um nicht der mongolischen Soldateska in die Hände zu fallen, berichtet eine spätere persische Quelle. »Die Gebeine der Geschlachteten bildeten Berge, die Erde war fett vom Fett der Menschen und das Verfaulen der Leichen rief eine Seuche hervor«, weiß eine Gesandtschaft aus Choresm 1215 aus Dschingis Khans Hauptquartier im besiegten Nordchina zu berichten. Im Hochgefühl des Sieges soll Dschingis Khan den überlieferten Ausspruch getan haben: »Eines Mannes größte Freude ist, seine Feinde zu besiegen, sie vor sich herzutreiben, ihnen ihren Besitz zu rauben, ihre Lieben in Tränen zu sehen, ihre Pferde zu reiten und auf den weißen Bäuchen ihrer Weiber und Töchter zu schlafen.« Der Gewährsmann dieses Ausspruches ist wiederum ein vorderasiatischer Geschichtsschreiber, einer der Besiegten, nicht einer der Sieger. Von dem Vormarsch der Mongolen nach Vorderasien sagten die mohammedanischen Schriftsteller, daß »an manchen Plätzen nicht einmal Hunde und Katzen den Durchzug der mongolischen Reiter überlebten«. Die weiteren Feldzüge auch nach Dschingis Khans Tod werden in gleicher Weise geschildert. Den russischen Chronisten zufolge blieb nach der Einnahme von Riazan am 21. Dezember 1237 »kein Auge offen, um die Toten zu beweinen«. Und über den Fall von Moskau klagt ein Chronist: »Nichts war zu sehen als nur Erde und Staub, Sand, Asche, viel herumliegende Körper von Toten und die heiligen Kirchen, verwüstet, verwaist, verwitwet. Es klagten die Kirchen über ihre Pfarrkinder, die meist erschlagen waren, wie eine Mutter über ihre Kinder klagt.«

Die Vernichtung des deutsch-polnischen Ritterheeres mit dem schlesischen Herzog Heinrich an der Spitze, 1241 vor Liegnitz, verstärkte Europas Furcht vor den Mongolen. Der Domherr Roger aus Varasdin in Ungarn, dem es gelungen war, dem Tod und der Verschleppung durch die bis nach Ungarn vorgestoßene mongolische Heeresgruppe zu entgehen, klagte in seinem ›Carmen Miserabile‹ trauernd: »Wir fanden nichts als menschliches Gebein und Flecken christlichen Blutes auf den Palastwänden und den Wänden der Kirchen.« Stellvertretend für seine europäischen Zeitgenossen, schrieb Matthias von Paris in seiner Chronik der Zeit über die Mongolen: »Wie Heuschreckenschwärme über das Antlitz der Erde haben sie über die östlichen Länder schreckliche Verwüstung gebracht und haben sie mit Feuer und Metzelei vernichtet. Sie sind tierisch und unmenschlich, mehr Ungeheuer, die nach Blut dürsten und es trinken, als Menschen. Sie haben keine menschlichen Gesetze, kennen keine Behaglichkeit, sie sind wilder als Bären« – wiederum Aussagen von Flüchtlingen, die sich vor weiteren Überfällen fürchteten.

Weitaus der größte Teil der geschichtlichen Quellen über Dschingis Khan und seine Nachfolger ist später von vorderasiatischen mohammedanischen Historikern geschrieben worden. Selbst die große chinesische Geschichte der mongolischen Yüan-Dynastie, die über China bis 1368 herrschte, ist erst nach deren Sturz durch eine chinesische Nationalbewegung entstanden, geschrieben von achtzehn Chinesen, die 1369 damit begannen und die den Mongolen nicht ganz freundlich gesinnt waren.

Was weiß man über Dschingis Khan?

Man fragt sich, wie der Mann wirklich war, der in wenigen Jahrzehnten ein Reich zusammengezwungen hat, das von Nordchina bis an die Wolga reichte. Es gibt nur ein Bild von ihm, das viel jüngeren Datums ist. Es ist in der Reihe der Yüan-Kaiserbilder enthalten, die im Historischen Museum in Peking aufbewahrt sind. Man wird annehmen dürfen, daß diese Bilder der Mongolenkaiser und ihrer Frauen auf historische Vorbilder zurückgehen. Es zeigt Dschingis Khan schon als alten Mann mit weißem, schütteren Bart. Augenzeugen des Feldzuges 1222 gegen Choresm im Westen der Mongolei, nach dem heutigen Turkestan, schildern ihn als groß, breitschultrig, mit spärlichen grauen Haaren und Katzenaugen. Das ist wenig an Aussagen über diese Persönlichkeit. Aber hat sich sonst nichts erhalten an Andenken an den großen Mann? Auch darauf lautet die Antwort nein. Sein Grab ist trotz heftigen Bemühens nicht gefunden worden. Im Ordusgebiet, jenem trockenen und wenig fruchtbaren Gebiet, das der Gelbe Fluß auf seinem Weg zum

Meer wie mit einem Knie umschließt, besteht seit Jahrhunderten eine Opfer- und Gedenkstätte für Dschingis Khan, die »Acht weißen Zelte«. Die Errichtung dieser Gedenkstätte geht zurück auf die Zeit seines Todes im Jahre 1227. Damals wurden an vier Orten vier Palastzelte als Katafalke zu seiner Verehrung aufgebaut. Seit dem 15. Jahrhundert, seit der Stamm der Ordus am Hoangho-Knie wohnt, werden die acht weißen Zelte dort verehrt. Viermal im Jahr wurden und werden große Opferzeremonien abgehalten. Im weißen Doppelzelt »Palast des Dschingis« wurde ein Sarg mit angeblichen Überresten und Reliquien Dschingis Khans aufbewahrt. Doch was je an derartigem vorhanden war, ist während des Aufstandes der chinesischen Mohammedaner 1862–1877 verbrannt worden. Damals wurde auch eine geschichtliche Aufzeichnung, die aus alter Zeit stammen sollte, die ›Rote Chronik‹, vernichtet.

Reliquienkult ohne Reliquien

Als 1939 die Gefahr bestand, japanische Truppen könnten über den Hoangho weg ins Ordusgebiet vorstoßen und die Zelte des Dschingis Khan-Heiligtums in Besitz nehmen, brachte die Tschiang Kai-scheck-Regierung Nationalchinas die Zelte in einem Höhlentempel bei Lanchow in Sicherheit. Um diese Chance ärmer, versuchten dann die Japaner im Laufe des Zweiten Weltkrieges, die Werbewirksamkeit der Reliquien der »Acht weißen Zelte« für die Gewinnung der Sympathie der Mongolen auszunützen. Man plante die Errichtung eines Dschingis Khan-Tempels in einem chinesisch-japanischen Mischstil in Wang-yeh-miao, der damaligen Verwaltungshauptstadt der von den Japanern besetzten östlichen Mongolei der Hsingan-Provinzen. In einem Werbeplakat dieser Zeit hieß es: »Nun wünschen wir, daß in Wang-yeh-miao vor dem Khan-Berge an einem auserwählten Platz ein großer Tempel erbaut werde, wo der Schutzgeist des heiligen Stammesvaters der Mongolendynastie eifrig verehrt wird, so daß es für den Aufbau eines geeinten Großostasiens ein leuchtender Spiegel werde und im Nordwesten Großasiens für immer ein festes Bollwerk sei . . .« Die Japaner wollten damals Ideen des alten mongolischen Dschingis Khan-Kults mit Gedanken eines dem japanischen Bushido nachempfundenen neuen Kultes vereinen. Der Ausgang des Krieges machte durch diese Pläne und den Bau des Dschingis Khan-Heiligtums in Wang-yeh-miao in der Ostmongolei einen Strich.

Nach dem Sieg der Kommunisten in China standen die Rotchinesen nun vor der Frage, was man mit den in Lanchow gelagerten Reliquien und Zelten des alten Dschingis Khan-Heiligtums aus dem Ordusgebiet tun solle.

Die rotchinesische Regierung mußte berücksichtigen, daß der Traum vom großen Mongolenreich unter einem neuen Dschingis bei den Mongolen noch nicht ausgeträumt war, wenn diese auch heute ihre Herden im Kooperativ hüten.

So begann man 1955 im Ordusgebiet in Edschen horo, dem alten Platze der mongolischen Dschingis Khan-Verehrung, wo schon bis 1939 die »Acht weißen Zelte« gestanden hatten, mit dem Bau eines Heiligtums. Das »Museumshaus«, wie es offiziell genannt wurde, bedeckt eine Fläche von 2400 Quadratmetern. Es ist in starker Anlehnung an jenen Bauplan entstanden, den schon Werbeplakate des japanischen Bauvorhabens in Wang-yeh-miao zeigten. Von einem kuppelförmigen Hauptbau, der über dem Toreingang eine Tafel mit der mongolischen Inschrift »Dschingis Khan-Palast« trägt, ziehen sich nach rechts und links flache Saalgänge hin, die wieder in Kuppelbauten enden. In ihnen sind die alten Zelte mit den Dschingis Khan-Reliquien, in den seitlichen, sechzehn Meter hohen Kuppelbauten die Feldzeichen, die »Schwarze« und die »Scheckige« Süldestandarte, aufgestellt. Am 8. April 1956 wurde im Beisein hoher mongolischer und chinesischer kommunistischer Würdenträger das Heiligtum-Museum eingeweiht, indem man dem alten Zeremoniell folgend ein großes

Weiheopfer für Dschingis Khan hielt. Seither finden in Edschen horo viermal im Jahre wieder die Opferfeierlichkeiten für Dschingis Khan statt. Rotchina hat nicht wie die Mongolische Volksrepublik jahrelang unter russischem Druck Dschingis Khan als einen feudalen Unterdrücker der Mongolen verdammt, sondern der herrschenden mongolischen Auffassung und dem mongolischen Nationalstolz Rechnung getragen.

Die Zeugen der Vergangenheit

Um herauszufinden, wie die Vergangenheit wirklich war, um Geschichte zu schreiben, braucht der Historiker Quellen. Die Zeitgenossen des Mongoleneinfalls in Osteuropa berichteten in lateinischer Sprache und in Russich darüber, die unterworfenen Völker, die Perser, Armenier und Georgier, schrieben darüber in ihren Sprachen. Und China, das Land, das am längsten und meisten mit den Mongolen zu tun hatte und hat, besitzt viele Werke in chinesischer Sprache über die Mongolen: offiziöse Geschichtswerke, Tagebücher, private Aufzeichnungen.

Und die Mongolen selbst?

Jahrzehntelang hat man die Meinung vertreten, die Mongolen hätten keine eigenen historischen Aufzeichnungen, hätten keine eigene Literatur. Im vergangenen Jahrhundert kannte man nur ein mongolisches Geschichtswerk: die Chronik, die der Ordusfürst Saghang setschen 1662 geschrieben hatte. In den letzten sechzig Jahren aber hat sich dieses Bild gewandelt. Immer mehr Handschriften der Mongolen mit geschichtlichen Angaben sind aufgefunden worden.

Unruhe und Krieg erschweren es, Zeugnisse der Vergangenheit zu bewahren. Die Geschichte der Mongolen ist besonders reich an kriegerischen Zwischenfällen. Trotzdem zeigt sich immer mehr, daß die Mongolen das zentralasiatische Volk mit den meisten Geschichtswerken sind.

Dabei ist vieles freilich für immer dahin, ist vernichtet, vergessen, verbrannt, mutwillig zerstört oder das Opfer unsachkundiger Finger geworden.

1742 gab der Mandschukaiser Kienlung den Befehl, alle in mongolischen Familien befindlichen Bücher einzusammeln und nach Peking zu bringen. Zwar erstreckte sich die Anordnung in erster Linie auf religiöse Schriften, aber ein großer Teil mongolischer Geschichtswerke dürfte damals für immer in den Palastarchiven in Peking verschwunden sein.

Der Bericht eines Augenzeugen aus dem blutigen Boxeraufstand 1900 läßt ahnen, was durch Unverstand und Rachsucht in den Tempeln und Sommersitzen rund um Peking allein an vergessenen literarischen und historischen Werken und Schätzen verloren ging. Bei einem Streifzug nach Norden, der großen chinesischen Mauer zu, kamen er und seine Reiter schließlich zu einer der »kleinen Bergburgen mit dicken Außenmauern und hohen Wachtürmen, wo in alter Zeit die Räuberhorden aus den mongolischen Ebenen solange aufgehalten wurden, bis Hilfe aus dem Hinterland herbeigeholt werden konnte«.

»Auf der höchsten Spitze eines der Türme« – berichtet der Augenzeuge – »entdeckten wir eine verschlossene Tür. Wir schlugen sie inmitten von Schauern von Staub ein und drangen in einen Raum ein, wie ihn eine Hexe im mittelalterlichen Europa heiß geliebt haben würde. Nichts als Spinnweben, Staub, flatterndes graugelbes Papier und Verfall. Es war alles ungeheuer alt.

Und wir fanden doch etwas. Es waren nämlich ein paar Truhen versteckt worden. Als wir diese aufbrachen, entdeckten wir große Bücher aus gelbem Pergament so alt und so verquollen, daß sie in Stücke zerfielen, sobald man sie nur anrührte. Diese waren in irgendeiner mongolischen oder Mandschu-Schrift geschrieben. Auch sie waren Jahrhunderte alt. Aber da war noch sonst etwas – ein großer Fund. Unter den Büchern fanden wir Helme mit Silber und Gold eingelegt und mit schwarzem Samtputz, der mit kleinen eisernen Knöpfen besetzt war.«

»An diesem frühen Morgen« – schreibt der enthusiastische

Augenzeuge dieses Fundes weiter – »schien es uns, als ob wir auf einmal das Mittelalter entdeckt hätten. Denn diese Sachen waren nicht einmal frühe Mandschuzeit: sie waren mongolisch . . .«

Nichts aber berichtet er über den Verbleib der zerfallenen Geschichtsdokumente. Damals schien es viel wichtiger, die alten Rüstungsstücke nach Europa zu schleppen und damit ein Herrenzimmer zu schmücken.

1870 empörten sich die chinesischen Mohammedaner in den nordwestlichen Provinzen Chinas, die Dunganen. Plündernd und raubend brachen sie auch in das von Mongolen bewohnte Ordusgebiet ein. Sie überfielen auch Edschen horo, die Dschingis Khan-Kultstätte. Eine Kiste, in der sich neben einigen Haaren und den Socken Dschingis Khans auch zwei alte Chroniken in alter mongolischer Schrift befanden, wurde von ihnen verbrannt. Das erzählten die Darchaten, die Hüter des Heiligtums, einem burjatischen Gelehrten, der 1910 im Ordusgebiet nach alten mongolischen Geschichtswerken suchte.

1927 hatten mongolische Gelehrte herausgefunden, daß eine Abschrift eines der so vernichteten Geschichtswerke, der ›Roten Chronik‹, sich im Alaschangebirge bei den dort ansässigen Uratmongolen befinden sollte. Sie suchten dort und fanden tatsächlich ein Manuskript. Auf der Heimreise stieß die Gruppe aber kurz vor der Stadt Paotow auf chinesische Soldaten des Generals Feng Yü-hsiang, der sich sehr zu Unrecht »der christliche General« nannte. Die chinesischen Soldaten verbrannten das unersetzliche Geschichtswerk mit einem anderen, in schwer entzifferbarer uighuro-mongolischer Schrift geschriebenen alten Werk, das ›Die goldenen Rätsel Dschingis Khans‹ hieß.

Inzwischen hat ein amerikanischer Privatmann in einem Schreiben an mich behauptet, er habe, in der Zeit der Kämpfe des christlichen Generals Feng Yü-hsiang gerade in China anwesend, von dessen Soldaten ein Paket mit alten mongolischen Texten, darunter die ›Rote Chronik‹, kaufen und so retten können. Jede weitere Kontaktaufnahme mit diesem Briefschreiber aber scheiterte, und damit wissen wir nicht, ob es ein Scherz dieses Briefschreibers war, oder die ›Rote Chronik‹ tatsächlich noch existiert.

Diese Liste der verlorenen Werke könnte man noch lange fortsetzen. Das Interesse der Mongolen an ihrer Nationalliteratur ist heute erwacht. Noch immer finden sich neue Kostbarkeiten in alten Klosterruinen, in Kisten, die im Dünensand versteckt wurden. In den kurzen Sommermonaten ziehen in der Mongolischen Volksrepublik Gelehrte und Bücherliebhaber durch die dünn besiedelten Steppengebiete. Sie suchen nach Handschriften. Ein mongolischer Gelehrter allein brachte 1960 von einer solchen sommerlichen Suchexpedition alter Bücher dreieinhalb Lastwagen mit alten Manuskripten nach der Hauptstadt Ulan-Bator zurück. F. Bischoff, der Sohn des 1960 verstorbenen langjährigen österreichischen Botschafters in Moskau, der schon 1957 die Mongolische Volksrepublik bereisen konnte, schildert, wie mongolische Gebildete heute ihre Urlaubszeit der Suche nach alten Literaturdenkmälern widmen. Er hielt sich 1957 auf seiner Reise unter anderem auch einige Tage an den »Drei Seen« (Gurban nuur) auf, »einem im Nordosten der Mongolei gelegenen, von der Tradition als die Geburtstätte Dschingis Khans angesehener Ort, an dem die mongolische Regierung ein malerisches Erholungsheim für ihre Beamten errichtet hat. Herr Delig« – berichtet F. Bischoff – »Publizist in Ulan-Bator und Bibliophile, war dort unser Nachbar. Er benützte seinen Urlaub dazu, bei Viehzüchtern und ehemaligen Lamamönchen Bücher zu erwerben. Die Umschlagtücher der eingehandelten Bücher wusch er und hängte sie zum Trocknen an die Wäscheleine neben unserer Blockhütte. Hierdurch wurden wir auf seine Sammlertätigkeit aufmerksam. Die Neugierde ließ uns keine Ruhe. Als der Zeitpunkt gekommen schien, da wir Herrn Delig bitten durften, uns seine erworbenen Schätze zu zeigen, hatte er sich leider bereits zur Abreise gerüstet, und seine Bücher waren bereits verpackt. Um uns aber nicht völlig zu enttäuschen, war Herr Delig so freundlich, einige Schriften wieder auszupacken . . .«

Ein Ende der Funde ist da noch nicht abzusehen. Die Mongolei steht auf dem Gebiete der Entdeckung ihrer alten Literatur- und Geschichtsdenkmäler dort, wo Deutschland zur Zeit der Brüder Grimm sich befand: im Sammelzeitalter.

Das Goldene Buch

Als der gelehrte Jude Raschid ad Din, Wesir des Mongolenherrschers Gazan (1295–1304), der über Persien regierte, den Auftrag erhielt, die Geschichte der mongolischen Vorfahren des Herrschers über Persien zu verfassen, durfte er nicht die offizielle Chronik des Herrscherhauses benützen. Diese galt als geheim und war niemandem als den Angehörigen des Herrscherhauses zugänglich. Sie war in mongolischer Schrift geschrieben und bestand, wie Raschid ad Din versichert, aus vielen einzelnen ungeordneten Fragmenten. Man hielt das ›Altan debter‹, das ›Buch der Goldenen (Familie)‹ so geheim, daß nicht einmal der Historiker, der doch im Auftrag des Herrschers schrieb, es einsehen durfte. Niemand als die Angehörigen eines mongolischen Stammes, der zur Bewachung des ›Goldenen Buches‹ eingesetzt war, hat jemals außer Mitgliedern der Königsfamilie dieses alte Geschichtswerk gesehen.

Ein anderes Exemplar dieser Familienchronik in mongolischer Sprache, ebenfalls vor profanen Augen geheimgehalten, diente der Kommission der chinesischen Gelehrten, die im 14. Jahrhundert nach dem Sturz der Mongolenherrschaft in China die offizielle chinesische Geschichte dieser Dynastie zusammenstellte. Das weiß man aus der Erwähnung dieses Werkes in dem chinesischen Geschichtswerk.

So war das 1310, und so ist es bis heute geblieben, denn das Manuskript des ›Altan debter‹ ist bis heute nicht gefunden worden.

Es hat also mongolische Aufzeichnungen aus der Zeit Dschingis Khans und seiner Söhne gegeben, aber sie scheinen verlorengegangen zu sein.

Es vergingen über 500 Jahre, bis man etwas Neues über die geheime Chronik der Familie Dschingis Khans erfuhr. Die russisch-orthodoxe Kirche hatte im vergangenen Jahrhundert die bestimmte Absicht, die Chinesen zu ihrer Form des Christentums zu bekehren. Zu diesem Zweck unterhielt sie in Peking ihre »Geistliche Mission«. Einige Mitglieder waren große Kenner der Sprachen des chinesischen Reiches, und man verdankt ihrer Feder tiefschürfende Untersuchungen und gekonnte Übersetzungen chinesischer historischer Werke. Einer der geistlichen Bewohner des großen Hofgevierts im Nordosten der Stadt Peking, das nahe dem großen Lamatempel Yung-Ho-Kung die Mission beherbergte, war vor etwa mehr als hundert Jahren der Archimandrit Palladius. Er war ein gelehrter Herr und ein Freund alter chinesischer Bücher. So kam ihm denn auch eines Tages ein chinesisches Werk unter die Hände, das eine genaue Geschichte Dschingis Khans enthielt. Palladius übersetzte es 1866. Dann vergingen weitere sechs Jahre, bis der Zufall dem hohen Würdenträger der russisch-orthodoxen Kirche ein Manuskript in die Hände spielte, das völlig neues Licht auf Dschingis Khan und seine Taten werfen sollte. 1872 kaufte Palladius eine Handschrift, die den Wortlaut eben jener frühen mongolischen Chronik enthielt, die schon der Chronist Raschid ad Din vergeblich zu erlangen versucht hatte. Sie war, wie es zum Schluß hieß: »beendet worden, als wir mit dem Palast lagerten . . . im siebten Monat des Rattenjahres (1240), bei der Zusammenkunft zum großen Reichstag«.

Palladius hatte das Manuskript aus der Bibliothek eines chinesischen Bücherliebhabers bekommen. Er begriff rasch, welch kostbares geschichtliches Material er besaß. Er verkannte aber nicht die Schwierigkeiten, die sich hier boten, um diesen Schatz aus dem Dunkel der frühen mongolischen Geschichte zu heben. Dieses Geschichtswerk der Mongolen war nicht auf mongolisch geschrieben, sondern chinesische Zeichen gaben den Lautwert des Mongolischen wieder. Mit den chinesischen Zeichen kann man jede Sprache unserer Welt wiedergeben. Der in Deutschland oft verwendete Name Müller schreibt sich auf chinesisch:

Mu 木

lo 螺

erh 兒

Dementsprechend hatten die Verfasser des Textes, den Palladius gefunden hatte, geschrieben; Dschingis hieß hier

Ch'eng 成

chi 吉

ssu 思

und in der gleichen Weise war jedes andere Wort des in mongolischer Sprache abgefaßten Werkes mittels chinesischer Schriftzeichen wiedergegeben. Palladius arbeitete an der Wiederherstellung des mongolischen Textes, aber es war ihm nicht vergönnt, den Abschluß dieser Arbeit zu erleben. 1878 reiste er nach Europa zurück, in Marseille erreichte ihn der Tod. Seine Textwiederherstellung kam an den russischen Mongolisten A. Pozdneew. Dieser gab dann auch das erste Kapitel der Rekonstruktion heraus. Nur ein Exemplar hat jemals ein westliches Land erreicht. Dann fiel der Vorhang über die ›Geschichte

Dschingis Khans‹. Jahrelang hieß es, das Manuskript der Wiederherstellung des mongolischen Textes durch Palladius habe ein Student gestohlen, es sei unauffindbar. Als Pozdneew gestorben war, fand man die Textwiederherstelllung des Palladius in Leningrad in einem Winkel seines Schreibtisches. Sie ist zwar gefunden, aber bis heute noch nicht veröffentlich worden. Pozdneews eigener wissenschaftlicher Ehrgeiz blockierte für Jahrzehnte die weitere Forschung.

Ehrenrettung der Ming-Dynastie

Es sieht oftmals so aus, als ob historische Erkenntnisse und Nachrichten reifen und schlummern müßten, ehe sie auf die dann staunende Nachwelt hereinbrechen. Ist dann der Zeitpunkt erfüllt, ist gegen das Bekanntwerden der Nachrichten nichts mehr auszurichten. Sie machen sich selbst bekannt, gleichgültig, ob die Nachwelt dies wünscht oder nicht.

Kaum hatte Palladius die Aufmerksamkeit auf jene Chronik aus der Frühzeit der Mongolen gelenkt, als es 1899 dem japanischen Historiker Naito glückte, eine andere Handschrift des gleichen Werkes, wiederum in mongolischer Sprache, mit chinesischen Schriftzeichen geschrieben, aufzufinden. Und nur wenig später erschien 1907 ein Druck eines solchen Textes.

Der Titel war ›Die Geheime Geschichte der Mongolen‹ (Monghol-un niguca tobciyan). Als man die darin enthaltenen Nachrichten mit den von Raschid ad Din und anderen mohammedanischen Historikern des 14. Jahrhunderts auf Grund des ›Goldenen Buches‹ mitgeteilten verglich, stellte sich heraus, daß sie übereinstimmten. Man hatte die ›Geheime Geschichte‹, die vor dem gewöhnlichen Volk geheimgehaltene Chronik der Taten Dschingis Khans und seiner Söhne, gefunden.

Wie aber kam es, daß das wichtigste Werk der Mongolen über ihre Geschichte in chinesischen Schriftzeichen aufgezeichnet worden war? Ganz im Gegensatz zu unserer landläufigen Vorstellung, die aufständischen Chinesen hätten 1368 nach der Vertreibung der Mongolen aus China alles, was in mongolischer Schrift geschrieben war, vernichtet, haben die Chinesen das Mongolische gepflegt und weiterentwickelt. Tausende von mongolischen Soldaten gingen nach 1368 freiwillig zu den Ming, den neuen Herrschern auf Chinas Thron, über. Das übrige Asien bis an die Grenzen Europas aber hatte sich an die mongolische Sprache so gewöhnt, wie wir uns heute des Englischen als gemeinsamer Sprache auf internationalen Kongressen, Tagungen und Konferenzen bedienen. So kam es,

daß die mongolische Sprache nach dem Herrschaftsantritt der Ming-Dynastie nicht an Bedeutung verlor, sondern im Gegenteil zunahm;

daß 1407 vom Ming-Kaiser in Peking ein Institut für Fremdsprachen neu organisiert wurde, das besonders das Mongolische betrieb und förderte;

daß 1452 China seine Gesandtschaftsschreiben nach dem Westen noch immer auf Mongolisch schrieb. Das Mongolische hatte die gleiche Bedeutung, die die lateinische Sprache im mittelalterlichen Europa besaß und die das Englische in unserer Zeit hat, nämlich die einer allgemeinverständlichen, völkerverbindenden Sprache.

In jenen Jahren nun hat man auch die ›Geheime Geschichte der Mongolen‹, die frühe Geschichte Dschingis Khans und seines Sohnes Ögödei, aus dem Mongolischen mittels chinesischer Schriftzeichen aufgeschrieben und in die große Sammlung klassischer Literatur des Ming-Kaisers Yungloh aufgenommen. Damals waren die Chinesen noch tolerant.

Wettstreit der Gelehrten

Die Neuausgabe des Textes der ›Geheimen Geschichte‹, in mongolischer Sprache mit chinesischer Schrift, die der chinesische Gelehrte Ye Te-Hui 1907 nach der Niederschrift aus dem Beginn des 15. Jahrhunderts hergestellt hatte, wäre wieder vergessen worden, wenn nicht der französische Gelehrte Paul Pelliot über dieses Werk berichtet hätte. Nun begann ein Wettstreit der Gelehrten bei der Erschließung dieses Originalwerkes aus der Zeit von Dschingis Khans Sohn Ögödei, geschrieben 1240. Zunächst glaubte man, Pelliot würde seine Wiederherstellung des mongolischen Urtextes und seine Übersetzung vorlegen – aber die Jahre vergingen. Dann widmete sich der deutsche Gelehrte Erich Haenisch, damals Ordinarius für Sinologie an der Universität Berlin, dieser großen Aufgabe, und ihm gelang es. 1940 konnte er eine Übersetzung der alten Chronik über die Taten Dschingis Khans veröffentlichen, nachdem er vorher den Text wiederhergestellt hatte. Es folgten russische, japanische, türkische, französische und englische Übersetzungen. Seither weiß man mehr über Dschingis Khan. Halb Chronik, halb Epos, berichtet die ›Geheime Geschichte‹ über die Taten des Mannes, der die Mongolen von einer kleinen Sippe zu einer Macht emporführte, die die halbe, damals bekannte Welt beherrschte.

Wo blieb das Original?

Was Haenisch, nach ihm P. Pelliot, und seither viele Gelehrte bearbeiteten, war die lautliche Umschreibung eines mongolischen Originaltextes. Wo aber gab es das Original? Existierte es überhaupt noch? Diese Frage bewegte die Mongolisten der zwanziger und dreißiger Jahre sehr. Gab es überhaupt ein Original in mongolischer Schrift? Oder war der Text von Anfang an mittels chinesischer Zeichen aufgezeichnet worden, die nur die einzelnen Silben der mongolischen Worte wiedergaben?

1929 fanden die Mongolen des Wissenschaftlichen Komitees der Mongolischen Volksrepublik eine Handschrift, die den Titel ›Goldene kurze Geschichte‹ führte. Als man dieses Manuskript näher untersuchte, stellte sich heraus, daß es mehr als zwei Drittel der ›Geheimen Geschichte‹ wörtlich wiedergab. Ihr Verfasser war ein lamaistischer Mönch, der um 1655 sein Werk aus verschiedenen alten Chroniken zusammengestellt hatte. Die Mongolen sandten eine Abschrift des neuen Textes an Paul Pelliot nach Paris, der ihn auch in seinen nächsten Arbeiten erwähnte, ihn jedoch nicht veröffentlichte.

1936 reiste Erich Haenisch durch die Mongolei auf der Suche nach dem Urtext der ›Geheimen Geschichte‹. Er sah Lamas und Hirten, wohnte in einsamen Gegenden. »Auf dem Waldgebirge Boghdo Ola am Südufer der Tula, gegenüber der Stadt, hatte ich mein Zelt aufgeschlagen«, berichtet er darüber. »Mein Bursche, ein Burjat und früherer Kosak, besorgte mich. Morgens holte ich mir das Wasch- und Teewasser aus dem nahen Waldbach. Nachts hörte ich von dort das Geheul der Wölfe. Abends aber saß ich in der Jurte eines russischen Kollegen, im Gespräch mit mongolischen Lamas: Ob es im Lande Germani auch Berggeister gebe wie in der Mongolei, als wilde Pferde oder wilde weiße Kamele? Der Boghdo Ola habe einen solchen, der als wildes Rind erscheine. Er sei schon öfter gesehen worden ...« Die Urschrift der ›Geheimen Geschichte‹ aber fand Haenisch auf dieser Reise nicht. »In Urgha« (der alte Name für Ulan-Bator), erzählte er, »wo ich über einen Monat im Wissenschaftsamt wohnte, fast täglich in der Bibliothek saß, jeden Druck und jedes Manuskript in der Hand gehalten und vor allem eben nach der ›Geheimgeschichte‹ gefahndet habe, hat man geglaubt, mir den kurz vorher gemachten Fund einer mongolisch geschriebenen Handschrift verschweigen zu müssen; wohl aus einem Loyalitätsgefühl gegen den Pariser Kollegen, dem man sogleich eine Fotokopie übersandt hatte.«

Nun, die Mongolen verschwiegen trotzdem nichts. Schon 1937, ein Jahr nach Haenischs Besuch in Ulan-Bator, veröffentlichten sie die neuaufgefundene Handschrift des ›Altan tobtschi‹, der ›Goldenen kurzen Geschichte‹, im Druck. Niemand konnte voraussehen, daß, durch den Zweiten Weltkrieg und seine Folgen verzögert, Exemplare dieses Druckes den westlichen Gelehrten erst um 1950 herum bekannt werden würden. Seither steht fest, daß diese Chronik – 1655 geschrieben – eine Handschrift der ›Geheimen Geschichte‹ abgeschrieben hat, deren Text oftmals viel umfangreicher war als der, den die Chinesen nach 1368 aufgezeichnet haben. Dank der großartigen Leistung Erich Haenischs liegt uns die chinesische Fassung heute in einer wunderbaren deutschen Übersetzung vor. Die ›Geheime Geschichte‹ ist nicht mehr geheim. Aber 1655 gab es noch ein umfangreicheres mongolisches Original. Wo dieses heute ist, bleibt noch immer ein Rätsel. Alle Geheimnisse der ›Geheimen Geschichte‹ sind noch nicht gelöst. Man wird in den verlassenen Ruinen und den Sanddünen der Mongolei weiter nach ihrer Urschrift suchen müssen.

Die Blaue Chronik

Am Anfang einer Reise durch das Gebiet der ostmongolischen Stämme der Naiman, Aru-Chortschin, Bagharin und Dscharut war ich vor mehr als 35 Jahren in die kleine Grenzstadt Kailu gekommen. In einer der langen Straßen ebenerdiger Lehmhäuser und langgestreckter Mauern stieß ich auf einen Verlag mongolischer Literatur, die »Ostmongolische Literaturgesellschaft«, die der mongolische Nationalist Bökekeschik leitete.

Unter den Büchern, die die Mongolen dort in dem Bestreben, eigene moderne Literatur und die literarischen Leistungen der Vergangenheit zu verbreiten, in billigen lithographierten Ausgaben gedruckt hatten, stach mir ein dickes Bündel von zwölf Heften, stattlich in violettblaue Seide gebunden, besonders in die Augen. Es war eine Ausgabe der ›Blauen Chronik‹ des Indschanaschi. Den zwölf Heften, mit einem Umfang von zusammen fast zweitausend Seiten, war die Geschichte der Entstehung des Werkes vorangestellt. Das Buch, zum Teil schlecht lesbar und auf billigem Zeitungspapier gedruckt, war verhältnismäßig teuer. Aber ich konnte zwei Exemplare kaufen. Soviel ich weiß, sind nicht viel mehr Exemplare dieser Ausgabe nach dem Westen gelangt.

Damals beeilte ich mich, zu meiner Herberge vor dem Stadttor zurückzukommen. Ungeduldig riß ich das Verpackungspapier von den beiden dicken Seidenbänden der ›Blauen Chronik‹, zog die beiden Elfenbeinstäbchen, die den blauen Seidendeckel des Einbandes auf chinesische Weise verschlossen hielten, aus ihren Stofffösen und nahm das erste Heft heraus. Und dann begann ich, die ›Blaue Chronik‹ zu lesen und zu vergleichen. In Peking hatte mämlich schon 1929 ein literarisch interessierter Chortschin-Mongole namens Temgetü zwölf Kapitel einer ›Blauen Chronik‹ herausgegeben, ohne allerdings in diesem Druck zu sagen oder anzuzeigen, wessen Werk diese romanartige Darstellung der Jugend des ersten Mongolenherrschers Dschingis Khan war. Auch fehlte jeder Hinweis, aus welcher Zeit das Werk stammte. Der Verfasser vermischte alte mongolische Überlieferung mit Gebilden seiner eigenen, recht üppigen Phantasie, gab Teile alter Ependichtung über Dschingis Khan aus anderen mongolischen Werken wieder, schilderte das Leben der Zeit Dschingis Khans im Gewand der Bräuche des 19. Jahrhunderts und unserer Zeit. Als äußere Form hatte er Aufbau und Ausdrucksweise des chinesischen Romans für dieses mongolische Werk gewählt. Dieser Torso stimmte, das fand ich nun bei meiner Lektüre der ›Blauen Chronik‹ heraus, mit den ersten zwölf Kapiteln überein. Und dann stieß ich auf das Heft mit den biographischen Bemerkungen Indschanaschis zur Geschichte des Werkes.

Fünfeinhalb Karren voll alter Bücher

Indschanaschi schildert das Zustandekommen seines großen Werkes mit großer Genauigkeit. Vor allem aber drückt er die starken Zweifel aus, die er der Wahrhaftigkeit seiner Quellen gegenüber empfand. Seine kritische Einstellung entsprach etwa jener der französischen Historiker der Aufklärung. Dabei zeigt sich, daß dieses historische Werk eigentlich keine Geschichtsschreibung mehr darstellt, aller kritischen Betrachtung des Geschehens zum Trotz. Es war Indschanaschi vielmehr ein historischer Roman gelungen, ein Zeitbild, das sich nur in den Einzelheiten der Szenerie an die historischen Quellen hielt, deren Wahrhaftigkeit der Verfasser so sehr zu bestätigen suchte. Sonst aber hatte er sich der literarischen Form des chinesischen Romans bedient. Da war das einleitende Gedicht zu Beginn jedes Kapitels. Und am Ende des Kapitels fand sich der Hinweis auf das nächstfolgende, in dem der Leser erfahren würde, was bis hierher noch im Dunkeln geblieben war. Jedem Kapitel vorangestellt war das kurzgefaßte Resümee des Inhalts.

Indschanaschi war, wie er des langen und breiten erzählt, zunächst durch Krankheit, persönliches Leid, den Tod von Kindern, schließlich durch den Verlust seines Besitzes von seinem Ziel, die vom Vater Wangdschinbala begonnene Geschichte der Mongolenherrschaft über China im 12. und 13. Jahrhundert zu schreiben, abgehalten worden. Erst als er diese Belastungen und Beschwernisse des Lebens hinter sich hatte, konnte er sich der großen Aufgabe widmen. Dem Vorbilde eines chinesischen Gelehrten getreu, zog er sich in ein Studierzimmer auf seinem Gute zurück. Dort schrieb er an der ›Blauen Chronik‹ von da an weiter, wo der Vater den Schreibpinsel aus der Hand gelegt hatte, um im Opiumkrieg seine Pflicht als Soldat zu tun. Indschanaschi schildert, wie er allen Zweifeln zum Trotz die vom Vater in den ersten acht Kapiteln gewählte literarische Form beibehalten habe, nämlich die Erzählform des chinesischen Romans. Wangdschinbala, der adelige mongolische Beamte aus der ersten Hälfte des vergangenen Jahrhunderts, war also bereits mit dieser Literaturform so vertraut, daß sie ihm als die einzig richtige Form für eine breitangelegte, lebendige Darstellung der mongolischen Geschichte erschien. In der Tat hatte sich – das wissen wir aus anderen zeitgenössischen mongolischen Übersetzungen chinesischer Romane – zu dieser Zeit der chinesische Roman in Übersetzungen und Bearbeitungen bereits die mongolische Oberschicht als Lesepublikum erobert. Um 1813, so versichert uns ein unbekannter mongolischer Übersetzer, waren fast alle bedeutenden chinesischen Romane in Übersetzungen unter den Mongolen verbreitet. Damals war man bereit, die Überlegenheit dieser chinesischen Erzählliteratur, vor allem der in sie eingestreuten lyrischen Passagen, gegenüber der mongolischen Dichtung anzuerkennen. An den langen Winterabenden wurden diese Übersetzungen an den Fürstenhöfen und auf den Landsitzen der ostmongolischen Adeligen vorgelesen. Wandernde Erzähler nahmen sie in ihr Repertoire auf und erzählten auf Tempelfesten, Märkten und am Lagerfeuer der Familien, die sie auf ihrem Wege antrafen, daraus Abend für Abend Abschnitte und lange Kapitel. Mit der Zeit schmückten sie diese Stoffe mit Zügen aus den alten mongolischen Epen aus. Und schließlich gingen sie daran, mit den Gestalten der beliebten chinesischen Romane neue, mongolische Abenteuergeschichten zu erzählen. Sie bedienten sich dabei dann bei besonders dramatischen Stellen der Alliteration, des Stabreims der alten mongolischen Ependichtung. Allmählich wurde die ganze neue Geschichte in die alte epische Form gegossen, und so wurde schließlich aus dem chinesischen Roman, oder besser, aus dem, was von ihm noch endgültig übriggeblieben war, ein neues mongolisches Epos oder eine Heldengeschichte. Noch in unserem Jahrhundert entstehen laufend solche neuen Geschichten. Die Werke des in der Inneren Mongolei lebenden Rhapsoden Padschai (1902–1960) sind ein lebendiges Beispiel für diese Entwicklung.

Auch Indschanaschi war ein Kenner dieser mongolischen Übersetzungen chinesischer Romane. Er war sogar für die Weiterentwicklung des chinesischen Romans unter den Mongolen eine entscheidende Kraft. Denn ehe er daranging, die ›Blaue Chronik‹ abzufassen, schrieb er selbst zwei mongolische Romane, ebenfalls Weiterführungen bekannter chinesischer

Vorbilder. Wie in dem berühmten chinesischen Roman der Mingzeit ›Der Traum der roten Kammer‹ bediente er sich der gleichen Personen und des gleichen Milieus. Nur was die Personen weiterhin erlebten, war der Phantasie Indschanaschis entsprungen. Erst nachdem er ›Eine Terrasse hoch‹ und ›Die rote Halle, in der man weint‹ als Fortsetzungen des Romans ›Der Traum der roten Kammer‹ fertiggestellt hatte, wagte er sich an die ›Blaue Chronik‹. Hier nun nahm er die offiziellen chinesischen Annalen der Mongolendynastie (1260–1368) und füllte das historisch verbürgte Gerüst ihrer trockenen, annalistischen Angaben mit den Früchten seiner Phantasie und mit vielen Einzelheiten aus, die er anderen, vor allem mongolischen Geschichtswerken, Sammlungen von Gedichten, Erzählungen, entnahm. Diese Arbeitsweise bestätigte er in zahlreichen Bemerkungen durch sein ganzes Werk hindurch. In die Erzählung eingestreut finden sich auch oftmals Auseinandersetzungen mit den Angaben mongolischer Geschichtswerke.

Als ich all diese Angaben gelesen hatte, war ich sehr aufgeregt. Damals, 1941, kannte man außer der ›Geheimen Geschichte der Mongolen‹, einer epischen Darstellung des Aufstiegs Dschingis Khans und seiner Herrschaft, die 1240 verfaßt worden war, außer einer anonymen Chronik ›Goldene Geschichte‹ und der 1662 von Saghang setschen Chungtaidschi, einem Fürsten der im Süden der Mongolei lebenden Ordus-Mongolen verfaßten ›Kostbaren Chronik‹ im Westen überhaupt noch keine anderen mongolischen Geschichtswerke. Die letzte Chronik hatte Isaak Jakob Schmidt schon 1829 ins Deutsche übersetzt. Aber seither war man im allgemeinen der Meinung gewesen, daß sich damit die Geschichtsschreibung der Mongolen erschöpft hätte. Man begnügte sich mit der resignierenden Feststellung, daß andere mongolische Geschichtswerke eben verlorengegangen wären – falls sie überhaupt existiert hatten. Hier aber las ich nun bei Indschanaschi, daß ihm noch viele mongolische Geschichtswerke und Chroniken zugänglich gewesen waren. Er zitierte aus ihnen und setzte sich mit ihnen kritisch auseinander.

Der Tag, an dem ich in Indschanaschis Geschichte seines Romans die Schilderung las, wie er »fünfeinhalb Karren« mit alten mongolischen, tibetischen und mandschurischen Büchern aus der Bibliothek des verstorbenen Vaters zurechtlegte, um sie für die Weiterführung der ›Blauen Chronik‹ zu benützen, war für mich die nochmalige Bestätigung meiner Hoffnung und eine Bestärkung des Wunsches, daß es eine größere mongolische Literatur gab.

Suche nach dem Originalmanuskript

Ehe ich Kailu zur Weiterreise verließ, war es nun meine größte Sorge, aus Bökekeschik, dem Leiter der »Ostmongolischen Literaturgesellschaft«, herauszubekommen, woher das Originalmanuskript der ›Blauen Chronik‹ kam. Ich wollte es sehen, falls es sich noch in Kailu befinden sollte. Die Unterhaltung mit diesem eifrigen und begeisterten Vorkämpfer einer eigenständigen mongolischen Literatur zeitigte in der Hinsicht kein positives Ergebnis. Schon als junger Student hatte er in den frühen zwanziger Jahren mit einer Gruppe gleichgesinnter mongolischer Studenten an der Universität Peking seinen Verlag gegründet. Den Mongolen sollten gedruckte Literatur und Erziehungsbücher in ihrer eigenen Sprache zugänglich gemacht werden, um ein Gegengewicht zu dem chinesischen Sprach- und Kultureinfluß zu schaffen. Für mein Anliegen hatte er also großes Verständnis. Seine Antworten halfen mir aber nicht viel weiter. Das Originalmanuskript sei schon vor langer Zeit an den Besitzer, einen Charatschin-Mongolen, zurückgegeben worden. Wo es sich jetzt befinde, wisse er nicht. Nun wollte ich wissen, ob das Manuskript vollständig gewesen sei. Das sei es bei weitem nicht gewesen, sagte er, man habe nur abgedruckt, was man von dem Manuskript aufgefunden habe.

Ich erfuhr, daß die ›Blaue Chronik‹ noch viel umfangreicher sei, niemand das gesamte Werk gesehen habe; die Überlieferung unter den Tümet- und Charatschin-Mongolen wisse aber davon, daß Indschanaschi die Geschichte der Mongolen bis zum Beginn der Mandschu-Herrschaft 1644 geschrieben habe. Wenn diese Überlieferung richtig war, bedeutete das, daß irgendwo noch ein Originalmanuskript von mindestens nochmals zweitausend Seiten, wenn nicht von noch größerem Umfang, lagern mußte. Aber wo, das wußten Bökekeschik und seine Mitarbeiter nicht. Nicht, daß sie es nicht sagen wollten, sie wußten selbst nicht mehr als das, was sie mir bereits gesagt hatten. Dazu kam wohl auch ein wenig verletzter Stolz. Wie konnte jemand nach dem alten, schmutzigen Originalmanuskript suchen, wo sie doch nun eine schön geschriebene und sauber gedruckte Steindruck-Ausgabe in vielen tausend Arbeitsstunden hergestellt hatten? Es mußte wirklich eine mühselige Arbeit gewesen sein, Seite für Seite sorgfältig und in schöner mongolischer Schreibschrift auf den Lithographierstein zu übertragen und dann jede Seite mehrere hundert Male mit der Hand abzuziehen. Denn Druckmaschinen und mongolische Typen für den Buchdruck waren in der Mongolei noch selten; sie sind es auch heute noch. Auch heute werden oftmals Ausgaben von alten Werken geschrieben und dann fotomechanisch vervielfältigt. So haben sich in der Mongolei Werke und Bücher viel länger als in anderen Ländern durch Abschreiben weiterverbreitet. Das erklärt die hohe Zahl der Manuskripte, die oft in einer Bibliothek von einem Werke vorliegen. Man kann daran die Beliebtheit eines Werkes ablesen. Findet man aber von einem Werk ein Manuskript, so bedeutet das nicht, daß man nun die Originalhandschrift des Verfassers oder Übersetzers in den Händen hält. Irgendein Schreiber hat eine Abschrift angefertigt, und Schüler schrieben in der Schule beliebte Werke ab. Fast keine der Handschriften ist daher ein Originalmanuskript. Nur das Alter des Papiers, die Art der Schrift helfen zu bestimmen, wie alt eine Handschrift ist. Manchmal helfen die aufgeprägten Siegel der Besitzer ein wenig weiter in der Bestimmung.

Unter den Mongolen erfreute sich die ›Blaue Chronik‹ einer

unerhörten Beliebtheit. Ob im Zelt irgendeines Hirten, ob in der armseligen Lehmhütte eines schon seßhaft gewordenen Mongolen oder im tiefen Winter in der Herberge eines der lamaistischen Klöster, immer wieder sah ich sie in den Händen eines Mongolen, der darin versunken war oder einer ganzen Gruppe von Zuhörern daraus vorlas. Die wenigen mongolischen Zeitungen druckten Teile daraus ab. Diese Beliebtheit der ›Blauen Chronik‹ war freilich nur teilweise die Folge der großen durch Bökekeschik gedruckten Ausgabe. Es fanden sich überall Handschriften des Werkes, die schon knapp nach der Jahrhundertwende angefertigt worden waren. In den verschiedensten Teilen der Inneren Mongolei, im Ordusbogen des Gelben Flusses, kannten und schätzten die Mongolen das Werk ebenso wie in Tsachar und in der von den Sowjets beeinflußten Mongolischen Volksrepublik im Norden der Mongolei. Der politische Umschwung in China und die Herrschaft der Kommunisten haben auch in den mongolischen Gebieten, die zu Rotchina gehören, vieles verändert. An der Wertschätzung Indschanaschis und seiner ›Blauen Chronik‹ haben sie nichts geändert. Erst 1959 ist von der Chronik eine mustergültig gedruckte Ausgabe in China erschienen. Auch die beiden Romane Indschanaschis hat man dort herausgegeben. Die Antwort auf die Frage, die sich hier sofort stellt, was der Grund für die gleichbleibende Wertung dieses literarischen Werkes ist, lautet: Neben einer hohen schriftstellerischen Qualität befriedigt Indschanaschis Werk wie kein anderes den Wunsch der Mongolen nach einer Bestätigung ihrer einstmaligen Größe und damit nach einer Selbstbestätigung. Und genau das ist die Absicht Indschanaschis gewesen: die Mongolen des 19. Jahrhunderts aus Verbitterung, Resignation und Unglück zu führen und auf sich selber und eine neue Zukunft hin zu orientieren. Er hatte den Eskapismus des Vaters bereits überwunden. So ist die ›Blaue Chronik‹ zu einem Werk geworden, an dem sich die verschiedensten politischen Gruppen unter den Mongolen in den letzten fünfzig Jahren entzündeten und von dem sie sich bestätigt fanden.

Der große Fund

Zunächst blieb meine Suche nach dem Originalmanuskript des Indschanaschi ein Griff ins Nichts. Oft sah es allerdings so aus, als ob ich kurz vor dem Ziele stünde.

Da war auf einmal das Gerücht, das vollständige Manuskript der ›Blauen Chronik‹ liege in einem Kloster auf dem Wu-t'ai-shan, einem der heiligen Berge des Buddhismus. Aber damals herrschte Krieg, der betreffende Teil des heiligen Berges, auf dem das Kloster lag, war in den Händen der 8. kommunistischen Armee. Unmöglich für jemanden, aus dem von den Japanern besetzten Teil Chinas dorthin zu gelangen. Auch Mongolen, die ich hinzuschicken versuchte, kamen nicht durch. Dann kam eines Tages ein Mongole zu mir und erzählte von einem Alten im Charatschin-Banner. Dieser habe ein Manuskript der ›Blauen Chronik‹ unter der Türschwelle vergraben. Wieder schickte ich Mongolen los. Und wieder kamen sie ohne Ergebnis zurück. Der Alte war inzwischen gestorben. Die einzige, halbblöde Tochter, mit der er in einem Haushalt gelebt hatte, wußte von nichts.

Über all dies ging die Zeit hin. Eines Tages lernte ich dann einen alten mongolischen Bücherliebhaber und Gelehrten kennen. Ein geborener Chortschin-Mongole, entsprach der alte Keschingga mehr dem Bilde eines zurückgezogen lebenden chinesischen Gelehrten oder Beamten alter Schule als der landläufigen Vorstellung von einem Mongolen, dessen Hauptbeschäftigung die Viehzucht und dem der Sattel liebster Aufenthaltsort ist. In der Tat war Keschingga auch in irgendeinem Übersetzungs- und Publikationsamte beschäftigt. Sein Leben und sein ganzes Interesse gehörten alten mongolischen und mandschurischen Büchern. Ich brauchte längere Zeit, um sein Vertrauen zu erringen und ihn zu überzeugen, daß er seine Schätze keinem Unverständigen zeigen würde. Viele Stunden saßen wir im Gespräch über mongolische Werke und die Zeit, in der sie entstanden waren. Natürlich lenkte ich das Gespräch auch auf die ›Blaue Chronik‹, um die Meinung dieses Kenners darüber zu erkunden. Vielleicht wußte er etwas über den Verbleib des Originalmanuskriptes? Und eines Tages dann öffnete Keschingga einen Schrank, kramte darin herum und brachte ein größeres Bündel hervor, das in ein blaues Tuch eingeknotet war.

Er öffnete das Bündel. Es enthielt einen Stoß mittelgroßer Hefte, jedes in blauen Seidenbrokat eingebunden. Das oberste reichte er mir lächelnd mit der Bemerkung herüber, ob mich vielleicht dies interessieren würde? Ich glaube, die Erregung, die den Forscher auf der Jagd nach Literaturwerken ergreift, läßt sich nur mit der Spannung vergleichen, die den Jäger auf dem Ansitz befällt, wenn sich etwas im Grün der vor ihm liegenden Schonung bewegt, und er vorsichtig das Glas vor die Augen hebt, um zu erkennen, welches Tier aus dem Wald heraustritt. Vorsichtig, bemüht meine Erregung zu meistern und nicht durch zu abruptes Anmichreißen des Buches das fast krankhafte Mißtrauen dieses Bibliophilen zu erwecken, nahm ich das Heft, das er mir entgegenhielt, und schlug es auf. Es war ein sehr schön geschriebenes Manuskript. Sein Titel war ›Blaue Chronik des Reichsaufstieges der großen Yüan-Dynastie‹.

Ich nahm Heft nach Heft in die Hand und sah es durch. Es waren insgesamt neun Hefte, jedes ungefähr 120 Seiten stark. Sie umfaßten die Kapitel 43 bis 72 der ›Blauen Chronik‹. In fast jedem Heft fanden sich zu Anfang, zum Teil aber auch erst nachträglich auf dem Vorsatzpapier und der ersten Seite eingetragen, Bemerkungen und Gedichte.

Mikrofilmen unter freiem Himmel

Ich bat, das Manuskript mit nach Hause nehmen zu dürfen, um es genau durchzusehen und zu vergleichen. Keschingga kämpfte, so schien es mir, einen schweren Kampf mit sich, aber dann siegte seine angeborene Großzügigkeit. Vielleicht dachte er auch, es sei in diesen unruhigen Zeiten gut, wenn von einem seltenen Manuskript Fotografien existierten.

Kurzum, nach einigem Zögern gab er seine Zustimmung; er erlaubte mir, die Handschrift zu fotografieren. Aber immer nur ein Heft vertraute er mir jeweils an. Das nächste erhielt ich erst, nachdem ich das vorhergehende zurückgebracht hatte.

Wochen hindurch fotografierte ich nun mit der Leica das schöne Manuskript. Es gab kein Blitzgerät. Alle Aufnahmen mußten unter freiem Himmel gemacht werden. Es war ein wahrer Segen, daß der Himmel Nordchinas und der Mandschurei fast immer blau ist und die Sonne scheint. Nur der ständig von der mongolischen Hochsteppe blasende Westwind störte. Schon das geringste Lüftchen genügte, um das dünne Papier der Handschrift in oft mit dem freien Auge kaum wahrnehmbares Flattern zu bringen. Dann war die Aufnahme bereits nicht mehr scharf und mußte wiederholt werden. Eines Tages war dann die Arbeit getan. Vor mir lagen alle neun Hefte in Mikrofilmaufnahmen und danach gefertigten Vergrößerungen. Nun konnte ich darangehen, das ganze Manuskript durchzuarbeiten und mit der gedruckten ›Blauen Chronik‹ zu vergleichen.

Die Vorbemerkungen, von Indschanaschi selbst und seinen Zeitgenossen geschrieben – von Besuchern, vom Abt eines Indschanaschis Wohnsitz nahegelegenen Klosters –, wiesen die Handschrift eindeutig als das Originalmanuskript Indschanaschis aus. Der Wortlaut der Kapitel 42 bis 72 aber, den die blauseidenen Bändchen des Mauskriptes enthielten, stimmte nur zu einem geringen Teil mit dem Druck überein. Dieser war eine Zusammenfassung und Vereinfachung der Originalversion, eine gelungene Bearbeitung zwar, aber nicht das Original. Wer diese Vereinfachung vorgenommen hatte, ob vielleicht Indschanaschi nach 1872, in den Jahren bis zu seinem Tode 1896, diesen selbst, blieb ungeklärt. Keschingga hatte diesen Teil des Originalmanuskripts aus dem West-Tümer-Banner erhalten. Dorthin ist es wohl auch wieder zurückgebracht worden, nachdem ich es Keschingga zurückgegeben hatte.

In den bewegten Jahren nach 1943 verlor ich Keschingga und mit ihm das Manuskript aus den Augen. Ich fürchtete, es sei verloren. Eine um so schönere Überraschung war es daher, jüngst in einer Biographie Indschanaschis aus der Feder eines jungen innermongolischen Gelehrten, des Literaturhistorikers Erdenitoghtachu, Abbildungen der ersten Seiten des Originalmanuskripts zu finden wie auch die kritischen Bemerkungen und Essays Indschanaschis aus den Vorbemerkungen. Dies bewies, daß dieser Teil des Originalmanuskripts allen Wirren der Zeit zum Trotz nun doch wieder aufgefunden worden war und den Weg in eine Bibliothek gefunden hatte.

Aber auch die jungen, rührigen mongolischen Literaturforscher aus der Inneren Mongolei haben noch nicht mehr von dem Originalmanuskript gefunden, als mir seinerzeit zu sehen vergönnt war. Die Reste des Manuskripts müssen noch gefunden werden. Noch immer wissen wir nicht, wie umfangreich der erste historische Roman der Mongolen wirklich war und wer ihm die heute bekannte Fassung gegeben hat.

Berichte aus Dschingis Khans Zeit

Daß Dschingis Khan seine Rechtsentscheidungen aufzeichnen ließ, berichtet die mongolische und chinesische Geschichtsschreibung. 1206, nachdem ihn die Mongolen zum Khan gewählt hatten, gab er den Befehl, Schigichutuchtu, einer seiner treuesten Anhänger, solle »die Teilungs- und Prozeßsachen des ganzen Volkes in ein Blaubuch mit Schrift« schreiben. Was hier in der Beratung festgelegt und »in blauer Schrift auf weißem Papier als Buch zurechtgemacht« wurde, sollte nach dem Willen Dschingis Khans »bis in die ferne Nachkommenschaft« nicht wieder geändert werden. Aber nichts von dem blauen Buch ist bisher aufgefunden worden.

Ersatzmittel für eine Schrift

Es gab damals also am Hofe Dschingis Khans Leute, die chinesisch schreiben konnten. Der einfache Mongole jener Zeit konnte nicht schreiben oder lesen. So hatte man es sich angewöhnt, alle wichtigen Anordnungen, Befehle, Verbote und Belehrungen in gereimter Rede zu geben. Es handelte sich um Stabreime, das heißt, zwei oder vier Zeilen eines Reimes fingen mit dem gleichcn Buchstaben an.

> Cacar mayiqan, cirig-ün küriyen
> cigeresün ger üd-i barigad
> cirig-ün olan arad-iyan tegün-ü dotura saguljamui
> qarag u uljitu mayiqan-i qagan-i dagari gulun bariba
> Qabcuud noyad, yekes bagatur tegün-ü dotura sag aduba
> . . .
>
> Nachdem ein Kreis von Filz-Flachzelten errichtet
> und Hütten aus Stroh erbaut,
> Laßt die gewöhnlichen Soldaten in ihnen wohnen.
> Baut Zelte mit schwarzen Ornamenten an den Rändern,
> Laßt in diesen die Bogenschützen und die großen Krieger
> ihren Wohnsitz nehmen . . .

heißt es zum Beispiel in einer mündlich weitergegebenen Regel für Soldaten über den Feldlagerbau.

Der Reim im Satzanfang baut dem Gedächtnis die Eselsbrücke. Der Merkvorgang ist hierbei der gleiche wie bei den vielen Merkreimen, die man in der Schule lernt, um irgendeine wichtige Jahreszahl oder eine grammatische Regel leichter zu behalten (»Drei, drei, drei – bei Issus Keilerei«).

Die Befehle der niederen Truppenführer wurden bei den Mongolen nicht schriftlich gegeben, sondern gereimt. Das hatte außerdem den Vorteil, daß Nachrichten nicht so leicht in die Hände des Feindes fallen konnten. Tote redeten nicht mehr,

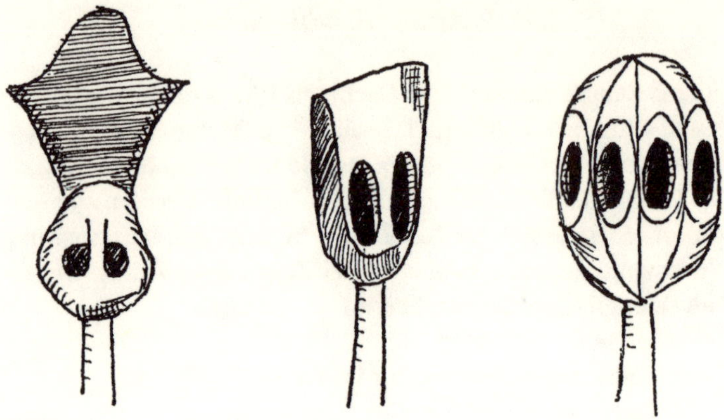

Pfeifende Signalpfeile der Mongolen

Lebenden konnte nur die Folter die mündliche Botschaft entreißen, und das nicht immer. Auch die Lehren und Aussprüche Dschingis Khans, die späteren Herrschergenerationen eine Richtlinie für ihr Handeln geben sollten, wurden zunächst mündlich überliefert. Auf der Jagd und dem Kriegszug wurden sie als »Sattellieder« gesungen und konnten so später im 17. und 18. Jahrhundert noch recht vollständig aufgezeichnet werden. Bis in diese Zeit pflegten auch Boten in den Steppenkriegen neben schriftlichen Befehlen noch eine mündliche, gereimte Botschaft zu erhalten, die sie nur im Sonderfall auszurichten hatten.

Dazu kamen dann noch die Signalpfeile. Ein Pfeil von bestimmtem Aussehen bedeutete etwas, da brauchte nichts mehr geschrieben oder geredet zu werden. Das mongolische Heldenepos schildert in einem Gesang des Geser Khan-Liedes, wie Geser Khan von seiner schönen Gattin Arula die Speise des Vergessens eingeflößt bekommt. Er denkt nicht mehr an Freunde und Gefährten. Um ihn an die Seinen zu erinnern, schießt man den weißen Zauberpfeil eines seiner Gefährten mit einer Botschaft in den Palast Geser Khans. Und als dieser den

Pfeil sieht, fragt er: »Ach, ist das nicht meines edlen Dchasas Pfeil?« und entsinnt sich seiner Helden.

Die historische Legende wiederum bewahrte die Erinnerung, wie der Enkel Ligdan Khans, Burni wang von den Tsachar im Jahre 1675, beim unerwarteten Herannahen einer Mandschu-Armee, die ihn gefangennehmen will, seinen Gefolgsmann Garma durch einen Pfeil alarmiert. »Wie er aus seinem Zelte einen Pfeil abschoß«, heißt es, »fiel auch schon in einer Sekunde der Pfeil vor Garma, der gerade Tee trank, auf den Tisch. Als dieser ihn aufhob und besah, bedeutete dies soviel wie ›Es ist der Pfeil des Fürsten; die große Armee kommt!‹« Worauf Garma zu den Waffen rief.

Eine Schrift wird entliehen

Aber ganz ohne Schrift kann man keinen Staat begründen und noch viel weniger zusammenhalten. Dschingis Khan ordnete an, daß die Schrift der Uighuren von den Mongolen benützt werden sollte. Die Schrift dieses türkischen Volkes eignete sich gut dazu, um die mongolischen Wörter wiederzugeben. Die uighurischen Berater und Schreiber, die seit der freiwilligen Unterwerfung des im Westen der Mongolei in den Oasen Ost-Turkestans wohnenden Uighurenvolkes im Jahre 1206 Dschingis Khan und den Mongolen dienten, hatten sich von Anfang an ohne große Schwierigkeiten ihrer alten Schrift bedient, wenn sie für die Mongolen etwas aufzeichneten. Dabei war die Schrift der Uighuren gar nicht die Erfindung der Uighuren. Diese hatten ihre von rechts nach links waagerecht geschriebene Schrift von den Soghdiern, einer Völkerschaft im Iran, entliehen. Die Soghdier wiederum hatten ihre Art zu schreiben von den Aramäern geborgt. Der Ursprung der mongolischen Schrift ging also in das Jahrtausend vor Christi Geburt zurück.

Die Mongolen, oder besser die uighurischen Schreiber im Dienst der Mongolen, benützen zunächst die uighurische

Siegel des Großkhan Güyük in uighuro-mongolischer Schrift

Schrift ohne irgendwelche Veränderungen. Nur eine entscheidende Kleinigkeit führten sie ein: sie schrieben nicht mehr von rechts nach links, sondern von oben nach unten. Wahrscheinlich haben sich hier die Vorbilder chinesischer Schriftstücke ausgewirkt. Die chinesische Schrift wird doch auch von oben nach unten laufend geschrieben.

Der mongolischen Überlieferung nach fing man bei den Mongolen 1204 an, mit dem uighurischen Alphabet mongolisch zu schreiben. Dschingis Khan soll bald befohlen haben, daß »der Thronfolger und die Prinzen das Mongolische in uighurischer Schrift« schreiben lernten. Erhalten ist an Zeugnissen jener frühen Schreibübungen der Mongolen nichts. Zumindest hat man noch nichts Derartiges gefunden. Das erste bekannte Denkmal in der neuen uighuro-mongolischen Schrift ist ein Stein, den man bei Nertschinsk an der russisch-mongolischen Grenze aufgefunden hat. Er stammt aus dem Jahre 1225. Auf ihm ist in den langgezogenen Schriftzügen des Uighuro-Mongolischen ein Lob Dschings Khans für einen großen Bogenschützen Yisünke verewigt. Damals, als Dschingis Khan seine Krieger für den Kampf gegen die Mohammedaner Turkestans zusammengerufen hatte, schoß Yisünke seinen Pfeil »dreihundertfünfunddreißig Schritt weit«.

Durch Jahrhunderte blieb nun diese Schrift die Schrift der Mongolen. Sie wurde, allen ihren Mängeln zum Trotz, bei allen Mongolen bis 1649 verwendet. Dann erfand der Rabschamba Dschaja Pandita (1599–1662), ein Sprößling einer westmongolischen Adelsfamilie aus dem Koschutenstamm, der lamaistischer Geistlicher geworden war, eine neue Schrift, die besser die Eigenheiten des Dialekts seiner westmongolischen Heimat wiedergibt. Er nannte deshalb die neue Schrift *toto usüg*, die »klare Schrift«. In der neuen Schrift entwickelte der Dschaja Pandita eine großartige Übersetzungstätigkeit. Er übersetzte in den zwölf Jahren, die seit der Erfindung der »klaren« Schrift bis zu seinem Tode vergingen, 170 Werke aus dem Tibetischen in das Westmongolische. Vierundzwanzig weitere solcher Übersetzungswerke werden für die gleiche Zeit seinen engsten Mitarbeitern zugeschrieben.

Die »klare, deutliche« Schrift ist noch heute bei den Mongolen im Tienschangebiet und am Kukunoor in China im Gebrauch. Die Wolgakalmücken gebrauchten sie bis in die dreißiger Jahre unseres Jahrhunderts. Dann mußten sie, von den Russen veranlaßt, ihre Sprache mit kyrillischen Buchstaben schreiben. Die anderen Mongolen aber verwendeten weiter die alte uighurisch-mongolische Schrift. Wohl war der Unterschied zwischen dem geschriebenen Wort und seiner Aussprache in den einzelnen Dialekten größer als in irgendeiner anderen Sprache. Nicht einmal im Englischen ist der Abstand zwischen geschriebener Wortform und Aussprache so groß wie zwischen geschriebenem Mongolisch in der alten Schrift und gesprochenem Mongolisch.

Das war dann auch der Hauptgrund, weshalb man in der Mongolischen Volksrepublik seit 1937 an einer Modernisierung der mongolischen Schrift, an einer Angleichung zwischen geschriebenem und gesprochenem Wort arbeitete. Der geheime Wunsch, die Mongolen der Mongolischen Volksrepublik fester an den russischen Kulturkreis zu binden, dürfte den Ausschlag gegeben haben. Seit 1947 ist dort das kyrillische Alpha-

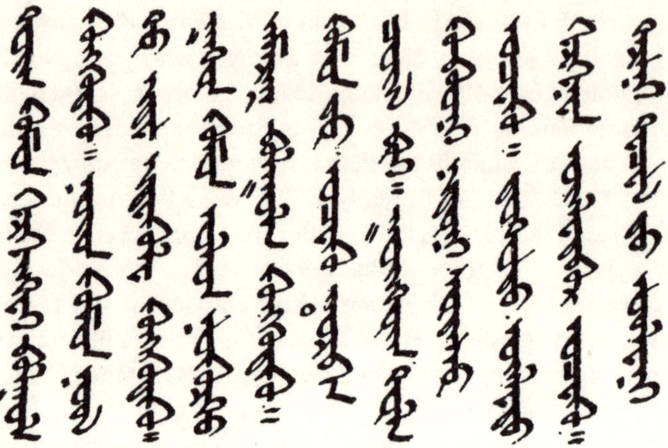

»Klare« westmongolische Schrift

bet im Gebrauch, das man um einige Hilfsbuchstaben ergänzt hat. Geschrieben wird so, wie der Bewohner der Mongolischen Volksrepublik heute spricht.

Die antiquierte Orthographie der alten Schrift wird nicht mehr berücksichtigt. Jeder, der Lesen und Schreiben lernt, lernt die »neue« Schrift. Die alte uighuro-mongolische Schrift aber wird nebenher, im Privatleben weiterbenutzt, denn sie ist ein im Volk hochgehaltenes Überbleibsel der alten Zeit, das nicht völlig verdrängt werden konnte.

Kulturelle Irredenta mit Schriftzeichen

Obwohl nach 1950 auch in den bei China verbliebenen Teilen der Inneren Mongolei starke Tendenzen bestanden, die in der benachbarten Mongolischen Volksrepublik eingeführte Umschrift des Mongolischen mit kyrillischen Buchstaben mit leichten Abänderungen einzuführen, ist man dort doch bei der alten uighuro-mongolischen, senkrecht von oben nach unten verlaufenden Schrift geblieben. Schon waren die ersten Lehrbücher für die Verbreitung des neuen kyrillischen Alphabetes gedruckt und ausgegeben, als man sich auf einer Konferenz einmütig entschloß, in der Inneren Mongolei die alte Schrift beizubehalten.

So erschienen alle Veröffentlichungen in der Inneren Mongolei einschließlich von zehn Zeitungen des Gebietes in dieser alten Schrift. Ausgaben von Werken, die vorher in der Mongolischen Volksrepublik in der modernen russifizierten Schrift erschienen waren, werden in der Innermongolischen Autonomen Region als »Übersetzungen« bezeichnet.

2. Kapitel

Von Peking bis Moskau – Zwischen Peking und Moskau

Streit um des Kaisers Gebeine

Die Enthüllung eines fast zehn Meter hohen Denkmals in Deliün boldog, dem angeblichen Geburtsort Dschingis Khans, am 31. Mai 1962, bildete den Höhepunkt der 800-Jahrfeier der Geburt Dschingis Khans in der Mongolischen Volksrepublik.

Die Volksrepublik China zog mit großen Feierlichkeiten vor dem »Museumsbau« mit den Dschingis Khan-Reliquien in Edschen horo nach. Gegen dreißigtausend Menschen gedachten am 16. Juni 1962 des großen Mongolenherrschers.

Hatten sich die Russen bis dahin schweigend zu der Aufwertung Dschingis Khans durch ihren Satelliten, die Mongolische Volksrepublik, verhalten, so rief diese Bekundung der Wertschätzung des toten Mongolenherrschers durch die Chinesen starken russischen Widerspruch hervor. Führende russische Historiker und Mongoleisachverständige wie Iwan Maiski und L. V. Cherepnin griffen jetzt auf einmal Dschingis Khan als Sinnbild der Reaktion an und verdammten seine Verherrlichung.

In der Mongolischen Volksrepublik zog man daraus die Konsequenz. Die anläßlich der 800-Jahrfeier gedruckten imposanten Gedenkbriefmarken verschwanden still und ohne Aufsehen. Weniger still verschwand im September 1962 Temürotschir, ein Mitglied der Mongolischen Revolutionären Volkspartei und Präsident der Gesellschaft für mongolisch-sowjetische Freundschaft, von seinem Posten.

Wie ihm die öffentliche Kritik in der führenden Tageszeitung der Mongolischen Volksrepublik ›Ünen‹ (Die Wahrheit) schon im August 1962 vorwarf, hatte er »die nationalistischen Tendenzen unterstützt, die auf die Verherrlichung und Idealisierung des Dschingis Khan und auf die Verfälschung seiner reaktionären Rolle in der mongolischen Geschichte gerichtet waren. Eifrig hat er auf eine pompöse Feier des 800jährigen Geburtstages Dschingis Khans hingearbeitet.«

Denn Dschingis Khan war, so wurde in dieser offiziösen Stellungnahme der Mongolischen Volksrepublik verkündet, eine völlig abzulehnende Gestalt der reaktionären Geschichte. »Die räuberischen Kriege Dschingis Khans«, hieß es nun, »führten zu einer Verminderung der produktiven Kräfte der Mongolei und brachten für das mongolische Volk unfaßbares Leid. Ein Verleugnen oder Unterbetonen der reaktionären Natur der Taten Dschingis Khans bedeutet im wesentlichen ein Abweichen von der ursprünglichen Stellung der Partei und einen Ansporn für den Nationalismus.«

Von einem direkten Angriff auf China enthielt die mongolische Stellungnahme nichts. Das taten dafür die Russen. »Dschingis Khan-Persönlichkeits-Kult« warf die Moskauer ›Prawda‹ schon am 21. Juli 1962 den Chinesen vor. Die Zeitung rügte, die Chinesen und die innermongolischen Veranstalter der großen Feierlichkeiten in Edschen horo sähen die blutigen Einfälle Dschingis Khans nach dem Westen nicht als große historische Tragödie, sondern als Handlungen, die »zum gegenseitigen kulturellen Austausch zwischen Ost und West« beigetragen hätten. 756 Jahre nach seinem Tode war so Dschingis Khan über Nacht nochmals zu einer Gestalt von aktueller politischer Bedeutung geworden.

Nichts von den bisher zugänglichen Unterlagen zeigt, was dabei die Mongolen wirklich denken, die auf beiden Seiten stehen – stehen müssen. Deutlich aber zeigt sich an diesen Vorfällen die Stellung der Mongolen in dem großen Kräftespiel zwischen Rußland und China. Es zeigt sich, wie allergisch Rußland auf eine doktrinäre Beeinflussung der Mongolen durch China reagiert, eine Beeinflussung jener Mongolen, die doch die Sowjetunion in ihrer Auseinandersetzung mit China vom ersten Tage an loyal unterstützt haben.

Treibender oder Getriebener

Als Dschingis Khan am 25. August 1227 nach einer Reihe von Fieberanfällen starb, die nach einem Sturz vom Pferd aufgetreten waren, reichte das Herrschaftsgebiet des damals Zweiundsiebzigjährigen von Peking im Osten bis in das Gebiet der heutigen Sowjetunion, bis Uralsk, ja sogar über den Ural hinaus nach Westen. Überall dort, wo die Pferde der mongolischen Reiter ihre Hufe hingesetzt hatten, war Dschingis Khans Anspruch auf Herrschaft verkündet worden. Dabei waren diese Eroberungen mit einer Brutalität ausgeführt worden, die trotz der gewiß nicht feinen Sitten jener Zeit sondergleichen war. Widerstand war mit dem Tode bestraft, die Bevölkerung der unterworfenen Städte und Länder zu Tausenden hingemetzelt worden, nur Handwerker, Künstler und für das mongolische Kriegspotential wichtige Personen waren verschont und als Sklaven verwendet worden. Das größte Reich der Geschichte ist auf die brutalste und grausamste Weise entstanden. Dabei ist die Frage, wie es entstand, leichter zu beantworten als die Frage, wieso es entstand.

Dschingis Khans Vater Yesügei hatte zu einer Gruppe kleiner Stämme und Großfamilien gehört, die sich die Bezeichnung Manghol zugelegt hatten. Davon kommt der Name Mongolen. Die Manghol lagen mit den Tatar, einem anderen mächtigen Stamm, im Streit um die Oberherrschaft über Wiesensteppen und Waldgebiete der nördlichen Mongolei. Sie waren viehzüchtende Nomadenkrieger und Jäger. Um sie herum lebten

Völker höherer Kultur und Gesittung, zum Teil türkischer Herkunft und Anhänger des nestorianischen Christentums, in festen Städten: die hochentwickelten Uighuren. Im Süden und Südosten davon lag China: reich, mächtig, ein Paradies für die unter härtesten Bedingungen in der Steppe lebenden Nomaden. China besaß alle die Güter, die den Steppenleuten fehlten, aus China kamen die Erzeugnisse einer hohen Ackerbauerkultur, kamen Stoffe für Kleidung, Seide, Brokate, Eisen- und Bronzegegenstände, und für den Winter notwendige zusätzliche Nahrungsmittel wie Hirse und Reis. Konnte man nichts davon kaufen, überfiel man das chinesische Grenzgebiet und raubte, was man selbst nicht besaß. In immer sich wiederholendem Rhythmus waren aus diesen Gründen die »nördlichen Barbaren« aus den Steppen auf China hinabgestoßen, hatten geraubt und geplündert und waren mit ihrer Beute wieder zurückgekehrt. Aus der Spannung zwischen dieser Dynamik der Hirtennomaden und der Saturiertheit der wirtschaftlich autarken Chinesen erklärt sich der Aufstieg Dschingis Khans.

Yesügei, sein Vater, wurde um 1171 von den feindlichen Tatar vergiftet. Die Jugend war für den künftigen Khan aller Mongolen sehr hart. Beeren und Kräuter waren die Speisen, die die verwitwete Mutter dem Halbwüchsigen und seinen Brüdern geben konnte. »Mit dem Wacholderspan in der Hand«, so berichtet die älteste Chronik der Mongolen, die ›Geheime Geschichte‹, »grub sie Wurzeln aus und ernährte sie damit.« Die Familie war von allen Gefolgsleuten und Dienern verlassen, sie stand ohne jeden Anhang da. Die Startmöglichkeiten waren in jener nur von Macht und Gewalt geleiteten Feudalperiode für den künftigen Dschingis Khan mehr als schlecht. Aber seine mutigen Einzelgängerstückchen brachten ihm bald einige gleichaltrige Gefährten, mit denen er anfangen konnte, um die Wiederherstellung seines Erbes zu kämpfen. Am Anfang seiner Laufbahn steht also die Bandenbildung. Von Großmachtplänen war noch nichts zu merken. Kriegsdienst im Solde der über Nordchina herrschenden Chin-Dynastie gegen die Familienfeinde, die inzwischen mächtig gewordenen Tatar, stärkten seine Position. Sein Anhang vergrößerte sich, er siegte über die Feinde. 1206 erhoben ihn die »Völker, die in Filzzelten lebten«, und die er sich botmäßig gemacht hatte, zum Herrscher und gaben ihm den Titel Dschingis Khan.

Kaum hatte er die Macht ganz in Händen und waren die so oft durch interne Streitigkeiten gespaltenen Nomaden durch ihn geeint, da wandte sich Dschingis Khan auch schon nach Osten gegen China. Auch er erlag, wie die Anführer früherer Nomadenkrieger-Banden und wie später seine Nachfolger, der wirtschaftlichen Herausforderung durch China. Und wie so oft vorher waren auch diesmal die Chinesen und die China vorge-

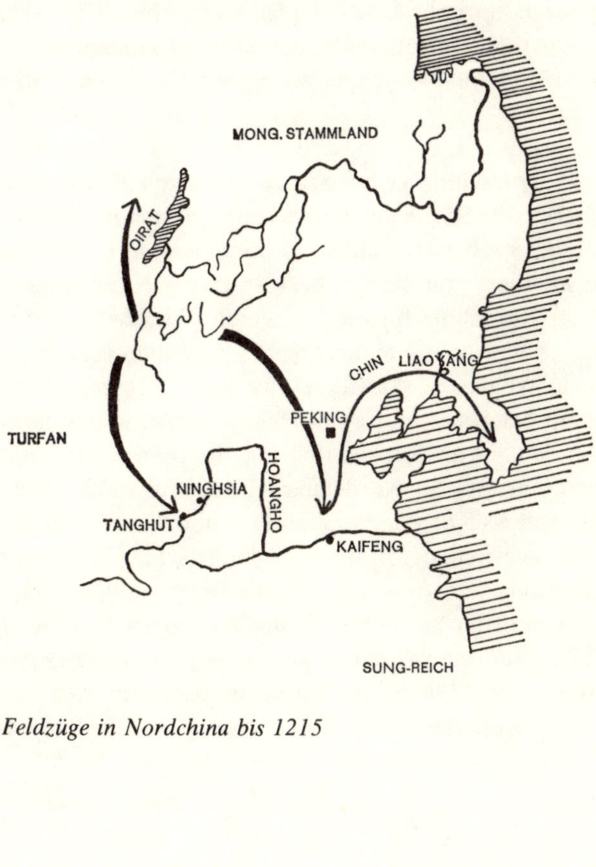

Die Feldzüge in Nordchina bis 1215

lagerten Grenzgebiete dem Ansturm nicht gewachsen. Die Erfolge Dschingis Khans häuften sich blitzkriegartig:

1207 unterwarf er zur Mehrung seiner Macht die Waldvölker der Kirgisen und Oiraten.
1209 griff er das Nordchina vorgelagerte Tangutenreich an, besiegte es und erhielt so eine ausgezeichnete Versorgungsbasis gegen China. Vor allem mußten sich die Tanguten verpflichten, alle Kamele abzuliefern. Damit war der Nachschub für die mongolischen Reiterarmeen gegen China gesichert.
1211 griff der einstige Vasall der Chin-Dynastie Nordchina an. Nach großen Kesselschlachten war
1214 die militärische Macht der Chin vernichtet. Die mongolischen Heeresteile vereinten sich vor Peking.
1215 fiel Peking. Nordchina war in den Händen der Mongolen.

Aber weder Dschingis Khan noch die Mongolen waren reif und dazu bereit, die Bürde der Verwaltung und staatlichen Eingliederung des eroberten Landes zu übernehmen. Interessant an China war für sie nur die Beute. Ausgeplündert und entmachtet aber war Nordchina für die Mongolen nicht mehr anziehend und keine Bedrohung mehr. Die Städte sollten verwüstet, die Äcker in Weideland verwandelt werden. 1216 zog Dschingis Khan mit der Hauptmasse des Heeres wieder in das mongolische Stammland am Kerulenfluß. Nur ein General blieb mit der Besatzungstruppe in Nordchina zurück. Bis dahin erscheint auch Dschingis Khan nur von der Dynamik der Steppe und ihrer Völker getrieben. Mit Beute gesättigt, schienen die Mongolen nun ruhig sein zu wollen, bis die Beute aufgebraucht war und sie erneut der Verlockung Chinas erliegen würden. Der beste Beweis für diese friedlich saturierte Einstellung Dschingis Khans zu jener Zeit ist die Tatsache, daß er mit den reichen mohammedanischen Städten und Staaten im Westen Handel

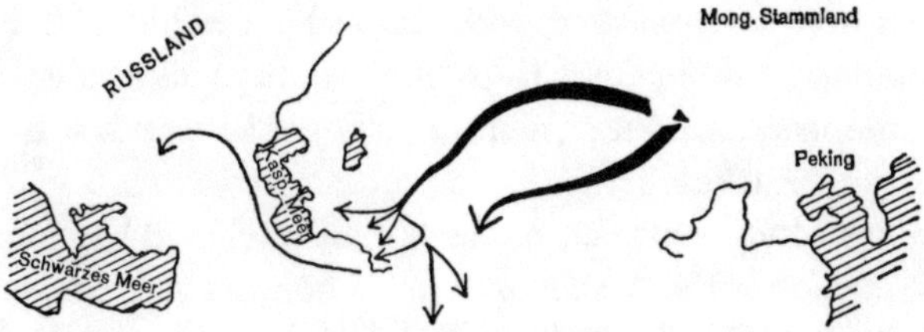

Der Feldzug gegen Chorezm und Rußland 1219–1223

treiben wollte. Es zeichnet sich deutlich der Plan einer Politik der »Offenen Tür« ab. Handelskarawanen wurden nach Westen geschickt, um wirtschaftliche Beziehungen anzubahnen. Aber noch im gleichen Jahr wurde eine mongolische Handelsdelegation, die nach dem Lande Chorezm gesandt worden war, bei Otrar erschlagen. Dafür mußte Dschingis Khan Rache üben. So wurde aus seinem friedlichen Versuch, mit Mittel- und Vorderasien Handelsbeziehungen aufzunehmen, der Auftakt zu seinen größten militärischen Erfolgen. Dschingis Khan wurde dadurch zum Feldzug gegen den Westen getrieben:

1219 brach das mongolische Heer mit 200000 Mann Hilfstruppen nach Mittelasien auf.
1220 schon war die Gegend der heutigen russisch-afghanischen Grenze erreicht.
1221 wurde der letzte Widerstand der Chorezmier am Indus zerschlagen.
1223 stießen mongolische Truppen bis Rußland vor und schlugen in der Schlacht von Taganrog am Kalkafluß ein russisches Heer.

Siegreich 1224 wieder in die Stammlande zurückgekehrt, setzte Dschingis Khan seine Söhne und getreue Gefolgsleute als Statthalter für die eroberten Gebiete ein. Die Eroberungen führten so zwangsläufig zu ihrer administrativen Erfassung und den Ansätzen staatlichen Denkens bei den Mongolen. Zur Entstehung des mongolischen Weltreiches kam es nicht als Folge der kühnen Planung eines Einzelnen, sondern als zwangsläufiges Ergebnis einzelner, nicht zusammenhängender Eroberungs- und Rachefeldzüge.

Als das Mongolenreich so Gestalt anzunehmen begann und die Mongolen wider Willen und unvorbereitet zum Staatsvolk wurden, starb Dschingis Khan 1227 auf einer Strafexpedition gegen die Tanguten, die zum Westfeldzug kein Heereskontingent gestellt hatten, obgleich sie dazu seit ihrer Unterwerfung 1209 verpflichtet waren.

Von Peking bis Moskau: Söhne und Erben

Keiner der Söhne und Enkel hat die Lebenskraft, Spontaneität und Grausamkeit des Vaters und Ahnherrn geerbt. Und doch gelang es ihnen zunächst, die Grenzen des mongolischen Reiches noch weiter auszuweiten. Dschingis Khans Nachfolger, sein Sohn Ögödei, führte schon ein Jahr nach der Thronbesteigung den Vernichtungsschlag gegen die Reste der Chin-Dynastie in China. Nun waren Nord- und Mittelchina in den Händen der Mongolen. Nur in Südchina herrschte noch die Sung-Dynastie. Zum erstenmal hatten die Mongolen in diesen Kämpfen übrigens Schießpulver gegen die festen Städte der Chinesen eingesetzt.

Ein Reichstag, 1235 in das alte Stammland in der Mongolei einberufen, beschloß dann den erneuten Vormarsch nach Rußland. Unter Batu, einem Enkel Dschingis Khans, brachen die mongolischen Reiter über Rußland und Osteuropa herein. 1236 schon war die Wolga erreicht. »Väterchen Frost« half den breiten Fluß überwinden: am 21. Dezember 1237 hatten die Mongolen das Hindernis des Flusses bewältigt. Nichts mehr hielt sie vor den russischen, mit Holz umwallten Städten auf, die dann auch in rascher Folge fielen. Auch das umwallte Moskau, eine kleine Handelsniederlassung an der Stelle, wo heute der weitläufige Komplex des Kreml liegt, wurde niedergebrannt.

Von den fetten Grasweiden der Krim, wo sich die mongolische Reiterei 1238 erholt hatte, brachen die Mongolen dann erneut nach Westen auf, um Ungarns König Bela IV. dafür zu strafen, daß er die artverwandten Kumanen aufgenommen hatte, die aus dem Wolgagebiet vor den Mongolen geflohen waren.

In drei großen Heeresgruppen brachen die mongolischen Reiter nach Südosteuropa ein. Der nördliche Flügel betrat auch deutsches Gebiet, vernichtete bei Liegnitz ein deutsch-polnisches Ritterheer, wandte sich dann aber auch nach Ungarn, um sich mit der Hauptmasse des Heeres zu vereinigen. Deutschland mit seinen dunklen Wäldern interessierte die mongolischen Reiter nicht; sie brauchten breite Täler und Wiesenflächen, um sich entfalten und ihre Pferde füttern zu können. Ihr Ziel waren die Ebenen an der Theiss und der südlichen Donau. Durch diese Überlegungen und nicht durch die Tapferkeit der deutschen Ritter wurde das westliche Europa davor bewahrt, von den Mongolen überrollt zu werden.

Im April 1241 war Ungarn fest in der Hand der Mongolen, die Blüte der ungarischen Ritterschaft hingemetzelt. Eben fingen die Mongolen an, sich in Ungarn einzurichten, die ersten Münzen zu prägen, als Batu, der »Rex tartarorum«, wie ihn die zeitgenössischen Quellen nennen, den Befehl zum Rückzug an die Wolga gab. Überraschend war am 11. Dezember 1241 Ögödei, der Großkhan, an den Folgen seiner Trunksucht gestorben. In seinen letzten Worten klagte er darüber: »Dann aber habe ich, nachdem ich von meinem kaiserlichen Vater auf den hohen Thron gesetzt worden und mir von ihm seine vielen Staaten auf die Schultern gelegt wurden, das Unrecht begangen, daß ich mich vom Traubenwein besiegen ließ!« Die Relaisreiter der Pferdepost, mit der die Mongolen das ganze eroberte Reichsgebiet überzogen hatten, sorgten in pausenlosen Ritten mit stets neuen Pferden dafür, daß Batu die Todesnachricht nach wenigen Tagen schon in Händen hatte. Sein Einfluß mußte bei der Wahl des nächsten Großkhans geltend gemacht werden, daher der unvermittelte Rückzug aus Ungarn. Mitteleuropa konnte aufatmen: die Mongolengefahr war vorüber. Statt dessen nahmen diplomatische Beziehungen zwischen den Mongolen, dem Papst und den französischen Königen ihren Anfang. Das erstemal reisten Europäer, Mönche und Kaufleute, bis nach Karakorum ins Herz des Mongolenreiches und brachten Nachrichten über die Mongolen zurück nach dem Westen. 1298 war man so weit, daß sogar ein diplomatischer Briefwechsel einen gemeinsamen französisch-mongolischen Angriff gegen die mohammedanischen Ungläubigen in Ägypten vorbereiten sollte. Arghun, der mongolische Herrscher im Iran, versprach dem französischen König darin für den Fall einer Beteiligung am Kriege gegen Ägypten Jerusalem, die heilige Stadt der Christenheit.

Aus den von Batu eroberten Gebieten Rußlands erwuchs das Reich der Goldenen Horde, das seine Nachkommen beherrschten. 1255 erhielt Hulagu, der Bruder des damals regierenden Großkhans Möngke, von diesem den Auftrag, die mongolische Herrschaft in Mittelasien zu festigen. 1258 bereits nahm Hulagu Bagdad, die Stadt des Kalifen ein. Aus dieser mongolischen Besitznahme entwickelte sich das Reich der Mongolen in Persien, das Reich der Ilkhane.

Als 1260 Möngkes Bruder Khubilai die Herrschaft als Großkhan antrat, entschied sich damit auch bereits das Schicksal des mongolischen Großreiches. Khubilai war dem chinesischen Wesen zugeneigt, er bewunderte die kulturellen Leistungen der Chinesen. Er verlegte die Hauptstadt des Mongolenreiches aus Charakorum nach Peking. Seine Politik war nach dem südostasiatischen Raum ausgerichtet. Südchina wurde völlig erobert, von dort stießen mongolische Armeen nach Indochina und Kambodscha vor. Auch Japan sollte bezwungen werden, doch mißglückten 1274 und 1281 zwei Landungsversuche der Mongolen auf den japanischen Inseln.

Mit Khubilais Tod zerrissen die letzten Bande, die die mongolischen Staaten in Iran und Rußland an das Großkhanat gebunden hatten. Die auseinanderstrebenden Kräfte waren stärker als die einenden: das Mongolenreich zerfiel an seiner Größe und an der Zwietracht seiner Herrscher aus dem Geschlechte Dschingis Khans.

Während der Kaiser tanzt

Die Herrschaft der Mongolen über China war für die wenigsten Chinesen angenehm, zu Anfang herrschten Totschlag und Plünderung. Dschingis Khan konnte nur mühsam von seinem ursprünglichen Plan abgebracht werden, die eroberten Städte zu zerstören, die Bevölkerung zu vernichten und das Ackerland von ganz Nordchina in Weideland für die Rosse der Mongolen zu verwandeln. Nachdem Dschingis Khans Enkel Khubilai 1260 den Thron bestiegen hatte, wurde es für die Chinesen besser. Der neue Herrscher war den Künsten und der Wissenschaft zugetan und schätzte die kulturellen Leistungen der Chinesen hoch ein. Er versuchte, die Chinesen zur Mitarbeit am Staat zu veranlassen. Aber die erste Rolle in allen Ämtern spielten immer die Mongolen selbst, neben ihnen die Angehörigen anderer nichtchinesischer Fremdvölker: Uighuren, Türken und Perser. Sogar der Italiener Marco Polo, Sohn eines venezianischen Kaufmannes, hat jahrelang das Vertrauen des Kaisers genossen und hohe Ämter innegehabt. Erst an letzter Stelle kamen die Chinesen. Unter der Herrschaft der nächsten, weniger aufgeklärten und tüchtigen Mongolenkaiser auf Chinas Thron ging es mit der Verwaltung und dem Ansehen der Mongolen immer weiter bergab. Die chinesische Bevölkerung duldete nicht mehr schweigsam das Ungemach der mongolischen Fremdherrschaft, sie begehrte auf. Es kam zu Verschwörungen und örtlichen Aufständen. Als Toghon temür (1320–1370), der letzte mongolische Kaiser auf Chinas Thron, 1333 die Regierung antrat, stand sein Thron schon nicht mehr fest.

»Im Osten war Angriff, im Westen Unterdrückung, im Süden Bestrafung und im Norden Krieg. Überall schlossen sich die Leute insgeheim zusammen, denn alle hatten die Hoffnung, daß ein Befreier käme«, schildert eine zeitgenössische chinesische Quelle die Situation um 1350.

Nur der Kaiser selbst kümmerte sich nicht um die Unruhe. Er war ganz in den Händen eines uighurischen Beraters. Tibetische buddhistische Mönche hatten Toghon temür in Geheimlehren des Sexualtantra unterwiesen. Diese Übungen sollten das Leben verlängern, die Kräfte der Frau auf den Mann übertragen. Was ursprünglich, aus Indien kommend, frommer Glaube war, entwickelte sich am Hofe Toghon temürs zu wilden Orgien. Zehn Freunde und Toghon temür ergötzten sich ununterbrochen mit schönen Frauen, die man aus dem ganzen Lande zusammengesucht und in einem eigens für sie in Peking erbauten »Palast der tiefen Klarheit« untergebracht hatte. »Sie wählten alle aus, die am meisten Vergnügen am Verkehr mit Männern hatten und vermittelten sie in den Palast. Nach mehreren Tagen ließ man sie dann heraus. Die Familien des Volkes freuten sich, Gold und Silber dafür zu bekommen. Die Adligen freuten sich insgeheim und sagten: ›Wie kann man sich widersetzen, wenn der Herrscher sie auszuwählen wünscht!‹«, schrieb ein Zeitgenosse.

Der »Palast der tiefen Klarheit« hatte mehrere hundert Räume. Dort drehten sich die Mädchen im Tanz. »Vor dem Kaiser«, so erzählt der Zeitgenosse aus dem Jahre 1369, »verkehrten Männer und Frauen nackt miteinander. Manchmal waren Fürst und Untertan unter einer Decke. Manchmal verabredeten sie sich und überließen sich gegenseitig die Frauen.«

Der Kaiser und seine zehn »Freunde« trugen buddhistische Priestermützen mit goldenen Buddhaemblemen und hielten in den Händen Rosenkränze. Sechzehn Haremsdamen tanzten für sie den Wildgänsetanz. »Sie ließen das Haar in mehreren Zöpfen vom Kopf fallen und trugen elfenbeinerne Kronen. Am Körper trugen sie Schmuckbänder und tiefrote, mit Gold gesprenkelte Priesterkleider.«

Es gab warnende Stimmen, aber Toghon temür hörte nicht auf sie. Er gab sich dem Geheimkult bis zur Erschöpfung hin. Seine andere Leidenschaft war das Bauen. Spöttisch nannte ihn die chinesische Bevölkerung den »Zimmermannskaiser«. Als ihm die zweite Kaiserin Vorhaltungen über seine Lebensführung machte und ihm sagte: »Du bist von der Schar der Wildgänsetänzerinnen betört. Warum schonst du nicht deinen erhabenen Körper«, sagte er nur: »Bin ich der Einzige? Kaiser gab es stets.« Sogar den minderjährigen Kronprinzen ließ er in die geheimen buddhistischen Lehren »das Leben zu verlängern« einweihen.

So brach die Revolte der Chinesen über Toghon temür und die Mongolen herein. Peking fiel, der Mongolenkaiser floh nach Schangtu, seiner kühlen Sommerresidenz nahe dem Dolonor. Aber Ende August 1368 fiel auch diese Stadt. Toghon temür konnte mit der Kaiserin und seinen Konkubinen im Schutze der Dunkelheit gerade noch entkommen. Er fand im verfallenen und vernachlässigten Charakorum, der alten ersten Hauptstadt der Mongolen, ein Unterkommen. Die Mongolenherrschaft über China war zu Ende, in China trat die nationale chinesische Dynastie der Ming die Herrschaft an. Die Geschichtsschreiber der neuen Ming-Dynastie wollten die Nachwelt glauben machen, dies sei reibungslos und ohne Ausbrüche des Volkszorns gegen die Mongolen geschehen. Angeblich wurden nur diejenigen, die sich nicht unterwerfen wollten, hingerichtet. Ansonsten soll nach der Einnahme von Peking den chinesischen Chronisten zufolge »nicht ein einziger Mensch zu Tode gebracht worden sein. Speicher und Schatzkammern wurden versiegelt, Dokumente, Zeichnungen und Kostbarkeiten in militärische Verwahrung genommen . . .«

Die chinesische Volksüberlieferung weiß anderes zu berichten. In Peking beschenkt man sich heute noch im August mit Vollmondkuchen, kleinen runden Kuchen, die mit Bildern des Mondhasen verziert sind und denen in der Mitte ein Stückchen Papier aufgeklebt ist. Dazu erzählt der Volksmund, daß in den letzten Wochen und Monaten der Mongolenherrschaft die Chinesen von den mißtrauisch und unsicher gewordenen Mongolen genau überwacht wurden. Es herrschte praktisch bereits Ausnahmezustand: Mehrere Leute durften nicht im Gespräch beisammen stehen; fast in jeder Familie lebte ein mongolischer Spion; Waffenbesitz war für Chinesen verboten; nur je zehn Familien durften ein Fleischmesser haben. So war es schwer, das Zeichen zum Aufstand gegen die Mongolen in Peking zu verbreiten. Schließlich hatte jemand den großartigen Einfall, auf die Mondkuchen, die man sich anläßlich des Mittelherbstfestes von Familie zu Familie sandte, einen Zettel Papier zu stekken und auf diesen die Aufforderung zum Aufruhr zu schreiben. So erhob sich im August 1368 die Pekinger chinesische Bevölkerung gegen die Mongolen und massakrierte sie. Die Mondkuchen erinnern heute an die Köpfe der Mongolen, die nach dem Sieg der Chinesen dem Mond geopfert wurden.

Das Pendel schlägt zurück

Nach der Flucht aus Peking unternahmen Toghon temür und sein Nachfolger von der Steppe aus den Versuch, noch einmal die mongolischen Kräfte zusammenzufassen. Aber unter den Angriffen der Armeen der neuen chinesischen Nationaldynastie der Ming brachen diese letzten mongolischen Widerstandsversuche zusammen. Viele der in China verbliebenen mongolischen Garnisonen kämpften dabei auf der Seite der Ming gegen den vertriebenen Kaiser.

Damit begann eine mehr als zweihundertjährige Epoche, die für die Mongolen durch Zwietracht, Bruderkriege und Einfälle der westmongolischen Stämme gekennzeichnet ist.

Im Reich der Mongolen in Rußland wurde der Islam vorherrschend. Zu Anfang des 16. Jahrhunderts war dort das Mongolentum vergessen, die Macht der Mongolen gebrochen. Machtstreitigkeiten korrumpierten schon im 14. Jahrhundert die

Herrschaft der Mongolen in Iran. Auch hier veränderte der Übertritt zum Islam das Wesen der Mongolen.

Die Auflösung in kleine, einander befehdende Gruppen, der Rückzug der Mongolen aus China, all dies unterbrach auch den während der Mongolenherrschaft von ihnen gesicherten Landweg zwischen Europa und China. Nun wählten die Kaufleute wieder den Seeweg. Allmählich gerieten die Gebiete jenseits des Ural in Vergessenheit, und die Mongolen der Mongolei waren sich selbst überlassen. Im alten Rhythmus der Auseinandersetzung zwischen den Steppenvölkern und dem Agrarland China beunruhigten sie in diesen Jahrhunderten wieder Chinas Grenzgebiete mit Überfällen, um sich dann, mit Beute gesättigt, wieder zurückzuziehen.

Zwischen Moskau und Peking

Im 17. Jahrhundert tauchte im Norden der Mongolei eine neue Kraft auf: die Russen. Sie sollten von nun an das Schicksal der Mongolen mitbestimmen.

Jermak Timofejewitsch hieß der Oberste der Don-Kosaken, der im 17. Jahrhundert den Russen Sibirien erschloß. 1643 erreichten die ersten Kosaken das Ochotskische Meer. Nur wenige Jahre später, 1658, versuchten Truppen der Chinesen, die die herannahende Gefahr erkannten, das Vordringen der Russen in einer Schlacht am Zusammenfluß von Sungari und Amur aufzuhalten. Aber die Russen zogen sich nicht mehr zurück: Sie befestigten Nertschinsk, sie gründeten nahe der chinesischen Grenze Städte und Handelsniederlassungen, und sie begannen, mit den Chinesen über Grenzziehungen zu verhandeln. Der Vertrag von Nertschinsk legte 1689 endgültig die Grenzen zwischen China und Rußland fest. Die Mongolei lag noch innerhalb der Grenzen Chinas.

Mit dem Auftreten der Russen war aber auch den Mongolen eine neue Möglichkeit bewußt geworden. Wenn sie nicht von

China bekamen, was sie wollten, konnten sie sich an die Neuankömmlinge aus dem Westen halten. Flüchtlinge zogen das Leben jenseits der Grenze der Gefangennahme durch Mandschubeamte und Soldaten vor. Es waren die Westmongolen, die schon ab 1604 mit den Russen in Berührung gekommen waren. Russische Gewehre wurden zu begehrten Geschenken. Galdan, der westmongolische Fürst, der 1688 die Chalcha-Mongolen aus ihren Weidegründen in der nördlichen Mongolei vertrieb, weil sie seinen Traum von einem von China unabhängigen Mongolenstaat unter westmongolischer Führung nicht unterstützten, bot als erster den Russen ein Bündnis gegen die Mandschu in China an. Damals kamen seine Gesandten mit dem Bündnisvorschlag zu spät.

Denn eben erst hatten die Russen mit den Chinesen in Nertschinsk Frieden geschlossen. Aber verhandelt wurde trotzdem mit den westmongolischen Unterhändlern in Moskau, denn die Mongolei lag ja im Spannungsfeld zwischen Peking und Moskau.

Abfall vom Großkhan

Die süd- und ostmongolischen Stämme hatten sich 1622 fast alle den Mandschu, den neuen Herren über das China des 17. Jahrhunderts, angeschlossen. Es war dies nicht aus spontanen Freundschaftsgefühlen für die neue Mandschu-Dynastie geschehen. Die Hauptursache dafür war der nicht zu ertragende Hochmut des letzten mongolischen Anwärters auf den Großkhantitel, des Tsachar-Fürsten Ligdan Khan. Die ungerechte und aufbrausende Art dieses Urenkels Dschingis Khans, seine vielen Übergriffe und das Benehmen seiner Töchter hatten die mongolischen Fürsten der südlichen Stämme auf die Seite der Mandschu getrieben. Ligdan beanspruchte immer das Beste aller Kriegsbeute für sich. Seine Töchter, die er an Schwiegersöhne aus dem Adel der anderen mongolischen Stämme verheiratet hatte, verprügelten ihre Ehemänner aus lauter Stolz, daß sie selbst direkte Abkömmlinge Dschingis Khans waren. Daß dies mehr oder minder auch für ihre Männer galt, machte ihnen nichts aus.

Den mongolischen Fürsten gefiel dies alles nicht. Tragischerweise erkannten sie alle nicht, daß Ligdans übertriebener Herrschaftsanspruch in den Jahren 1604 bis 1634 der letzte Versuch zur Wiederherstellung der alten Khansgewalt und der mongolischen Einheit war. Sie begriffen auch nicht, daß man besser mit der geschwächten chinesischen Ming-Dynastie hätte verhandeln sollen, weil hier mehr zu erreichen war als bei einem Anschluß an die nach China vordringenden Mandschu. Diese waren ein artverwandtes Volk aus Nordostasien, den östlichen Mongolen, vor allem den Chortschin, durch Familienbande eng verbunden.

Verärgert durch Ligdan Khans Übergriffe und Forderungen, wandten sich also die südlichen Mongolenstämme den Mandschu zu. Als Ligdan 1632 einen Feldzug nach Westen in Richtung auf die tibetische Grenze unternahm, um den Mandschu eine Flankenbewegung gegen die Ming-Truppen in Nord- und Mittelchina unmöglich zu machen, folgten ihm nur mehr die Leute seines eigenen Stammes, die Tsachar. Die anderen Stämme waren bereits bei den Mandschu oder sympathisierten mit diesen. Ligdan starb 1634 in der Nähe des Kukunoor, sein Stamm flüchtete ungeordnet nach Osten in die alten Weidegebiete zurück. Dort unterwarfen sich auch die Tsachar dann den Mandschu. Damit begann der Herrschaftsanspruch Chinas über die süd- und ostmongolischen Gebiete, die es fortan als »Innere Mongolei« bezeichnen sollte.

Anschluß der Nordmongolen

1691 sollte dann der chinesische Herrschaftsanspruch auch auf das Gebiet der nordmongolischen Chalcha, das Gebiet der heutigen Mongolischen Volksrepublik, ausgedehnt werden. In diesem Jahr hielten der Mandschu-Kaiser Kanghsi und die mongolischen Fürsten in der Klosterstadt Dolonor in der Inneren Mongolei einen Fürstentag ab, auf dem die nordmongolischen Fürsten sich der chinesischen Oberhoheit unterwarfen. Doch geschah dies nicht aus freien Stücken.

Die Chalcha waren damals Flüchtlinge. Der westmongolische Eindringling Galdan hatte sie aus ihren Stammesgebieten vertrieben. Nun hatten sie bei dem starken Mandschu-Kaiser Kanghsi Schutz gesucht.

Die Mongolen folgten auch hier ihrer stets geübten Politik, sich von ihren Grenznachbarn immer demjenigen zu verbünden und zu unterstellen, der im Augenblick Sicherheit bot. Das war 1691 das chinesische Reich im Süden der Mongolei. »In der vollkommenen Gnade des Kaisers wurden die dem Tode nahegerückten mongolischen Sklaven neubelebt«, sagte weinend der Tüschijetü Khan Tschahundordschi der Chalcha bei der Unterwerfungszeremonie.

Bis 1911 zahlten nun die Chalchafürsten und ihr höchster lamaistischer Würdenträger, der Dschebtsundampa Chutuktu, einen jährlichen Tribut von acht weißen Pferden und einem weißen Kamel, die sogenannten »Neun Weißen« als nominellen Tribut an die Mandschu. Ihr Gebiet aber hieß die Äußere Mongolei. Selbst als 1911 die stolzen Chalcha die chinesische Herrschaft mit russischer Hilfe abschüttelten und ihr Land für unabhängig erklärten, stimmte China dem nur unter der Bedingung zu, daß die Äußere Mongolei ein »integraler« Bestandteil Chinas sei. Erst 1924, nachdem die Äußere Mongolei, mit Hilfe sowjetischer Truppen, zur Mongolischen Volksrepublik geworden war, verlor diese Bezeichnung ihre Bedeutung.

Das China der Kuomintang-Regierung behielt diese Bezeichnung Äußere Mongolei bis 1945 bei, bis eine Volksabstimmung in der nördlichen Mongolei, die unter Beobachtung chinesischer Vertreter stattfand, eindeutig den Willen der Chalcha-Mongolen zur Unabhängigkeit von China vor der ganzen Welt dokumentierte. Die südliche Mongolei aber nannten die Chinesen weiterhin Innere Mongolei. Ihre mongolischen Stämme blieben weiterhin unter chinesischer Oberherrschaft, obwohl sie sich schon 1911, mit Ausnahme der Mongolen des Ordusgebietes, mit der Selbständigkeitserklärung der Chalcha solidarisch erklärt hatten. Damals hatten chinesische Truppen den Zusammenschluß der Äußeren mit der Inneren Mongolei zu einem eigenen nationalstaatlichen Gebilde verhindert, und so ist es geblieben, bis in die jüngste Zeit. Als 1945 Truppen der sowjetischen Roten Armee gemeinsam mit Reitern und Panzern der Mongolischen Volksrepublik gegen die japanischen Truppen in der Inneren Mongolei und den Mongolengebieten der Mandschurei vorgestoßen waren und diese besiegt hatten, glaubten die Mongolen, die Zeit der Vereinigung der getrennten Teile sei gekommen. Die Truppen der Mongolischen Volksrepublik führten zahlreiche Persönlichkeiten aus der Inneren Mongolei mit sich zurück zur Umerziehung, die Stunde der Gründung einer Gesamtmongolei schien gekommen. Aber auf der Jalta-Konferenz entschieden die Großen anders. Die Zustimmung Tschiang Kai-scheks zur Anerkennung des Status quo in der Äußeren Mongolei, das heißt die um 22 Jahre verspätete Anerkennung der Selbständigkeit der Mongolischen Volksrepublik durch China, brachte gleichzeitig das Ende der innermongolischen Hoffnungen auf einen Zusammenschluß mit der Mongolischen Volksrepublik. Die Anerkennung des 1945 in der Mongolei herrschenden Zustandes bedeutete, daß die Innere Mongolei und die Mongolengebiete der westlichen Mandschurei Bestandteile Chinas waren. Nur widerwillig folgten die Soldaten der Mongolischen Volksrepublik, die von den Mongolen in der Inneren Mongolei als Befreier gefeiert worden waren, dem Befehl zum Rückmarsch hinter ihre Staatsgrenzen. Vorsichtig beließ Sowjetrußland Teile seiner motorisierten Verbände, die mit den mongolischen Einheiten in die Innere Mongolei vormarschiert und nun auch wieder in die Mongoliche Volksrepublik zurückmarschiert waren, zunächst an den Grenzen des nordmongolischen Staates. Das sollte (konnte) ein Überschäumen eines mongolischen Zusammenschlußgefühls verhindern. Erst einige Jahre später wurden diese Garanten der »Freundschaft« mit China aus der Mongolischen Volksrepublik abgezogen und in die Sowjetunion zurückgenommen. Inzwischen waren nämlich Tschiang Kai-schek und die nationale Kuomintang-Regierung Chinas nach Formosa gezogen und China war zur Volksrepublik China geworden. Völker gleicher Systeme durften ja keine Gegensätze kennen! So schlossen die beiden benachbarten Volksdemokratien Freundschafts- und Beistandspakte. Die Mongolen der Inneren Mongolei blieben in einem eigenen, autonomen Verwaltungsgebiet innerhalb Rotchinas, die Chalcha-Mongolen hatten ihren eigenen Staat zwischen den beiden roten Giganten Rußland und China, und somit war der chinesische Machtanspruch auf die Innere Mongolei genauso unverändert wie zur Zeit der Mandschu-Dynastie.

Die chinesische Flut

Diesen seit Jahrhunderten ausgeübten Machtanspruch der Chinesen hatten die Mongolen der Inneren und östlichen Mongolei in den ersten Jahrzehnten unseres Jahrhunderts besonders schmerzlich zu spüren bekommen. Seit kurz nach der Jahrhundertwende die ersten Eisenbahnen in die Provinz Jehol, den alten kaiserlichen Jagdpark des Mandschu-Kaiserhauses, und über Ku-pei-kou und die chinesische Große Mauer hinaus in die fruchtbaren Weideebenen der Tümet von Kueihua gebaut worden waren, strömten jährlich Hunderttausende chinesischer Siedler ins Land. Wirtschaftlich geschickte Ackerbauer mit mehr als viertausendjähriger Erfahrung unterwanderten die mongolische Bevölkerung, die mit ihren Herden zwischen Winter- und Sommerlagern in den fruchtbarsten, fettesten Weidegründen herumzogen. Was sich schon achtzig und fünfzig Jahre vorher in der östlichen Mongolei abgespielt hatte, fing an, sich in der Inneren Mongolei zu wiederholen. Kleine Marktsiedlungen, Umschlagplätze des Tauschhandels zwischen Chinesen und Mongolen, entwickelten sich zu großen Städten mit überwiegend chinesischer Händler- und Handwerkerbevölkerung. Die chinesischen Siedler aber drangen mit ihren Äckern in die bisher nur von Rindern, Pferden und Schafherden belebten Weidegebiete der Mongolen vor. Die Prinzen und Landeigentümer, die Großgrundbesitzer, waren den chinesischen Händlern verschuldet und gaben Land für die Lieferungen an chinesischen Luxusgütern und Zusatznahrungsmitteln, die ihnen chinesische Händler gegen Wechsel geliefert hatten. Die nomadische Viehhaltung erfordert viel Weideland. Im regelmäßigen Rhythmus, der durch die Kopfzahl der Herde und das dafür notwendige Areal des Futtergebietes bedingt ist, wechseln die Herden zwischen Winter- und Sommerweiden. Die Verringerung dieses Weidegebietes durch die Siedlungen fleißiger, geschäftiger chinesischer Bauern bewirkte die zahlenmäßige Verringerung der Herden. Wie eine Hautkrankheit drangen die braunen Ackerflächen der chinesischen Siedler in das grüne Wiesenantlitz der Mongolei vor. Der Haß der mongolischen Viehzüchter gegen die Chinesen, die das Land »gelb« machten (siralagsan), stieg. Der chinesische Staat aber, der in den von Sun Ya-tsen, dem geistigen Vater der ersten chinesischen Revolution gegen die Mandschu, 1911 verkündeten Grundthesen die Gleichheit aller fünf in Nationalchina vereinten Rassen und Völker garantierte, tat nichts gegen diese Einschränkung der mongolischen Lebensrechte. Im Gegenteil, er förderte noch das Vordringen der chinesischen Siedlung ins Mongolenland. Wohl waren die Mongolen, ebenso wie die Tibeter, in Nanking in der Volksversammlung vertreten, es bestand auch ein besonderer tibetisch-mongolischer Rat zur Wahrnehmung der nationalen Eigeninteressen der Mongolen und anderer Minderheiten, aber unterstützt wurden von der chinesischen Regierung der Jahrzehnte nach dem Ersten Weltkrieg nur die Chinesen. Die Selbsthilfen der Mongolen waren oftmals Gewaltmaßnahmen. Die Zahl der Räuber und Banditen nahm zu, sie griffen die chinesischen Siedlungen an. Was von den Chinesen als Banditenunwesen bezeichnet und durch Polizeimaßnahmen verfolgt wurde, war nichts anderes als das Ventil einer gering behandelten, über die Schulter angesehenen und immer und allezeit von den Chinesen benachteiligten Minderheit. Die mongolischen Fürsten, kleine Teilkönige von Chinas Gnaden, versagten in diesen Krisenzeiten. Den Annehmlichkeiten der chinesischen Kultur, ihrem Luxus und meistens auch noch dem Opium ergeben, versuchten sie für sich das Beste aus dem Vordringen der Chinesen, aus dem chinesischen Landhunger, zu machen. Viele verkauften Ländereien an die Chinesen, um für sich den Lebensstandard einer auslaufenden feudalen Epoche weiterhin zu halten. Das mongolische Volk aber murrte insgeheim, duldete und hoffte.

> Siehst einen du mit dem Rangknopf (des Fürsten), blau oder weiß, aus Lapislazuli oder Koralle,
> Ist es einer, der voller Genauigkeit, friedlich und klug ein festes Regiment führt!
> Siehst aber Habsucht du, Gier, großes Verlangen –
> Ist einer nur, der auf mühseliger Straße dahinstreunt, nachdem er sich einen geraden Stock bereitete.

schrieb spottend der lamaistische Dichter Ischidangdschinwangdschil (1854–1907), ein Tschar-Mongole, der in einem kleinen Orduskloster im Süden der Mongolei als Mönch lebte, in seinem kritisch-belehrenden Pamphlet ›Die Worte des Erleuchteten vom Herzog-Tempel‹ über die von der Wirklichkeit getrennten Fürsten.

Die Hoffnungen, daß von der Mongolischen Volksrepublik die Kräfte kämen, die eine einige, alle Mongolen umfassende Großmongolei schaffen würden, frei von China und chinesischem Einfluß, kamen in den dreißiger Jahren zum Erliegen. In der Mongolischen Volksrepublik, deren staatliche Unabhängigkeit von China 1924 mit Hilfe von Truppen der russischen Roten Armee gegen chinesische Machtansprüche zustande gekommen war, folgte man den politischen Formen, die der russische Beschützer gegen China in seiner Innenpolitik vormachte. Die zweite Hälfte der dreißiger Jahre brachte eine Verschärfung des stalinistischen Kurses. Die Versuche, die veraltete wirtschaftliche und gesellschaftliche Struktur des Landes mit Gewalt umzubauen, führten zu großen politischen »Säuberungen« und Prozessen, denen große Teile des Adels, der lamaistischen Geistlichkeit und der großen Herdenbesitzer zum Opfer fielen. Flüchtlinge aus der Chalcha-Mongolei, die nach der Inneren Mongolei entkamen, berichteten davon.

Bei wem sollten und konnten die Mongolen der Inneren Mongolei Schutz vor den chinesischen Kolonisierungsplänen suchen? Aus dem Osten kam eine neue Kraft. 1932 hatte Japan nach jahrelangen Vorbereitungen die Mandschurei besetzt, 1934 daraus das von China losgelöste und mit Japan eng verbündete Kaiserreich Mandschukuo geschaffen. Die Mongolen der östlichen Stämme, die in diesem Marionettenstaat Japans lebten, hatten ihre eigene Selbstregierung, ihr eigenes autonomes Verwaltungsgebiet – die sogenannten vier Hsingan-Provinzen – längs des nach Nordosten zu verlaufenden Kammes des Hsingan-Bergmassivs bekommen. Dort stützten die Japaner die mongolischen Wünsche nach kultureller Selbstbestimmung, unterbanden die chinesische Siedlung und waren überhaupt sehr antichinesisch eingestellt. Und – was vielleicht noch viel mehr wog in den Augen des innermongolischen Adels – die Japaner stützten sich hier auf die mongolischen Prinzen und Fürsten. Als 1936 – seit 1935 hatten japanische Truppen und projapanische Partisanen die Grenze des neuen Staates Mandschukuo nach der Inneren Mongolei zu berichtigt – die Japaner den nach Selbständigkeit der Inneren Mongolei strebenden Prinzen Teh des Schilinghol-Bundes offen zu unterstützen begannen, setzten die meisten Mongolen der Inneren Mongolei ihre Hoffnung auf die Japaner und auf deren Hilfe zur Loslösung der Inneren Mongolei von China. Ja, man machte sich sogar unter den innermongolischen Fürsten Hoffnungen, man könne mit Hilfe der Japaner, durch Verbreitung japanischer Waffen unter den unzufriedenen, von Säuberungsprozessen und Verfolgungen der Besitzenden geschüttelten und zerrissenen Mongolen der Mongolischen Volksrepublik, die enge Bindung mit der Sowjetunion lösen und alle Mongolen zu einer großen Gesamtmongolei vereinen. Am 12. April 1936 hatte die Mongolische Volksrepublik mit der Sowjetunion einen Beistandspakt abgeschlossen – so weit war die Bedrohung des gegenwärtigen Zustandes in der Mongolei durch die japanischen Pläne und die pan-mongolischen Absichten der Prinzen gediehen, daß die Sowjetunion ihren mongolischen Pufferstaat durch einen Beistandspakt schützen zu müssen glaubte. Diese innermongolisch-japanischen Hoffnungen auf eine Änderung des guten Verhältnisses zwischen der Mongolischen Volksrepublik und Rußland erlitten 1935 bis 1937 schwere Rückschläge. Mit brutalen Schlägen, von politischer Polizei und russischem Militär unterstützt, zertrümmerte Marschall Tschoibalsang, das spätere Staatsoberhaupt der Republik, die Gruppen der Chalcha-Mongolen, die die Durchführung des kommunistischen Wirtschaftssystems in der Mongolei für unmöglich hielten, und dies sogar offen ausgesprochen hatten, so auch der langjährige Ministerpräsident Gendun selbst. Noch mehr aber galt der Kampf all denen, die in Japan und dessen antichinesischer Haltung einen Grund sahen, die Bindung der Mongolischen Volksrepublik an die Sowjetunion zu lösen.

Mongolen im heutigen China

Eineinhalb Millionen Mongolen neben einer halben Million Chinesen – das war 1964 das Verhältnis in dem ehemaligen Innermongolischen Autonomen Gebiet Chinas. Und doch ist es eines der größten Minderheitengebiete Chinas. Man sagt, Mao Tse-tung habe sich jede einschneidende Entscheidung auf kulturellem Gebiet, wenn sie die Innere Mongolei betrifft, selbst vorbehalten. Die knapp eineinhalb Millionen Mongolen sind fast ausschließlich in der Viehzucht tätig, die nach wie vor eine der Hauptproduktionsquellen des Gebietes ist. Es ist tatsächlich gelungen, nach dem katastrophalen Rückgang des innermongolischen Viehbestandes nach 1945 den Bestand bis 1958 wieder auf 28167000 Stück Vieh zu heben. Aber kann dieser Anteil der Mongolen an der wirtschaftlichen Produktion der Hauptgrund für die Sonderbehandlung der Mongolen sein?

Die Kommunisten lieben die Nomadenwirtschaft nicht. Nach kommunistischer Auffassung ist für die Entwicklung zum kommunistischen Idealstaate die Schaffung eines Arbeiterstandes notwendig. Arbeiter und Arbeitsmöglichkeiten in der Industrie sind untrennbar miteinander verbunden. Daher der starke Zug zur Industrialisierung und die Kampfansage an alle rückständigen Wirtschaftsformen. Zu ihnen zählt nach kommunistischer Auffassung die nomadische Weidewirtschaft der Mongolen. In den Gebieten der mongolischen Völkerschaften innerhalb der Sowjetunion, bei den Kalmücken und Burjäten, hat man den Nomadismus abgeschafft und die Einwohner seßhaft gemacht. Ihre Herden und ihr Weideland aber hat man kollektiviert. In der Mongolischen Volksrepublik ist die Kollektivierung der Herden das Wirtschaftsthema Nummer eins. Nicht anders im Innermongolischen Autonomen Gebiet: Die chinesischen Kommunisten haben auch dort der nomadischen Einzel-Herdenwirtschaft den Kampf angesagt. Um 1958 hat es nach chinesischen Angaben rund 8000 nomadische und 25000 halbnomadische Wirtschaften gegeben.

Bis 1961 sollten alle diese mit der Viehwirtschaft beschäftigten Haushaltungen in Kollektiven zusammengeschlossen sein. 1958 war dieser Plan zu 50 Prozent erfüllt, aber 80 Prozent aller Nomaden der Inneren Mongolei sollen zu dieser Zeit bereits in festerrichteten Jurten gewohnt haben. 153 Kommunen und

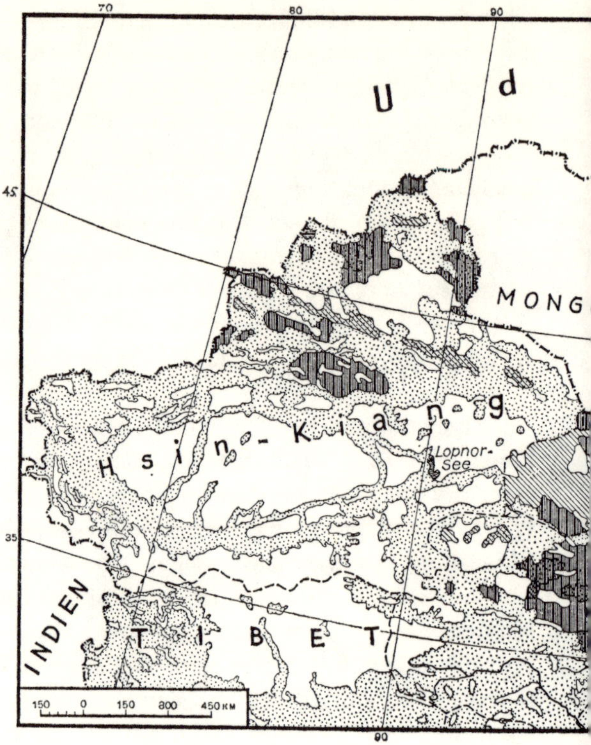

Mongolische Minderheiten in China (nach B. Ch. Todaewa)

eine Zahl von mehr als 50 Staatsgütern werden für das Gebiet angegeben. Die Schaffung von zahlreichen festen Brunnen, Winterunterkünften für das Vieh, der Einsatz von Veterinären und die Impfung des Viehs durch fliegende seriologische Brigaden haben trotz dieses entscheidenden Eingriffes in die gesellschaftliche Struktur der mongolischen Hirtenbevölkerung das Unternehmen der Herdenkollektivierung zunächst als Fortschritt ausgewiesen. Der Viehbestand begann zu steigen. 1957 mit 22 Millionen Stück gemeldet, betrug er 1959 schon 28

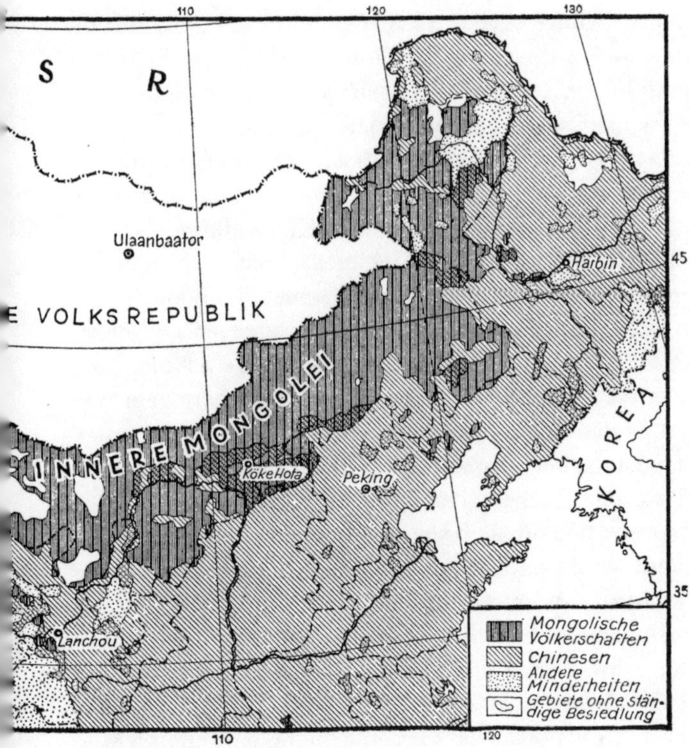

Millionen. Nach dem 1958 angenommenen Fünfjahresplan sollte 1962 der Viehbestand der Inneren Mongolei 50 bis 60 Millionen Stück Vieh ausmachen. Den Großteil dieser Zahl macht auch heute noch Kleinvieh aus; zumeist sind das Ziegen und Schafe. Die Milchkühe der Inneren Mongolei wurden 1958/59 auf 1,3 Millionen Stück geschätzt. Der Verarbeitung der Milchprodukte schenkt man große Bedeutung. Trotz der großen Zahl von Schafen ist der Wollertrag nicht zufriedenstellend. Chinesische Planer fordern daher eine Zunahme der

Schweinezucht auch bei den Mongolen. Auch das weist auf eine verstärkte Seßhaftmachung der Mongolen hin, denn Schweine kann man in großem Maße in keiner nomadischen oder auch nur halbnomadischen Viehwirtschaft züchten.

Der eigentliche Ackerbau ist nach wie vor in den Händen der chinesischen Bevölkerung, der gute Boden ist von ihr ganz erfaßt. Trotz der die Einheit betonenden Kulturautonomie kann man von einer Zweiteilung des Gebietes sprechen: im Südosten die chinesischen Bauern, im übrigen Gebiet die mongolischen Hirten. Diese grob gezogene Bevölkerungsgrenze ist gleichzeitig auch die Grenze zwischen gutem Ackerland – das ursprünglich gutes Weideland war – und sandigem oder bergigem Weidegebiet, in das die mongolische Viehwirtschaft heute zurückgetrieben ist. Neben großkörniger Hirse (Kaoliang), Mais und Weizen werden Zuckerrüben und Kürbis angebaut. Vor allem dem Zuckerrübenanbau, bisher im mongolischen Grenzgebiet unbekannt, wird große Mühe gewidmet. In Kükehot, Paotow, Ulanhot, Linho, Tungliao und Chifeng sind große Zuckerfabriken entstanden, zum Teil von russischen Technikern erbaut. Daneben wird starkes Gewicht auf den Weizenanbau gelegt. Ende 1959 waren fast 700000 ha Land nur für Weizen benutzt. Von den 111750000 ha des Gesamtgebietes der Inneren Mongolei sind 5433000 ha Anbaufläche, während rund 80000000 ha Weidefläche, also für die Landwirtschaft weniger geeignetes Gelände sind. Aber davor wollen die chinesischen Planer nicht zurückschrecken. Eine große Bewässerungskampagne wurde gestartet: bis 1962 sollten 3000000 ha bewässert sein; 1957 waren es rund 800000 ha. Unter dem Großeinsatz aus allen Dörfern und Städten zusammengetrommelter Arbeiter hat man Kanalbauten im Ordusgebiet und am Liao-ho, dem Schara mören in der Ostmongolei, durchgeführt. Dort baute man auch Staubecken und Wasserreservoire, um die Bewässerung weiter ausbauen zu können. All dies deutet auf eine strikte Einhaltung der antinomadischen Politik – die Mongolen sollen seßhaft werden. Auch verkehrsmäßig hat man in den letzten zehn Jahren die Innere Mongolei erschlossen. Die Bahnlinie von Ulan-Bator quer durch die Wüste Gobi und die Innere Mongolei nach Peking ist seit 1957 in Betrieb. Sie hat bis Tsining russische Spurweite. Im Hsingan-Gebirge sind einige kurze Bahnstrecken bis 1957 ebenfalls ausgebaut worden, die man zum Abtransport des Holzes braucht. Der Anschluß der Bahn nach Lanchou ist ab Paotow ebenfalls seit 1958 fertiggestellt. Eine der wichtigsten Leistungen auf dem Gebiet der Verkehrserschließung aber sind mehr als 400 km Wüstenstraßen, die mit Schutzvorrichtungen gegen die in der Wüste sonst jeder Straße gefährlichen Sandverwehungen versehen sind. Sie gehören zu den 1600 km der Straße nach Schensi.

Die offizielle Propaganda, aber auch die Sprachpflege und Publikationstätigkeit zeigten eine besonders freundliche und fördernde Behandlung der mongolischen Minorität durch die 500 Millionen Einwohner der Volksrepublik China. Pest und Syphilis, die beiden Hauptfeinde der Mongolen, sind weitestgehend gebannt. Hygiene wird heute in der Inneren Mongolei sehr beachtet. Seither stieg die Bevölkerungszahl steil an. Die Sonderbehandlung der Mongolen drückte sich aber besonders auf dem Gebiet der Erziehung und des Schulwesens aus sowie in anderen kulturellen Aktivitäten. Also Kulturautonomie?

Die Bekämpfung des Analphabetentums bei der mongolischen Minderheit ist seit 1949 soweit vorangetrieben, daß 1290000 Mongolen lesen können. Nur zehn Prozent sind noch des Lesens unkundig. 15000 Volksschulen sind im Innermongolischen Autonomen Gebiet errichtet worden. Davon werden allerdings die meisten von Chinesen besucht. Insgesamt waren 1959 42000 Mongolenkinder in Schulen, von ungefähr 140000 Mittelschülern waren 21436 Mongolen. Die Bildungsmöglichkeiten sind für Mongolen und Chinesen gleich. An allen Volksschulen aber ist – auch in den mongolischen Volksschulen – seit 1959 das Chinesische bereits seit dem dritten Schuljahr, statt wie bisher erst seit dem fünften, obligatorisch. Die mongolische Sprache ist an nur sechs mongolischen

Mittelschulen obligatorisch. Nur ungefähr 100 der an den 17 Hochschulen und Fachschulen des Gebietes und an der Universität Kükehot Studierenden sind Mongolen, alle anderen sind Chinesen. Machen sich hier Sinisierungstendenzen auf weite Sicht bemerkbar? Andererseits wurden alle chinesischen Funktionäre angewiesen, Mongolisch zu lernen.

Es wurden viele mongolische Schriften herausgegeben und eine gedruckte mongolische Literatur geschaffen. Im Verlag des Minoritäteninstituts in Peking, in der Mongolischen Verlagsdruckerei, die Niederlassungen in Kükehot, Kalgan und Mukden hat, und in der Sinkiang-Minoritäten-Druckerei wurden von 1947 bis 1959 104 131 000 Werke gedruckt. Das ist, auch wenn man berücksichtigt, daß es sich um viele Pamphlete handelt, eine große Zahl für die knapp eineinhalb Millionen Mongolen der Inneren Mongolei. Neben den Parteischriften und Übersetzungen der kommunistischen Standardwerke von Marx, Engels, Stalin und Mao Tse-tung aber gab man auch alte mongolische Werke heraus. Vieles, was bisher nur in einem Manuskript in Privatbesitz vorhanden war, ist nun im Druck erschienen und hat weite Verbreitung gefunden. Eigene wissenschaftliche Kommissionen arbeiten an der Schaffung chinesisch-mongolischer und mongolisch-chinesischer Wörterbücher, um eine bessere Verständigung zwischen dem mongolischen und dem chinesischen Bevölkerungsteil Rotchinas herbeizuführen. Neue Wörter werden analog zu den gleichbedeutenden chinesischen gebildet. So sind bereits 10 775 neue Wörter für das Gebiet der Verwaltung, des Rechts, der Politik, der Wirtschaft und der Erziehung in die heutige innermongolische Sprache übernommen worden. Deutet das doch auf eine einmal im Gefolge dieser Modernisierung geplante Sinisierung der Mongolen?

Es ist schwer, die Entwicklung zu verfolgen, die auf Weisung der Pekinger Behörden in Gang gekommen ist, und andererseits zu erkennen, was eine Folge des hartnäckigen Festhaltens der Mongolen an ihrer Kultur und ihrer Forderung nach Kulturautonomie ist. Denn gleichzeitig sammelt man doch systematisch die alten Literaturdenkmäler der Mongolen und gibt sie heraus. In den Bibliotheken des Minoritäteninstitutes in Peking und in Kükehot, in Ulanhot, dem früheren Wang-yehmiao, hat man viele Hunderte alter Blockdrucke und Handschriften aus dem 15. bis 19. Jahrhundert gesammelt. Man versucht, eine eigene mongolische Literaturentwicklung aufzuzeigen. Analog zu der systematischen Sammlung und schriftlichen Festlegung der chinesischen Volkslieder und Volksdichtungen, wie sie von eigenen Kommissionen in Rotchina durchgeführt wurde, zeichnet man auch bei den Mongolen der Inneren Mongolei die bisher nur mündlich überlieferte Volksdichtung auf und veröffentlicht sie. Ältere Ausgaben mongolischer literarischer Werke, die in der Mongolischen Volksrepublik erschienen waren, werden in der Inneren Mongolei ebenso nachgedruckt wie die Werke von Literaturhistorikern der Universität Ulanbator, der Staatsuniversität der Mongolischen Volksrepublik. Mongolische alte Literaturwerke wie die ›Blaue Chronik‹ (Köke sudur) des mongolischen Dichters Indschanaschi, seine übrigen, im chinesischen Stile geschriebenen Romane, vor allem aber die Heldendichtungen wie ›Geser Khan‹, das Dschangar-Epos, die Märchensammlung ›Geschichten der 32 Holzmenschen‹ und andere Werke dieser Art wurden in Drucken mit hohen Auflagen verbreitet. Dabei ist auffällig, daß man in den ersten Jahren des rotchinesischen Einflusses in der Inneren Mongolei vorwiegend Übersetzungen chinesischer Schriftsteller verbreitete. Nun aber ist eine starke Betonung der mongolischen Literatur erkennbar. Dabei finden sich unter den Veröffentlichungen Werke und Schriftsteller, die deutliche antichinesische Tendenzen vertreten, allerdings Tendenzen, die sich gegen die chinesische bürgerliche Gesellschaft und Gentry der späten Mandschu-Dynastie im späten 19. und zu Beginn unseres Jahrhunderts richten. So ist dies im Werke Indschanaschis, des mongolischen Schriftstellers des späten 19. Jahrhunderts der Fall, der ein ausgeprägter mongolischer Nationalist war und in seinen Werken voll bitteren Hohnes die Ausbeutung der Mongolen durch die Chinesen schildert.

Aber auch Ausgaben mündlich überlieferter Volksliteratur, wie die Schwänke vom ›Verrückten Mönch Schagdar‹, die erst 1959 in Kalgan im Druck erschienen – die erste Auflage betrug 3500 Stück –, schrecken nicht vor der Wiedergabe antichinesischer Stellen zurück, wenngleich diesen immer der Mantel der Historizität angezogen ist, und die Kritik und der Spott an den Besitzenden, den reichen Fürsten, den korrupten Beamten und den verkommenen und ehebrecherischen Lamamönchen überwiegen. So wird von dem »verrückten« Mönch Schagdar, einer Schelmengestalt, die auf einen vagabundierenden ehemaligen Lamamönch zurückgeht, der in den Jahren 1869 bis in die Dreißiger Jahre unseres Jahrhunderts hinein gelebt hat, folgende Geschichte erzählt:

»Zu dem Klosterfest, das die Bagharin jährlich abhielten, sind immer aus dem Innern Chinas viele Händler gekommen.

Schagdar ging dicht an die Seite des Zeltes jener Händler heran, schichtete mit drei Steinen eine Feuerstelle auf, holte einen tibetischen Kochtopf hervor, dann nahm er sich nach Lust von dem Wasser, das sich in dem tönernen Wasserbehälter der chinesischen Händler befand und machte dann mit deren Brennmaterial ein Kochfeuer an. Als ihn darob der Älteste der Händler beschimpfte und ihn einen Verrückten nannte, antwortete Schagdar:

›Ich, Schagdar, habe nur vom Wasser meiner Heimat getrunken, heizte mit nichts anderem als dem Strauchwerk meiner Berge. Nichts braucht' ich vom Wasser, vom Brennholz, das ihr aus Schantung mitgebracht.

Ihr, die ihr vieles Fleisch vom Knochen genagt, ihr Kinder lediger Mütter (Bastarde), dorthin gehört ihr.‹

So beschimpfte Schagdar sie auf Mongolisch und auf Chinesisch.«

Weshalb geschah dies alles? Warum behielt man die alte mongolische Schrift bei, der die Mongolen der Mongolischen

Volksrepublik noch heute zum Teil nachtrauern? Darauf gibt es mehrere Antworten.

Die rotchinesischen Kommunisten haben es mit einem noch vorhandenen mongolischen Nationalismus zu tun, der durch die Zeit der japanischen Besatzung gestärkt worden ist und sich jeder Sinisierung widersetzt. Noch im Mai 1958 kam es unter den Mongolen der Inneren Mongolei zur Bildung einer mongolischen kommunistischen Partei, weil man mit der chinesischen Partei nicht zufrieden war. Um diesen Nationalismus zu befriedigen, um ihn einzulullen, wird der kulturell-literarische Sektor gefördert.

Aber daneben gibt es eine noch schwererwiegende Antwort. Die Innermongolische Autonome Region, das mongolische Minderheitengebiet der Volksrepublik China, lebt in ständiger Grenzberührung mit einem im Rahmen der russischen Satelliten-Staaten besonders selbständigen Staatsgebilde, der Mongolischen Volksrepublik. Diese fühlt sich, mit dem großen Bruder Sowjetrußland im Rücken, der chinesischen Volksrepublik gegenüber fast gleichberechtigt. Sollten die Mongolen der Mongolischen Volksrepublik nicht immer antichinesisch empfinden, sollten die Mongolen der mongolischen Minderheit innerhalb Rotchinas nicht immer sehnsüchtig nach diesem mongolischen Nationalstaat im Norden blicken, und sollte andererseits die Innermongolische Autonome Region für die Mongolen unter russischem Einfluß als ein leuchtendes Beispiel sozialistischer rotchinesischer Minderheitenpolitik dastehen, dann blieb den Rotchinesen kein anderer Weg als der heute eingeschlagene: Betonung der mongolischen Eigenheiten im Bereich der Literatur bei einer durch wirtschaftlichen und sozialen Druck fortschreitenden Sinisierung.

Die kulturelle Sonderstellung der mongolischen Minderheit innerhalb Chinas war eine Konzession an das Vorhandensein eines mongolischen Nationalstaates im Norden Chinas. Wem sonst galt der Druck so vieler alter Werke, wem die Betonung und Förderung der mongolischen Literatur? Wie subtil diese literarische Politik war, wie sehr sie doch kulturelle Irredenta war, zeigt ein kleines Beispiel. Von rotchinesisch-innermongolischer Seite wurde ganz stark die Tatsache betont, daß fast alle berühmten chinesischen Romane schon im 19. Jahrhundert in das Mongolische übersetzt worden seien und daß von dieser Anregung aus die mongolischen wandernden Sänger und mongolischen Dichter unter Benutzung chinesischer Romanmotive eine neue mongolische Erzählgattung im mongolisch-chinesischen Grenzland geschaffen hätten, die sich dann über die ganze Mongolei verbreitet habe und sehr beliebt war.

Zu dieser Klaviatur der kulturellen Irredenta Rotchinas der Mongolischen Volksrepublik und ihren russischen Freunden gegenüber gehörte nicht zuletzt auch das Beibehalten der »alten« mongolischen Schrift. Solange Grund für diese kulturelle Irredentapolitik besteht, solange wird auch die mongolische Minorität Chinas, eineinhalb Millionen im Ozean der 700 Millionen Chinesen, noch eine Schonzeit haben, wird ihre Kultur, wird ihre Literatur Gegenstand besonderer Förderung und Erforschung sein, wird man die »alte« Schrift pflegen und gebrauchen.

Die Kulturrevolution änderte vieles

Seit der sogenannten »Großen Proletarischen Kulturrevolution« hat sich das Vorgehen der Chinesen geändert. Die große Innermongolische Autonome Region ist in ihrem Umfang kräftig beschnitten worden, die abgetrennten Teile wurden anderen Militärdistrikten zugeschlagen. Der Kampf der »roten Garden« galt dem Mongolentum selbst. Mehr als 30000 mongolische Flüchtlinge aus der Minderheitenregion Chinas verließen trotz stark bewachter Grenze die Heimat und flohen in die Mongolische Volksrepublik. Die Stellen der Mongolischen Volksrepublik haben nach den Aussagen dieser Flüchtlinge über Grausamkeiten und Ausschreitungen der »Roten Garden«, vor allem im Barga-Gebiet berichtet. Tausende von »Rotgardisten« wurden in der Anfangsphase der Kulturrevolution in die fruchtbaren Weidegebiete zur Siedlung und Intensivierung der Ackerwirtschaft wie auch zur Grenzsicherung entsandt. Wohl erscheinen noch Zeitungen in mongolischer Sprache in der alten Schrift, aber nichts Gedrucktes darf das Land verlassen. Was an Büchern und Pamphleten seit der Kulturrevolution für die Mongolen der Inneren Mongolei gedruckt wurde, sind Maos Werke und Lehren und Übersetzungen chinesischer Propagandaliteratur. Nichts von alter mongolischer Literatur wird mehr veröffentlicht. Die wenigen Erzählungen in mongolischer Sprache schildern Vorgänge aus dem Kampf gegen die japanischen Aggressoren in den Jahren 1934 bis 1945 – historische Rückblicke, wobei in dem beabsichtigten Feindbild die Japaner leicht durch andere Völker zu ersetzen wären. Man will nicht mehr nach außen werben, sondern im Innern indoktrinieren.

3. Kapitel

Angekohlte Reste der Vergangenheit

Herrn Hofraths untertänigster Diener . . .
Ein russischer Staatsrat kann Göttingen nicht vergessen.

Der hannöversche Hofrat Heyne, Sekretär der Gelehrten Gesellschaft Göttingen, erhielt vor allem in den Jahren von 1781 bis 1795 viel Post und Pakete aus Rußland. Deren Absender war der Baron Georg Thomas von Asch, Oberster Arzt der Armee des Zaren und russischer Staatsrat in St. Petersburg. Der gebürtige Balte hatte in Göttingen Medizin studiert und konnte die schönen Jahre an seiner alten Alma Mater nicht vergessen. Für ihn traf das böse Wort nicht zu, das Heinrich Heine nur wenige Jahrzehnte später über die gleiche Universität prägte:

> In Göttingen blüht die Wissenschaft
> Doch trägt sie keine Früchte.
> Ich kam hindurch in tiefer Nacht,
> Sah nirgendwo ein Lichte.

Für Baron von Asch strahlen die Studienjahre in Göttingen zeit seines Lebens im gleichen hellen Lichte, und er blieb seiner alten Universität, seinen alten Lehrern treu. Als besonderes Zeichen seiner Dankbarkeit sandte er der Gelehrten Gesellschaft zu Göttingen, der späteren Göttinger Akademie der Wissenschaften, seltene Dinge aus Rußland: Bücher, Gestein, Eingeborenentrachten.

In Rußland hatte man begonnen, die Länder im Osten näher zu erforschen. Turkestan und Sibirien wurden erschlossen. J. Eberhard Fischer, ein Schwabe aus Esslingen, hatte 1739 als Adjutant der Petersburger Akademie, Gerhard Friedrich Müller auf der zweiten Behringschen Expedition begleitet; später veröffentlichte Fischer seine ›Geschichte Sibiriens‹; Gerhard Friedrich Müller, der Historiker Sibiriens, ließ seine große ›Sammlung russischer Geschichte‹ 1732–1764 erscheinen. P. S. Pallas bereiste Sibirien und die Mongolei, um dann 1762 in Petersburg in seiner bis heute berühmten und seltenen ›Sammlung historischer Nachrichten über die mongolischen Völkerschaften‹ darüber zu berichten. Georgi legte dem staunenden Publikum Bildmappen mit großen Kupferstichen, mit Abbildungen der seltsamen Trachten und Behausungen der Völker des großen russischen Reiches, vor. Eine Zeit der Entdeckungen hatte begonnen, an der nicht nur die Bewohner Rußlands, sondern ebenso gespannt die Gelehrten des übrigen Europas teilnahmen.

So kamen denn in schöner Regelmäßigkeit die gestochen schön geschriebenen Briefe des Barons von Asch an den Vorsitzenden der Gelehrten Gesellschaft und meldeten das Eintreffen dieser und jener Seltenheit aus dem asiatischen Rußland. »Wohlgeborener Herr, Hochzuverehrender Herr Hofrath«, schrieb er am 12. März 1781 aus St. Petersburg, »morgen reist Hr. von Adodurff von hier nach Göttingen, wovon schon in meinem letzten Schreiben vom 19. Febr./2. März vorläufig zu melden die Ehre gehabt. Nochmals wiederholen wir fürnämlig seine aller Hochachtung würdige Frau Schwester Tatiana Wasiljewna, die angelegentlichste Bitte, Theuerster Gönner, den dort zum Studieren gewidmeten jungen Kavalier Ihrer besonderen Vorsorge und Gütigsten Anleitung bestens empfohlen seyn zu lassen. Dem dahin mitreisenden Herrn Hornberg habe ich das von der Akademie der freyen Künste in rothem Portefeuille erhaltene Diplom für Euer Wohlgebohren, wie auch den dazugehörigen Schlüssel mitgegeben, und ein ander Diplom für Hrn. Prof. Bachmann, auch noch mehrere Mongolische, Sineische Handschriften, Kupferstiche für die Universitäts Bibliothek zugefügt. Außerdem hat Hr. Hornberg noch einige Bücher, Kupferstiche, Münzen für das Museum von mir erhalten, um solche Euer Wohlgeboren abzugeben, davon die 4. im Portefeuille befindlichen Verzeichnisse ausführlicher anzeigen. Der Seltenheit wegen sind die Münzen No. 1 bis 57 mit neuen Stempeln kürzlich nachgemacht, zugleich auch die Güte des Metalls mit beobachtet worden. Numehro glaube ich, allerbester Freund, daß die Sammlung dorten von russischen Münzen und Medaillen eine der vollständigsten ist, dergleichen auch in diesem Reiche eine Seltenheit seyn mag. Die Holstein A° 1742 geprägte merkwürdige Medaille mit der Büste der Kaiserin Elisabeth, und auf dem Revers mit der Legende Firmamenta Imperii Russici habe hier nicht habhaft werden können: es soll mich freuen wenn selbige im Göttingischen Museum nicht mangelt.

Durch die Göttingischen gel. Anzeigen habe ich mit großem Vergnügen vernommen, daß die Universität eine seltene Mumie von E. Majestaet dem König von Dänemark erhalten: zu welchem Geschenk ich herzlich gratuliere.

Mit Hrn. Etatsrath von Stehlin habe ich wegen einer historisch-literarischen Nachricht über die Künstler von Rußland gesprochen niemand ist mehr als dieser im Stande hierinne hinlängliche Genüge zu leisten, da just der Hr. Stehlin seit Stiftung der Academie der Künste und Wissenschaften die Aufsicht über die Künstler gehabt – bey jeder Gelegenheit werde ihn seines Versprechens erinnern.

Von Sr. Exc. dem Hrn. Geheimen Rath v. Betzky habe ich den wiederholten Auftrag, dessen Ergebenheit und Hochachtung an Eure Wohlgeb. und an alle Glieder des dasigen Musen Sitzes zu versichern. Meine verpflichtesten Empfehlungen bitte auch an alle hochgeschätzten Männer daselbst, Hrn. Hrn. Fütter, Hollmann, Beckmann, Blumenbach, geneigtest zu entrichten. Es vergeht gewiss kein Tag. Theuerster Gönner, daß ich nicht an Sie denke, und alles Gute so herzlich zuwünschen, als mit unbeschreiblicher Verehrung bin

Euer Wohlgeboren
ergebenst gehorsamer Diener
Baron G. v. Asch.«

So zeigen ihn alle Briefe, voller Anteilnahme an der wissenschaftlichen Entwicklung, mit breiten Interessen, sammelnd. Fast jede Sendung brachte Münzen und Seltenheiten.

Er sandte eines der ältesten tungusischen Schamanenkleider an die Göttinger Gelehrten, das es gibt, und viele andere völkerkundlichen Sammelgegenstände. Vor allem aber sammelte man in Rußland auch mongolische Handschriften, seitdem Zar Peter der Große (1682–1725) den Ankauf einiger mongolischer und tibetischer Schriften befohlen hatte, die 1720 in dem von Kosaken zerstörten lamaistischen Tempel Ablai keyid am Irtyschfluß gefunden worden waren: So hochgestellte Persönlichkeiten wie Graf A. M. Tscherkassij, 1719–1724 Gouverneur von Sibirien, und P. G. Frolow, Gouverneur des Tomsker Gebietes, hatten in den darauffolgenden Jahren weiterhin mongolische Handschriften und Blockdrucke nach St. Petersburg an die von Zar Peter I. begründete Russische Akademie der Wissenschaften und das Kuriositätenkabinett geschickt. 1732 hatte dann T. S. Bayer aus Königsberg, eine gelehrte Schrift darüber veröffentlicht. Was wundert es also, wenn auch der Mäzen der Göttinger Gelehrten Gesellschaft, der Staatsrath Baron von Asch mongolische Schriften nach Göttingen sandte. 33 mongolische und kalmückische Handschriften brachte er aus Sibirien und aus der Kalmückensteppe in den Jahren 1778–1790 zusammen und sandte sie seinen Göttinger Freunden, »Herrn Hofraths untertänigster Diener«.

Dabei kam der oberste Arzt der Zaren-Armee selbst gar nicht an die Grenzen des russischen Reiches, wo nahe der chinesischen Grenze, die man 1683 im Vertrag von Nertschinsk mühsam mit den Chinesen ausgehandelt hatte, die Burjat-Mongolen wohnten und hinter der sich die weiten Steppen der Mongolei erstreckten. Aber seine hohe Stellung in Petersburg brachte es mit sich, daß er mit all den Gelehrten und Akademikern zusammentraf, die der russische Staat mit den verschiedensten Aufgaben nach dem sibirischen Neuland im Osten sandte. Er steckte sie mit seiner humanistischen Begeisterung an, wenn er sie bat, die Augen in ihrem neuen Wirkungsbereich offenzuhalten und ihm Interessantes mitzubringen. Die nach Sibirien reisenden Herrn werden dies auch ganz gern versprochen haben, denn wer will nicht einen einflußreichen Fürsprecher in der Residenz haben, wenn man selbst in kaum unerforschtes Land an der Grenze aufbricht. Noch herrschte die von Zar Peter I. eingeführte Toleranz gegenüber jedem Gelehrten und Fachmann, den man brauchen und verwenden konnte. Das 18. Jahrhundert dachte noch nicht nationalistisch bei der Vergebung von Staats- und anderen Stellen. Auch Ausländer kamen ohne Unterschied ihrer Herkunft zu Stellung, Rang und Würde, wenn sie gebraucht wurden. In Sibirien lebten damals viele Deutsche, denen die verschiedensten Aufgaben übertragen waren. Besonders um Kiachta, an der Grenze der Mongolei, war ein Schwerpunkt ihrer Tätigkeit. Deutsche Bergwerksingenieure organisierten dort das Bergwesen. Der Apotheker Johann August Sievers, aus Peine gebürtig, unterhielt dort eine Apotheke, ehe er nach St. Petersburg zurückkehrte und dort 1795 starb. Der Unter-Wundarzt Johann Schilling führte auf Anordnung aus St. Petersburg bei den im Kiachtaer Gebiet ansässigen Burjäten, den sogenannten »bratzkischen Völkern«, 1778 die Pokkenimpfung durch, um den Mongolen gegen diese bei ihnen weitverbreitete Krankheit zu helfen, die unentwegt Opfer forderte. Stolz berichtet am 10. April 1780 die ›St. Petersburger Zeitung‹ über die Durchführung und den Erfolg der Pokkenimpfungen im Irkutsker Gebiet. 1789 führte Johann Schilling, nunmehr bereits zum Stabschirurgen befördert, die Impfungen im Kreise Werchneudinsk durch. Die Befehlsschreiben der Regierung an die Oberhäupter der Burjätenstämme, die Antwort darauf, den ganzen amtlichen Briefwechsel übersetzte ein gewisser Johann Jaehrig, der sich »Translateur verschiedener Mongolischer Sprachen bey der Rußisch. Kayserl. Akademie der Wissenschaften« nannte.

Man weiß wenig über ihn. Wie der gebürtige Hesse »aus der Wetterau und Grafschaft Isenburg-Büdingen« am Fuße des kargen Vogelsbergs nach Rußland gekommen ist, was ihn dazu bewogen hat, Mongolisch und Kalmückisch, Westmongolisch also zu lernen, läßt sich nicht rekonstruieren. Als P. S. Pallas 1769 bis 1774 die Mongolei bereiste, war Johann Jaehrig bereits im burjat-mongolischen Grenzgebiet anwesend und beriet den berühmten Schriftsteller. Ein großer Teil der in Pallas ›Sammlung historischer Nachrichten‹ mitgeteilten Angaben über das mongolische Brauchtum und die Proben mongolischer Literatur in Übersetzungen, wie die Feuergebete usw., stammen von ihm. Er trug für die Russische Akademie der Wissenschaften eine Reihe der ältesten und wertvollsten Beispiele mongolischer Gebete und tibetischer Texte, vor allem Anrufungen der Feuergottheit zusammen, die die Akademie dann erwarb. 1789 beschrieb er selbst noch seine Erwerbungen im ›Journal von Rußland‹; 1781 bis 1795 hatte er seinen festen Wohnsitz im Tempel des Nojon Zondschi Zeddeb bei Kiachta. Verheiratet war er mit der Schwester eines deutschen Chemikers aus St. Petersburg namens Lowitz. Ob seine Frau seinen »festen Wohnsitz« an der russisch-mongolischen Grenze mit ihm geteilt hat, wissen wir nicht. Jaehrig sammelte auch für Baron von Asch mongolische und tibetische Bücher und Handschriften. Manchmal sandte er ihm auch religiöse Gegenstände, so einmal einen »mongolischen Betkranz« mit einer Beschreibung, wie dieser von den mongolischen buddhistischen Mönchen benutzt wurde. Am 2. Mai 1794 konnte von Asch wieder dem Hofrat Heyne in Göttingen eine Sammlung lamaistischer Gebetbücher nebst einem Amulett im kupfernen Behältnis, »wobey Hrn. Jaehrigs Erklärung«, senden. Jaehrig wollte dem gelehrten Mäzen im fernen St. Petersburg über alles Wissenswerte, das die Mongolen betraf, unterrichten. Er sandte ihm eine Übersicht über die mongolische Schrift: ›Abhandlung über die Mongolische Buchstabir- und Lesekunst, verfasset durch Johannes Jaehrig, Russisch kayserlicher Akademischer Translateur verschiedener Mongolischer Sprachen. A. o. 1782‹, daneben ›Das Vater-Unser in mongolischer Schrift. Bedeutung und Aussprache. Übersetzt durch J. Jaehrig. In Mongolistan‹. Sonst aber war er bestrebt, meist religiöse lamaistische Handschriften an Jaehrig gelangen zu lassen. Auf jede notierte er eine Erklärung, die kurz aber bündig war. ›Gebet bey Opfer-Gaben oder Weihung-Verehrung an die Oerter, die jemand bewohnt‹, ›Reinigungs u. Opfer Exorcismus für alle Vorfälle des Lebens‹, ›Lobes-Psalm zu dem Gott u. Menschen so unter dem Namen Zokto Sandan verehrt werden‹ hieß es auf den verschiedenen Texten. Eine ›Beschwörung gegen den schwarzen Luft-Hund‹ findet sich ebenso darunter wie ein ›Gebet wider die Wirkung von bösen Träumen‹ und ›Einige Moral von Lehren des Gott-Menschen Chomschim Boddi Saddo‹. Was ihm an Texten in mongolischer Schrift unterkam, sandte er an von Asch, darunter wohl auch gelegentlich Handschriften in der neuen westmongolischen Schrift der Oiraten und Kalmücken, die zu beherrschen er auch stolz war. Aber auch noch andere belieferten Asch mit mongolischen Schriften. Asch hatte es 1778 sogar verstanden, für die Göttinger Akademie eine alte mongolische Schrift zu erwerben, die vormals der Historiker Sibiriens, Gerhard Friedrich Müller, »in einem alten Archiv« gefunden hatte. Zu den meist deutschen Missionaren der evangelischen Herrnhuter Brüdergemeinde des Grafen Zinzendorf, die bei den an der Wolga lebenden Kalmücken das Christentum zu verbreiten versuchten, knüpfte von Asch Beziehungen an, um kalmückische Handschriften sammeln zu können. Ein mit Namen nicht genannter »mährischer Bruder« schrieb für ihn in Saratow an der Wolga 1792 ein Werk ab, das er als ›Geschichte der Götter der Kalmyken‹ bezeichnete. Leider ist es nur die Kopie eines unvollständigen buddhistischen Gebetes. Aber sonst lieferte man Baron von Asch schöne alte Handschriften der Kalmücken mit dem ins 13. Jahrhundert zurückgreifenden ›Streitgespräch über den Wein‹, das der unbekannte Sammler mit dem russischen Vermerk ›Große Geschichte über den Zaren Dschingis‹, versah, mit Erzählungen, Märchen und sogar dem Text eines bei den Kalmücken gespielten Theaterstückes von der Zauberfee Manuhari. Aber den Hauptanteil an der Besorgung der mongolischen Handschriften für Göttingen hat Jaehrig gehabt. Bald jedoch, nachdem dieser seinen Tempel bei Kiachta mit St. Petersburg vertauscht hatte, mußte Baron von Asch im Dezember 1795 an den Hofrat Heyne nach Göttingen berichten: »Der Mongolische Translateur Johann Jaehrig ist auch bald nach seiner Zurückkunft von Kiachta alhier den 15./26. Junius 96 gestorben. Seine verwittwete Frau, eine Schwester unseres Chymikers Hrn. Lowitz, ist ohne Kinder und ohne Vermögen nachgeblieben.« Mit dem Tode Jaehrigs endeten auch die Sendungen mongolischer Handschriften durch von Asch nach Göttingen. Jaehrig war der erste gewesen, der sich systematisch mit Sprache, Religion und Brauchtum der Mongolen beschäftigt hatte. Nach ihm wuchsen bereits in Rußland russische Gelehrte heran, die besonders bei den Burjät-Mongolen weitere Materialien sammelten, die mongolischen Studien in Rußland weiterentwickelten und den Grundstock zu den großen Sammlungen mongolischer Handschriften in Rußland legten, wie Alexander Wasiljewič Igumnow (1761–1834) und der Pole Josef Kowalewski (1801–1878). Was von Asch mit Unterstützung Johann Jaehrigs und anderer an mongolischen Handschriften gesammelt hatte, waren die ersten Zeugnisse mongolischen Schrifttums in Deutschland.

Weitere Reisen zu den Mongolen

Die Erschließung der Mongolei und des Mongolischen war unter Teilnahme von Deutschen im russischen Dienst weitergegangen. Ein ehemaliger Herrnhuter Missionar, Isaak Jakob Schmidt, hatte sich ganz der Erforschung der mongolischen Literatur zugewandt. Er machte 1829 das erste mongolische Geschichtswerk, die 1662 verfaßte Chronik des Saghang setschen, in einer deutschen Übersetzung im Westen bekannt. Auch das große Epos von Geser Khan übersetzte er, soweit es damals bekannt war, ins Deutsche. Beide Übersetzungen widmete er seinem »gnädigsten Herrn, dem Zaren Alexander I.«. Hochgeehrt von der ganzen wissenschaftlichen Welt starb der gebürtige Holländer am 8. September 1847 in Petersburg.

Ein Mediziner aus Freiburg im Breisgau wiederum, Dr. med. Joseph Rehmann, bereiste 1805 als Gesandtschaftsarzt der nach China entsandten Gesandtschaft des Fürsten Golovkin Sibirien und die Mongolei. Meinungsverschiedenheiten, welches Zeremoniell dem chinesischen Hof gegenüber zu beachten sei, hielten die ganze Gesandtschaftsgruppe längere Zeit in Urgha, dem Sitz des obersten buddhistischen Würdenträgers in der Chalcha-Mongolei, auf. Rehmann hat darüber ein Reisetagebuch geführt, von dem jedoch der zweite Teil mit der Schilderung der Reise durch die Mongolei verloren ist. Erhalten sind aber ein Bericht über die religiösen Sitten der Chalcha-Mongolen und 65 Aquarelle, die Rehmann vor allem während seines Mongoleiaufenthaltes gemalt hat. Rehmann, der 1831 als russischer Staatsrat und kaiserlicher Leibarzt in St. Petersburg gestorben ist, hat sichtlich keine mongolischen Texte gesammelt und mitgebracht, zumindest sind keine solchen Werke in seinem in der Fürstlich Fürstenbergischen Hofbibliothek Donaueschingen aufbewahrten Nachlaß enthalten. Aber ein Fürst von Napoleons Gnaden, Schilling von Canstadt (1776–1837), rüstete eine eigene Sammelexpedition in das burjätisch-mongolische Grenzgebiet aus, um mongolische Handschriften zu erwerben. Es wurden alte Texte gesammelt und Werke kopiert. Die Früchte seiner Sammeltätigkeit fanden ihren Weg nach St. Petersburg und nach Paris, wo sie heute noch liegen.

Die große Überraschung

Vor nahezu zwanzig Jahren erhielt ich von der Deutschen Morgenländischen Gesellschaft, der Dachorganisation der Orientalisten Deutschlands, die Anfrage, ob ich wohl bereit sei, die mongolischen Handschriften Deutschlands in einem Katalog zu beschreiben. Seit Jahrzehnten beklagten sich deutsche und ausländische Forscher, daß nur ein Teil der mehr als sechzigtausend orientalischen Handschriften in den deutschen Bibliotheken, Museen und Sammlungen in Katalogen oder Verzeichnissen vorliege. Mit anderen Worten: Man wußte wohl, daß so viele Tausende von meist unbekannten Werken der orientalischen Literatur durch Touristen, Diplomaten und Kaufleute, die lange Jahre in den Ländern des Orients ansässig gewesen waren, gesammelt und angekauft worden waren oder daß diese sie den Bibliotheken geschenkt hatten. Man wußte aber nicht, was das für Werke waren. Unermeßliche Schätze schlummerten ungehoben in den Lagerräumen der Bibliotheken. Die Bibliothekare wurden immer mehr mit Verwaltungsarbeiten beschäftigt, und die Wissenschaftler wandten sich anderen Aufgaben und Arbeiten zu. Die Zahl der Handschriften, Geschenke und Ankäufe aber stieg weiter an. Dann kam der Erste Weltkrieg, danach fehlte Geld für die Wissenschaft; dann kam der Zweite Weltkrieg, nachher fehlte das Geld erst recht.

Aber dann, 1957, beschloß man, die Anzal der orientalischen Handschriften in allen deutschen Bibliotheken zu ermitteln, die noch nicht in irgendeinem gedruckten Katalog erfaßt waren, und sie in Katalogen zu beschreiben. Die Deutsche Forschungsgemeinschaft bewilligte das nötige Geld. Das Unternehmen der »Katalogisierung der orientalischen Handschriften in Deutschland« mit Dr. Dr. h. c. Wolfgang Voigt, dem Leiter der Orientalischen Abteilung der Westdeutschen Bibliothek in Marburg als geistigem Motor, begann zu arbeiten. So kam die Anfrage für die Katalogisierung der mongolischen Handschriften auch an mich.

Nun, ich wußte, was an mongolischen Blockdrucken aus dem 18. und 19. Jahrhundert in Marburgs Westdeutscher Bibliothek vorlag. Zum Teil kamen die dortigen Bestände an mongolischen Werken aus meiner eigenen Sammlung. Es waren 171 Blockdrucke aus Peking und der Burjat-Mongolei. Dazu würden noch einige weitere Handschriften aus anderen Bibliotheken kommen. Viel würden es auf keinen Fall sein. Diese Arbeit konnte ich getrost neben meinen anderen wissenschaftlichen Plänen übernehmen.

Und hier erlebten wir alle die große Überraschung. Nachdem die Bibliotheken in Berlin, Dresden, Göttingen, Leipzig, Mainz, Marburg, München, Stuttgart und Tübingen ihre Bestände an mongolischen Handschriften und Blockdrucken bekanntgemacht und mir zur Bearbeitung zugänglich gemacht hatten, zählte ich 671 mongolische, burjätische und kalmückische Handschriften und Blockdrucke. Dazu kamen noch 182 handgezeichnete mongolische Weideplatzkarten.

Als der Katalog nach einigen Jahren angestrengter Arbeit 1961 fertiggestellt war, beschrieb er 853 Nummern. Diese Zahl gewinnt erst an Gewicht, wenn man weiß, daß die russischen Sammlungen in Leningrad und Moskau nicht mehr als ungefähr 1720 mongolische Handschriften und Blockdrucke bewahren, die Königliche Bibliothek in Kopenhagen 568 mongolische Werke besitzt und alle anderen europäischen Sammlungen und Bibliotheken zusammen nicht viel mehr als 900 solcher Handschriften und Holzdrucke enthalten. Deutschland besitzt demnach nach Rußland die meisten mongolischen Handschriften und Drucke. Solch ein Besitz verpflichtet aber auch, sich damit zu beschäftigen.

Die Kalmücken im Vordergrund

Zum großen Erstaunen war fast die Hälfte der Handschriften aus der Mongolei in deutschen Sammlungen Schriften von westmongolischen Stämmen, den Oiraten und Wolga-Kalmükken. Für die Westmongolen, die seit dem Zusammenbruch des Reiches der Dschingis Khan-Nachfolger 1368 immer wieder mit diesen um die Vorherrschaft in der Mongolei gestritten hatten, hatte einer ihrer buddhistischen Priester, der sogenannte Zaya Paṇḍita 1649 ein eigenes Alphabet aus der alten uighuro-mongolischen Schrift entwickelt, das er todo üsüg, »die klare Schrift«, nannte. Die neue Schrift förderte die eigene kulturelle Entwicklung der Westmongolen.

In dieser neuen Schrift fanden sich nun mehrere hundert Handschriften und Manuskriptfragmente in den deutschen Sammlungen. Die Frage war nun, wie es zu diesem Übergewicht von Texten aus dem Ili- und Tienschangebiet Ostturkestans, wo die Torghuten und Oiraten, und von der Wolga, wo die Kalmücken wohnten, gekommen war? Dieser Reichtum an oiratischen und kalmückischen Handschriften vergrößerte den Wert der deutschen mongolischen Handschriftenbestände erheblich. Kalmückische Handschriften waren selten geworden. Die Westmongolen waren durch ein hartes Schicksal mehrmals erbarmungslos dezimiert worden. In den Kämpfen der Mandschu-Kaiser Kanghsi, Yungcheng und Kienlung, Vater, Sohn und Enkel, in den Jahren 1688–1770, gegen die Westmongolen waren Tausende hingemetzelt worden. Auf dem Rückzug der Torghuten von der Wolga 1771 nach China starben erneut Zigtausende von Westmongolen unter den Säbeln verfolgender Kosaken, Baschkiren und Kirgisen.

Im Zweiten Weltkrieg tobten schwere Kämpfe an der Wolga. Nach dem Sieg bei Stalingrad ließ Stalin 1943 die Kalmükken-Republik auflösen, ihre Bewohner auf das weite Rußland verteilen. Von den nach dem Westen geflüchteten Kalmücken leben einige hundert in Amerika, an die dreihundert noch in der Bundesrepublik. Chruschtschow hat das Unrecht an den Kalmücken durch Errichtung einer eigenen Autonomen Kalmückischen Region an der Wolga wiedergutgemacht.

Aber jedesmal verbrannten im Laufe der letzten drei Jahrhunderte mit den Hütten, Zelten und Tempeln unwiederbringliche alte Handschriften. Das macht die großen Bestände kalmückischer Handschriften in Deutschland so wertvoll.

Sie überlebten Dresdens Untergang

Dabei entging ein großer Teil dieser kalmückischen Handschriften nur mit knapper Not der Vernichtung. Es sind jene schönen alten Manuskripte, die der Herrnhuter Missionar H. A. Zwick von den Kalmücken an der Wolga mitgebracht hatte und die den Grundstock der Dresdner Sammlung bilden. Weil man die Handschriften rechtzeitig aus Dresden verlagert hatte, haben sie das schreckliche Schicksal Dresdens in den letzten Monaten des Zweiten Weltkrieges nicht geteilt. Nach dem Kriege nahmen sowjetische Truppen die kalmückischen Handschriften der Dresdner Sammlung erstmals nach Rußland mit. Nach einigen Jahren aber wurden die Handschriften wohlerhalten der Dresdner Landesbibliothek zurückgegeben.

H. A. Zwick, ein gebürtiger Badener, hat vor 1823 bei den Kalmücken gelebt und missioniert. Von diesem Aufenthalt hat er eine Reihe alter kalmückischer Texte nach Deutschland zurückgebracht. 1839 beschloß die damalige Königliche Bibliothek zu Dresden, wie es in zeitgenössischen Unterlagen heißt, den Ankauf »von 70 Original-Manuskripten aus der Buddhistischen Literatur sowohl in tibetanischer als kalmückischer und mongolischer Sprache« aus ». . . der reichen orientalischen Sammlung des Herrn Zwick, ehemaligen Missionares und jetzigen Vorstehers der Brüdergemeinde in Ebersdorf, welcher gegen 20 Jahre unter den Steppen-Völkern Mittelasiens seinem hohen Berufe gelebt und während dieser Zeit keine Gelegenheit versäumt hat, alle Arten ethnographischer als linguistischer Merkwürdigkeiten sowie Gegenstände des Cultus zu erwerben . . .«. Die Handschriften, die der Missionar Zwick von der Wolga mit nach Hause gebracht hatte, waren aus dem 18. Jahrhundert und noch älter. Eine der interessantesten liegt zwischen zwei Deckelblättern, für die man dickes Lederpapier von einer alten Tapete genommen, wahrscheinlich die Beute von einem Raubüberfall auf das Schlößchen eines russischen Gutsherrn; in verblaßtem Golddruck, der heute mattgrün erscheint, zeigen sie Rankenornamente, kriegerische Embleme wie Trommeln, Fahnen, Pfeil- und Hellebardenbündel und unter einer Krone die Initialen PRI 1 (Petrus Rex Imperator I) des russischen Zaren Peter des Großen (1682–1725).

Mongolen an der Wolga

Seit 1630 eine Horde von Westmongolen an der Wolga aufgetaucht war, haben sich die Kalmücken im Bewußtsein der Europäer bemerkbar gemacht und haben deren Interesse gefunden. Unzufrieden mit den Streitigkeiten der Fürsten in der Dzungharei hatten Teile der westmongolischen Stämme der Torghuten, Dörbert, Choschut, Choit und Dzunghar ihre alten Weideplätze zwischen Altai und Tienschan verlassen. Nach Osten zu gab es für sie kein Ausweichen. Aus dem Gebiet der Chalcha-Mongolen, das sie im 15. Jahrhundert zu unterwerfen versucht hatten, waren sie von Dayan Khan 1468 vertrieben worden. Nun wichen sie nach Westen aus. An der Wolga nach abenteuerlichen Märschen angelangt, nahmen sie die weiten Wiesensteppen am Unterlauf des Flusses in Besitz. Daß sie in russisches Gebiet eingedrungen waren, wurde ihnen nicht sogleich klar. Die Städte des Wolgagebietes versprachen ihnen erstrebenswerte Beute. Darum überfielen sie diese auch. Die Russen wiederum gingen gegen die unerwarteten Neuankömmlinge nicht mit aller Macht und Gewalt vor, denn sie wollten diesen Zuwachs an Untertanen nicht wieder verlieren. Allmählich spielte sich das russich-kalmückische Verhältnis ein. An der Wolga weideten die Herden der Kalmücken, rauchten die Feuer ihrer Jurten. Der russische Zar und die russischen Behörden wiederum waren bestrebt, immer mehr Einfluß auf diese neuen Untertanen zu bekommen. Und was die Kalmükken anbelangt, so hielten sie sich, wie es ein russischer Historiker formuliert, »hinsichtlich der russischen Regierung an die Politik der Nomaden – den Opportunismus – und bekundeten in Übereinstimmung damit bald ihre Unterwürfigkeit, bald überfielen sie russische Karawanen und Städte, bald knüpften sie Beziehungen zum Hofe von Peking an, dem gegenüber sie ihren Unwillen über die russischen Behörden Ausdruck gaben«. Neben all diesem aber hielten sie lebhafte Verbindungen zu sämtlichen Stammesgenossen in der Dzungharei aufrecht, unterstützten deren kriegerische Absichten und waren nie abgeneigt, je nach den Umständen gegen Rußland oder China zu kämpfen.

Die engen Beziehungen zu den in der westlichen Mongolei zurückgebliebenen Stammesangehörigen erklären die kulturellen und literarischen Übereinstimmungen, die sich aus den von dem Missionar H. A. Zwick mitgebrachten Handschriften mit der Literatur und dem Brauchtum der übrigen Mongolen ergeben. Die Wolga-Mongolen riefen die gleichen Götter an, sie verehrten mit den gleichen Worten die Feuermütter und baten den Tsaghan Ebügen, den »Weißen Alten«, um Segen für ihre Herden.

Mehr als hundert Jahre bemühte sich die russische Regierung, die Torghuten an der Wolga nicht mit zu harter Hand zu regieren. Als dann zwischen 1725 und 1770 die Maßnahmen der russischen Verwaltungsbehörden gegen die allzu selbständigen Wolga-Torghuten schärfer wurden, stieg deren Unzufriedenheit. Die Russen beanspruchten nun das Recht, den Khan der Torghuten zu ernennen. Dies stieß auf den Widerstand der Mongolen. 1771 beschlossen sie, Rußland zu verlassen und in die alte Heimat zwischen Altai und Tienschan zurückzukehren. Gerüchte wollten wissen, Rußland würde sie mit Gewalt zur Annahme des Christentums zwingen und die Prinzen Dondukow, christliche Dörbetfürsten, die völlig europäisiert in St. Petersburg lebten, zu Herrschern der Wolga-Torghuten ernennen. Der Plan, Rußland wieder zu verlassen und nach den Weidegründen der Dzungharei an Chinas Nordwestgrenze zurückzukehren, wurde vor den Russen gut verheimlicht. Als ein Gegner des Torghutenkhans Ubaschi den Gouverneur von Astrachan, Beketow, vor kommenden Unruhen der Torghuten warnte, nahm dieser den Bericht nicht ernst. Aber am 4. Januar 1771 war es dann doch so weit. Der Torghutenkhan Ubaschi versammelte seine Truppen und verkündete ihnen »unter Tränen«, daß die russische Kaiserin ihm befohlen habe, »seinen Sohn und auch noch die Kinder von fünf hohen Adeligen nach St. Petersburg zu schicken und außerdem zehntausend Rekruten aus dem Kalmückenvolk auszusondern und sie nach Rußland zur Armee zu senden«. Der einzige Weg, dem zu entgehen, sei es, sich dem Schutz Rußlands zu entziehen.

Die Kosakeneinheiten, die sich dem Weg nach Osten entgegenstellten, wurden auseinandergetrieben. Alle Torghuten und Choschuten, die auf dem linken Wolgaufer nomadisiert hatten, brachen in einem großen Heereszug nach Osten auf in Richtung nach dem Balkaschsee. Der Stamm der Dörbet, der auf dem rechten Wolgaufer wohnte, konnte nicht folgen. Die zugefrorene Wolga, die man ohne Schwierigkeiten mit aller Habe, mit Pferden und Bagage zu überschreiten gehofft hatte, war über Nacht getaut und hatte das rechte Wolgaufer unpassierbar gemacht. So blieben 11 000 Familien in Rußland zurück, die als Kalmücken (von mongol. Chalmagh, »die Zurückgebliebenen») bezeichnet wurden. Es sind jene Kalmücken, bei denen H. A. Zwick und andere Herrnhuter Missionare von Saratow aus ihre Bekehrungsversuche unternahmen und Handschriften sammelten.

Die russische Regierung traf sogleich Maßnahmen, um jeden

Versuch auch dieser Gruppe, nach Osten zu entkommen, zu verhindern. In einem Liede haben die Kalmücken der unglücklichen Reise der anderen ein Denkmal gesetzt und Ubaschi Khan darin kritisiert. Was blieb ihnen auch schon anderes übrig, da der Weg nach Osten zu den anderen Bruderstämmen für immer versperrt war?

Die Hauptmasse aber zog eilig nach Osten. Die nachgesandten Kosaken fochten wohl einige Scharmützel, kehrten aber unverrichteter Dinge wieder um, weil sie zahlenmäßig unterlegen waren. Daher bat die russische Regierung die Kasachen und Kirgisen, durch deren Gebiet die Flüchtlinge am Balkaschsee vorbei nach der chinesischen Grenze ziehen mußten, um Unterstützung. Kasachen und Kirgisen dezimierten in ständigen Überfällen die Flüchtlinge, Krankheiten und Durst taten das übrige. Von den Kasachen zum Ausweichen ins Wüstengebiet gezwungen, sollen die Torghuten noch kurz vor der chinesischen Grenze dreihunderttausend Mann verloren haben. Diese Zahl ist eine Übertreibung, denn nur 33 000 Jurtenfamilien insgesamt war unter Ubaschis Führung die Flucht von der Wolga gelungen. Immerhin, als die Torghuten die chinesische Grenze überschritten hatten und im Iligebiet, ihrem künftigen Wohnsitz, eintrafen, waren es nur mehr an die 85 000 Menschen. Alle anderen waren unterwegs geblieben, tot, erschlagen, verdurstet, verhungert. Und mit ihnen waren unersetzliche Schätze ihrer Kultur und Literatur vernichtet worden.

Die Chinesen nahmen die Rückkehrer freundlich auf. Dies geschah nicht aus Mitleid mit den armen, heimatlosen Flüchtlingen. Das Eintreffen der Torghuten diente den chinesischen Absichten, Sinkiang, die westlichste Provinz, neu zu besiedeln. Erst kurz zuvor waren in blutigen Kämpfen die letzten der anderen Westmongolen, die unter Amursana und Dawatschi sich der Unterwerfung durch die Chinesen widersetzt hatten, vernichtet worden. Das Land war menschenleer. Die Mandschu-Truppen hatten von den anderen Westmongolen fast nichts übriggelassen. Es gab niemand, der sich der daniederliegenden

Viehzucht annehmen konnte. So bedeutet das Ankommen von ungefähr 85 000 Viehzüchternomaden an der Grenze des Iligebietes Rettung für Chinas Wirtschaft in diesem Gebiete. Kaiser Kienlung fiel es daher nicht schwer zu befehlen, man möge die ankommenden Flüchtlinge »mit musterhafter Menschenliebe« aufnehmen.

Es wurden ihnen die weiten grünen Weideflächen gegeben, auf denen noch ein Jahrhundert zuvor die Jurten ihrer toten Verwandten gestanden hatten. Aber auch für sie war der Traum von einer westmongolischen Selbständigkeit ausgeträumt. Ihre Fürsten wurden in das von den Mandschu ausgeklügelte System der Ränge und Tributbeziehungen eingegliedert, sie waren statt Untertanen des Zaren nun Untertanen des chinesischen Kaisers geworden. Auch hier war der Traum einer politischen Unabhängigkeit ausgeträumt.

Die chinesische Haltung den Flüchtlingen aus Rußland gegenüber fand durch enthusiastische Berichte der Jesuitenmissionare, wie dem des Paters Amiot in seinem ›Monument de la transmigration des Tourghouths des bords de la mer Caspienne dans l'Empire de la Chine‹, das 1776 erschien, bald Echo in Europa. Der Quincey schrieb bald darauf, 1837, eine romantisch bewegte Schilderung der Flucht und der väterlichen Aufnahme der Torghuten durch den chinesischen Kaiser Kienlung, die die Herzen der Europäer erneut bewegte und für den gütigen Mandschu-Kaiser gewann.

Die Torghuten selbst aber beklagten die verlorene Freiheit. Von Mund zu Mund ging das bittere Wort: »Wir hatten Fesseln aus Stricken; nun haben wir solche aus Eisen«, und man erzählte sich die Legende vom Dschawa batur. Dieser galt als einer der Helden des Rückmarsches aus Rußland. Seinen und den Heldentaten des Dschingin batur schrieb das Volk es zu, daß es überhaupt aus der Hölle des Marsches durch die Hungersteppe, wo die Kirgisen sie ständig überfielen, entkommen war. Khan Ubaschi hatte Dschawa batur deshalb zwölf Vergehen verziehen, die dieser auf dem Marsch nach dem Balkaschsee begangen hatte. Nachdem aber die Torghuten im Iligebiet angekommen waren und die Mandschu Khan Ubaschi mit Rang und Würden versehen hatten, kannte dieser nur ein Streben: sich Peking dankbar zu zeigen. Er vergaß es, Dschawa batur auch Dank zu sagen. Statt dessen warf er den unangenehmen Zeugen der Vergangenheit ins Gefängnis, als dieser sich erneut eines kleinen Vergehens schuldig machte. Insgeheim ordnete der Khan dann an, Dschawa batur den Chinesen als gefährlichen Verbrecher auszuliefern. Dschawa batur aber konnte aus dem Gefängnis entkommen. Nachts erschien er im Haus des Khans, trat an das Bett, in dem dieser mit seiner Frau schlief, hob den Vorhang hoch und sagte zu dem hochschrekkenden Khan: »Dreh dich mit deinem Gesicht mir zu! Ich bin gekommen, um dich ein letztes Mal zu sehen! Ich gehe fort, denn du bist mir widerlich. Du hast vergessen, wie ich dich vor den Kirgisen rettete, und nun willst du mich den Chinesen überantworten? So wie du mich verraten hast, wirst du auch das ganze Volk verraten!«

Khan Ubaschi stellte sich schlafend und schwieg. Dschawa batur aber nahm von der Wand das Gewehr des Khans. Es war das am weitesten treffende, das sich je in den Händen eines Mongolen befunden hatte. Man nannte es das »Gewehr von der Wolga«. Dem Khan ließ er sein kurzläufiges Gewehr mit goldeingelegtem Kolben zurück, dann ging er für immer. Die Häscher, die der wütende, beleidigte Khan ihm nachsandte, die Polizisten, die der Mandschu-Resident hinter ihm auf Bitten von Khan Ubaschi herjagte, sie konnten ihn nicht finden und erreichen.

Der Volksmund legte ihm in den Mund, daß er beim Abschied die ironischen Worte gesagt habe: »Zwei Dinge sind es, derentwegen wir von der Wolga aufbrachen: Federn und Knöpfe (Anspielung auf die chinesischen Beamtenhüte) – Zwei Dinge erstrebte man leidenschaftlich: Jacke und Ofenbett (die heizbare Lehmbank der Chinesen) – Was wir zu suchen gegangen, sind: Felsen und Steine (Anspielung auf unfruchtbares Land, das die Chinesen den Torghuten zugewiesen hatten).«

Angekohlte Reste der Vergangenheit

Unter den vielen mongolischen und kalmückischen Manuskripten und Abschriften in eigener Hand, die 1887 aus dem Nachlaß des Mongolisten Bernhard Jülg (1825–1886) an die damalige Königliche Bibliothek Berlin, die spätere Preußische Staatsbibliothek, kamen, fällt besonders die große Zahl von Fragmenten in kalmückischer und mongolischer Schrift auf, angekohlte Papierreste mit starker Verschmutzung, bei denen meist Anfang und Ende fehlen. Jülgs besonderes Interesse war das Kalmückische. Aus dieser westmongolischen Epoche hat er kostbare Schätze der literarischen Überlieferung der Mongolen in Übersetzungen erschlossen, so die Ardschi-Bordschi-Geschichten und die Geschichten vom Zaubertoten. Daß der Innsbrucker Professor 1867 in einer der Erzählungen des Ardschi-Bordschi ein zentralasiatisches Gegenstück zum Gottesgericht im Lied Gottfrieds von Straßburg über Tristan und Isolde nachweisen konnte, erweckte damals das besondere Interesse des durch Richard Wagner für Sagenstoffe vorbereiteten Publikums. Jülg war mit den Gelehrten seiner Zeit in regem Austausch: Unter den Büchern und Handschriften seines Nachlasses finden sich sowohl Manuskripte, die ihm Schilling von Canstadt aus der Mongolei mitgebracht hatte als auch Kopien aus der Hand des gelehrten burjätischen Lama Galsang Gomboew, die jener ihm aus St. Petersburg gesandt hatte. Auch Isaak Jakob Schmidt, der gefeierte Übersetzer, sandte ihm aus St. Petersburg einen Sammelband kalmückischer Handschriften.

Aber woher kamen die vielen angebrannten, schmutzverkrusteten und zerrissenen Fragmente? Nachdem es nun bei ihrer Bearbeitung für den großen deutschen Handschriftenkatalog gelungen ist, bei der großen Mehrheit dieser Fragmente den Inhalt festzustellen und sie zu identifizieren, stellt sich heraus, daß sie einen interessanten Querschnitt durch die Vielfalt der mongolischen Erzählliteratur und des religiösen Schrifttums geben. In ihnen wird die kalmückische ebenso häufig wie die mongolische Schrift verwendet. Das deutet auf ihre Herkunft aus dem mongolisch-oiratischen Grenzgebiet in Chinas Nordwesten hin, wo beide Schriften nebeneinander gebraucht worden sind. Viele der in kalmückischer oder westmongolischer Schrift geschriebenen Handschriftenreste stammen aus dem 17. Jahrhundert. Daß so viele alte Manuskriptfragmente, deren Anfang und Ende meist fehlt und die durch Wasser oder Brand beschädigt sind, an einem Orte auftraten, läßt vermuten, daß sie aus einem der Kapellchen stammen, die einst bei jedem lamaistischen Kloster als Aufbewahrungsorte für unbrauchbar gewordene Handschriften standen. Ihr Eingang war bis auf einen Einwurf hoch vermauert. Durch diesen warf man Überreste heiliger, unvollständig und damit unbrauchbar gewordener Werke ein. Geschriebenes war heilig, dem geschriebenen Wort haftete eigene Magie an. Derselbe Glaube, der Bannformeln auf ein Stück Papier schrieb und dem Träger dieses Amuletts Schutz und Sicherheit vor Gefahren und Bedrohungen zusprach, scheute sich davor, Geschriebenes zu vernichten. Man hob unbrauchbar gewordene Schriften an einem bestimmten Orte auf – eine Sitte, die den späteren Historikern und Sprachgelehrten in Zentralasiens trockenem Wüstenklima schon viele wichtige Funde beschert hat.

Irgend jemand, der um die Mitte des vergangenen Jahrhunderts im nordmongolisch-oiratischen Grenzgebiet gereist ist, muß einen oder mehrere dieser Friedhöfe für Handschriften ausgeräumt und den Inhalt dieser Manuskriptgräber an Jülg gegeben haben. Wer der Forschungsreisende war, dem die Wissenschaft diese Überreste von Literaturwerken der Oiraten aus dem 17. Jahrhundert verdankt, ist nicht festzustellen. Es wird die Vermutung laut, daß es M. A. Castren, der große finnische

Sprachwissenschaftler, gewesen ist, der 1845–1849 von der chinesischen Grenze nach Sibirien gereist ist, wo er Dialektstudien bei sibirischen Stämmen vornahm. Als Castren 1852 gestorben war, gab Anton Schiefner, der Berliner Professor für Indologie, Castrens sprachwissenschaftlichen Nachlaß heraus. Jülg wiederum war mit Schiefner befreundet. Auf die Bekanntschaft der beiden baut sich die Vermutung allein auf.

Die angekohlten, verschmutzten und zerrissenen Handschriften aus diesen Manuskriptgräbern im nordmongolischen-oiratischen Grenzgebiet stammen zu einem großen Teil aus dem 17. Jahrhundert. Das ergibt sich aus ihrem Inhalt. Es erklärt aber auch den Zustand dieser Manuskriptreste, weshalb sie in den Schmutz getreten wurden, zerrissen und verbrannt sind. Sie sind Überreste aus dem letzten blutigen Kapitel des Streites um die Macht, den die Mandschu-Kaiser gegen die westmongolischen Oiraten und Dzungharen in dieser Zeit geführt haben und der 1760 mit der Vernichtung der meisten Oiraten endete.

Gegenspieler des Sonnenkönigs

Das Europa des ausgehenden 17. und des 18. Jahrhunderts nahm daran gespannt Anteil. 1697 wurde in Frankreich ein Flugblatt verkauft, Vorläufer unserer heutigen Zeitungen, das vom ›Großen Kampf und Sieg, errungen von der Armee des Kaisers von China über Caldan, König der Elouthen‹ berichtete. Die Berichterstatter waren die meist französischen Jesuiten, die als Berater, Astronomen, Mathematiker und Geographen am chinesischen Hofe tätig waren. Sie zogen die Parallele, daß der Mandschu-Kaiser Kanghsi (1662 bis 1722) genauso ein strahlender Fürst in China sei wie König Ludwig XIV. (1660–1715) in Frankreich. Ein Mann, der den chinesischen Sonnenkönig zu bekämpfen wagte, fand im Lande des französischen Sonnenkönigs ungeteiltes Interesse. Und die Jesuiten

Le grand Combat & la Victoire remporté ſur l'Armée de l'Empereur de la Chine ſur Caldan Roy d'Elouth.

ON a' reçu des Letres de Pexin Capitale da la Chine de 8. Octobre mil ſix cent nonante ſix qui contiennent les nouvelles ſuivantes. l'Empereur de la Chine fut occupé pendant cette annee à faire la guerre au Roy d'Elouth, pays ſitué dans la Tartarie, à trois cent lieuës de Pekin du coſté du Nordoüeſt. Ce Prince Tartar nommé Caldan avoit eſté le plus conſiderable diſciple du Grand Lama de Barantola, que tous les peuples idolâtres de la tartarie reconnoiſſent pour Chef de leur Religion, mais le Roy d'Elouth ſon frere eſtant venu à mourir, il quitta le ſervice des idoles, pour luy ſucceder. Comme il eſtoit entreprenant, il vinquit le Roy d'Ircan, Subjuga les pays de Camul & de Turfan, ſituez à l'Oüeſt de la Province de Chenſi, par leſquels paſſent les marchands de Samarcand qui vont negocier à la Chine. Son ambition augmentant, il s'approcha en 1695. de la Tartarie ſujette à l'Empereur de la Chine, qui y eſtoit allé chaſſer ſuivant ſa coûtume, & qui fut bien-toſt averty qu'il ſollicitoit d'autres Princes Tartares de ſe joindre à luy, pour attaquer la Chine, ainſi l'Emperenr reſolut de le prevenir. Il employa quatre mois à faire ſes preparatifs, faiſant fondre trois cent petites pieces de campagne ou pierriers, & faire des juſte-au-corps de ſoye de quatre-vingt doubles à l'epreuve du mouſquet pour les Officiers & d'autres de cotton à l'epreuve des fleches pour les ſoldats. Il partit au mois d'Avril 1696. à la teſte de 3. cens mil hommes, avec cinq de ſes fils, laiſſant le Prince heritier Hoan-tay-tſé, pour gouverner en ſon abſence, menant avec luy les Peres Gerbillon, Pereira & Tomas Jeſuites, il fit partir

Pariser Flugblatt über Galdan Khan, 1697

sorgten dafür, daß die Nachrichten aus China nicht abrissen. Dazu kam noch, daß die politische Situation auch sonst noch viele Ähnlichkeiten aufwies. Die Westmongolen, die ständig die chinesische Grenze bedrohten, wurden mit den Türken verglichen. 1660–1663 stießen die Türken bis Wien vor und bedrängten die Hauptstadt des Heiligen Römischen Reiches Deutscher Nation. So hatte man für die Nachrichten aus China, die von ähnlicher Bedrängnis durch wilde Reiter berichteten, ein besonders offenes Ohr.

Was war in China wirklich geschehen? Galdan, der Sohn des Königs der Dzungharen, hatte nach dem Tode des Vaters allmählich die Macht an sich gerissen. Als junger Mensch war er ursprünglich zum lamaistischen Mönch bestimmt gewesen und hatte in Lhasa, dem Sitz des geistlichen Oberhauptes der lamaistischen Buddhisten, des Dalai Lama, seine erste theologische Ausbildung und Weihen erhalten.

Der aus Lhasa zurückgekehrte einstige Mönch hatte bald erkannt, welche Gefahr der mongolischen Selbständigkeit durch die Ausweitung der chinesischen Macht nach Innerasien drohte, die von den Mandschu-Kaisern seit 1634 systematisch betrieben wurde. Er wollte die Chalcha-Mongolen auf seine Seite ziehen, diese aber flohen und wandten sich an Kaiser Kanghsi um Hilfe.

Kaiser Kanghsi war durch das russische Vordringen in Transbaikalien, das 1689 zum Vertrag von Nertschinsk geführt hatte, in dem die Grenzen zwischen Nordostchina oder der Mandschurei und Rußland festgelegt worden waren, für alle Fragen des nördlichen und westlichen Grenzgebietes hellhörig geworden. Er erkannte die Bedeutung der nördlichen Mongolei als Pufferzone gegen ein russisches Vordringen nach China hin. Außerdem war auch Galdans Idee eines neuen mongolischen Staates vor den nordwestlichen Grenzen Chinas kein angenehmer Gedanke für einen chinesischen Kaiser.

Eine starke chinesische Armee wurde gegen Galdan ins Feld geschickt und zerschlug 1697 das Heer des Ölötenfürsten. Dessen schöne Gattin Anudara, die wie eine Amazone in einem kupfernen Harnisch an der Spitze einer Abteilung ausgewählter Krieger gekämpft hatte, fiel in der Schlacht. Galdan konnte noch fliehen, starb aber bald darauf, vermutlich durch Gift.

Tausende seiner Krieger waren gefallen. Zunächst trat in Zentralasien wieder Ruhe ein. Der Landweg durch Rußland nach China schien wieder sicher. 1703 konnte Leibniz, der

oben: Chinesisches Propagandabild (um 1955)

unten: Antilamaistisches Plakat

Mongolischer Rhapsode

oben: Die mongolische Regierung 1912 mit russischen Diplomaten

unten: Schulkinder von Ulanbator (1972)

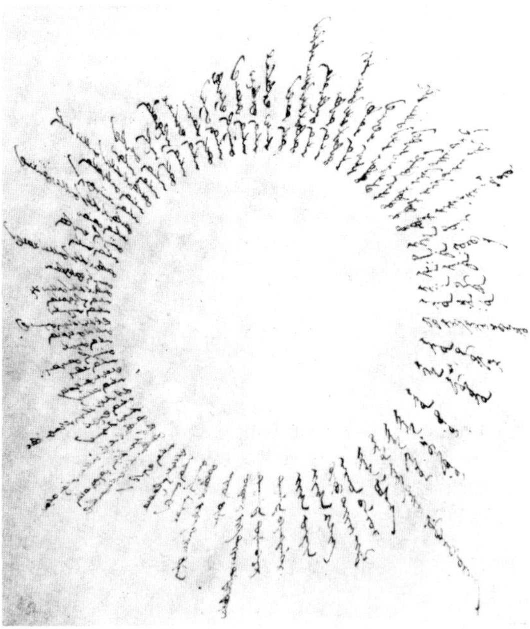

oben: Fragment einer Handschrift der Chronik des Saghang setschen Chung-taidschi (1662)

unten: Kreisförmige Namensliste eines Geheimbundes (Dughuilang). Nach S. Natsagdordsch.

oben links: Mongolischer Krieger des 15./16. Jahrhunderts (chinesischer Holzschnitt)

oben rechts: Khubilai Khan, reg. 1260–1294 (chinesischer Holzschnitt)

unten: Der Mandschu-General Ma-ch'ang tötet einen Dzungharen (Gemälde v. G. Castiglione, 1688–1768, um 1759)

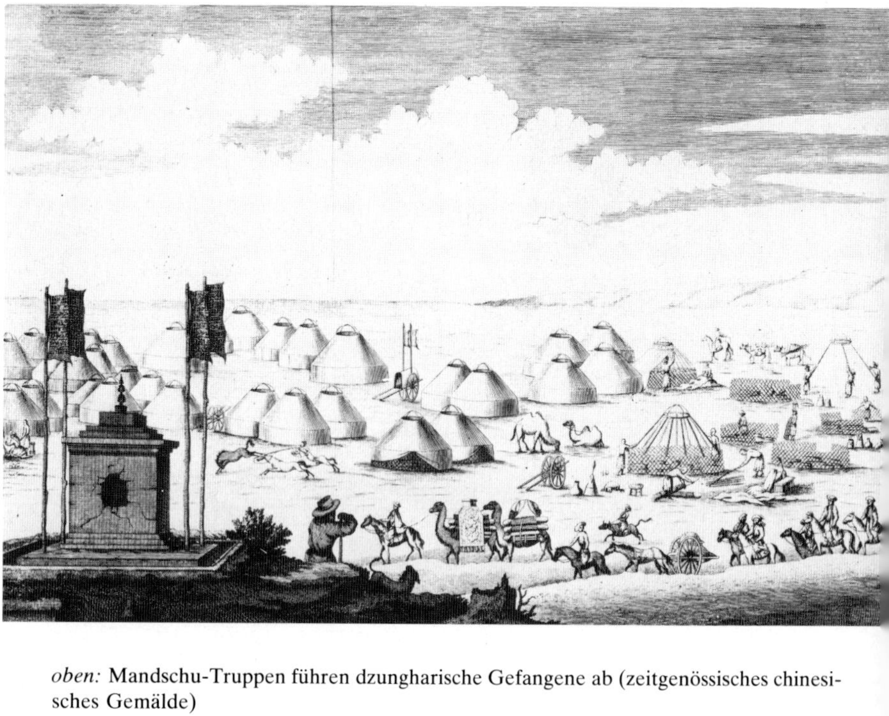

oben: Mandschu-Truppen führen dzungharische Gefangene ab (zeitgenössisches chinesisches Gemälde)

unten: Lager der Kalmücken (18. Jahrhundert)

oben: Von G. Renat 1734 mitgebrachte Karte der Dzungharei

unten: Mongolische Krieger bei der Landung in Japan (1281)

Szenen des täglichen Lebens (Mongolisches Gemälde des 19. Jahrhunderts aus dem Ordusgebiet)

deutsche Philosoph, der sich seit 1697 in Deutschland als einer der ersten mit China beschäftigte, in einem Brief an seinen französischen Kollegen Fontaney schreiben: »Jemand hat mir gesagt, daß man seit der Besiegung des Königs von Elutt jetzt ebensowohl über Persien durch das Land der Usbeken wie über das Land der Mogul nach China reisen kann. Und zwar würde, wenn man sicher wäre, daß man dort ebensogut reist, wie zur See, diese Route jeder anderen vorzuziehen sein.«

Aber Leibniz hatte zu kühn gedacht. Galdans Neffe Tsewangrabdan und nach ihm Galdan Tsering führten, wenn auch zu gelegentlichen Friedensschlüssen und Ergebenheitserklärungen gezwungen, den Krieg gegen die Mandschu-Kaiser und Nachfolger Kaiser Kanghsis, gegen seinen Sohn Yungtscheng und Enkel Kienlung weiter. Immer blutiger wurden die Auseinandersetzungen. Galdan Tsering starb 1745, nachdem er mit China Frieden geschlossen hatte. Aber zwischen seinen Söhnen brach Streit um die Nachfolge aus. Kaiser Kienlung sah die mühsam errungene Befriedung Innerasiens wieder gefährdet. Er entschloß sich, nunmehr ein für allemal die Dzungharen zum Schweigen zu bringen. 1754 griff er die dzungharischen Weidegründe im Ili- und Altaigebiet mit einer großen Armee an. Nach anfänglichem Widerstand floh der neue Dzungharen-Herrscher Dawatschi nach Turkestan, wo ihn Hojis Beg, ein mohammedanischer Lokalfürst, gefangennahm und an China auslieferte. Großmütig verzieh Kaiser Kienlung dem aufständischen Dzungharen-Fürsten und ließ ihn in Peking in vornehmer Umgebung am Leben. Dort starb er dann schon 1759.

Als Nachfolger in der Herrschaft über die wenigen noch vorhandenen Westmongolen im eroberten Iligebiet, wo die Mandschu-Truppen gehaust hatten, setzte Kaiser Kienlung Amursana, einen anderen Dzungharen-Prinzen, ein. Aber kaum ins Iligebiet zurückgekehrt, rebellierte auch dieser und forderte die Unabhängigkeit der Westmongolen. Nun ging der Mandschu-Kaiser aufs Ganze. Nochmals rückte ein Mandschu-Heer nach dem Iligebiet aus. Amursana entkam nach Rußland, von wo er nochmals zurückkehrte und seine Landsleute zu erneutem Aufstand und Kampf gegen die Mandschu aufstachelte. Die Chinesen führten den Kampf gegen die Dzungharen mit äußerster Härte. 1757 war der Krieg nominell zu Ende: Amursana starb in Rußland an den Pocken. Die Russen lieferten seinen Leichnam an die Mandschu aus, die ihn verbrennen ließen. Sein Kind starb im Gefängnis. In den nächsten Jahren wurden noch viele überlebende Dzungharen von den Chinesen hingerichtet. Der Name Dzungharen wurde verboten, die wenigen Überlebenden des Stammes mußten sich von nun an Ölöten nennen. Chinas Grenzen waren bis zum Altai vorgeschoben. Etwas, was von den Dzungharen und ihren von der Mandschu-Soldateska verbrannten Jurten übriggeblieben ist, sind die angekohlten Papierfetzen in der Marburger Bibliothek.

Zauberische Fernwaffen

Unter den Namen, die sich als Sammler und Aufklärer der mongolischen Handschriftensammlungen Deutschlands seit Jülgs Tod 1886 feststellen lassen, sind die vieler bekannter Gelehrter. Wilhelm Schott (1802–1859), der berühmte Altaist der Berliner Friedrich Wilhelm-Universität, ist ebenso unter ihnen wie A. von Le Coq und A. Grünwedel, die mongolische Texte des 14. Jahrhunderts von ihren Expeditionen in der turkestanischen Oase Turfan 1905 mitbrachten. Wilhelm Grube, der Berliner Sinologe, trug ebenso zur Vergrößerung dieser Sammlungen bei wie später die Professoren F. D. Lessing und Erich Haenisch und dessen einstige Schüler, bis die große Anzahl von über 671 Handschriften erreicht war. Nun, da die Handschriften nicht nur mehr in den Lagerräumen ruhen, sondern auch benutzt werden, zeigt sich erst, daß Bücher und Manuskripte nicht nur Schicksale haben, wie das alte Sprichwort lautet, sondern auch von Schicksalen berichten. Fast jedes Manuskript trägt dazu bei, um irgendeine dunkle Stelle in unserem Verständnis der so fernen Welt Zentralasiens aufzuhellen.

Der Zauber und das Zauberische sind immer etwas, was bis vor kurzem in allen Berichten über die Mongolei und Tibet als besondere Eigenschaft hervorgehoben worden ist. Wenn Marco Polo, der venezianische Kaufmannssohn, der vor 700 Jahren China und das Reich der Mongolen bereiste, von Lamamönchen und Zauberern berichtet, die Wetter machen konnten und dem Khan Khubilai den gefüllten Weinkelch durch die Banketthalle zufliegen ließen, so tun wir das mit verstehendem Lächeln ab. So etwas gehörte im Mittelalter zum Reisebericht über ferne Länder. Aber dann findet sich in der ›Peking-Gazette‹ von 1876, die in Schanghai gedruckt wurde, auf Seite 68 die Meldung des Yung-tsüan, Militärgouverneurs von Ili, daß ein Dschasak taidschi, ein Edelmann von den Torghuten, verbrecherischerweise gewisse tangutische Lamas gerufen habe, damit sie einen Gottesdienst oder eine Beschwörungszeremonie zur Behandlung einer Krankheit abhielten und daß er sich der Untersuchung und den Versuchen widersetzt habe, die Schuldigen festzunehmen. In der Meldung des örtlichen Torghuten-Prinzen, die dem Gouverneur unterbreitet worden war, hieß es dann: »Es war ihm zu Ohren gekommen, daß der Dschasak taidschi genannt Tubschin Keschig, in seinem Hause zwei ungeschorene tangutische Lamamönche mit einem Novizen beherbergte, die Beschwörungen durchführten, bei welchen sie niemandem erlaubten, zugegen zu sein. Sie hatten die Figur eines Dämons aus grünem Mehlteig gemacht. Dann hatten sie eine übelriechende Mischung von Blut gemacht und dies alles ins Feuer geworfen. Der Prinz sandte daraufhin eine Gruppe von dreißig Leuten seines Banners am 27. Februar vergangenen Jahres (1875) aus, um diese Personen festzunehmen. Der Dschasak aber verbarg die Schuldigen und verweigerte es nicht nur, sie vorzuführen, sondern rief eine Reihe von Leuten seines Banners zusammen, die die Leute des Prinzen mit Stökken, Schwertern und Speeren angriffen und einige von ihnen verwundeten. Den Abgesandten des Prinzen aber gelang es schließlich doch, den tangutischen Novizen und zwei Diener des Dschasak mit sich wegzuführen und ebenso einige bei der Beschwörung verwendete Gegenstände ...« Soweit die ›Peking-Gazette‹.

Diese einzigartige Meldung aus dem Jahre 1876 wird noch verständlicher und gewinnt an Farbe, wenn man liest, was sich unter den Handschriften an Banngebeten und Austreibungsanweisungen für Krankheitsdämonen und böse Geister findet.

»Dies ist das Ritual, die Dämonen zu unterdrücken«, heißt es in einem Manuskript am Ende: »(nimm) zwei schwarze Steine, zwei Stück Roheisen, zwei Eisenstücke, mache eine menschliche Figur. Zeichne eine menschliche Gestalt mit einem Hundekopf, vorne zum Herzen zu ein Gläschen voll Getreide, einerseits schwarzes Getreide, auf der anderen Seite Weizen, darinnen zwei Haarbüschel. Dies alles tue in einen schwarzen Rock, verschnüre es mit zwei goldenen und schwarzen Fäden. Nachdem man dann dieses Ritual gelesen, wirf es auf den Kot eines rotschnäuzigen weißen Hundes. Vergrabe es an der Kreuzung dreier Wege. Wenn solch ein Weg nicht zu finden ist, vergrabe es unter der eigenen Tür. Dies macht die Austreibung wirksam!«

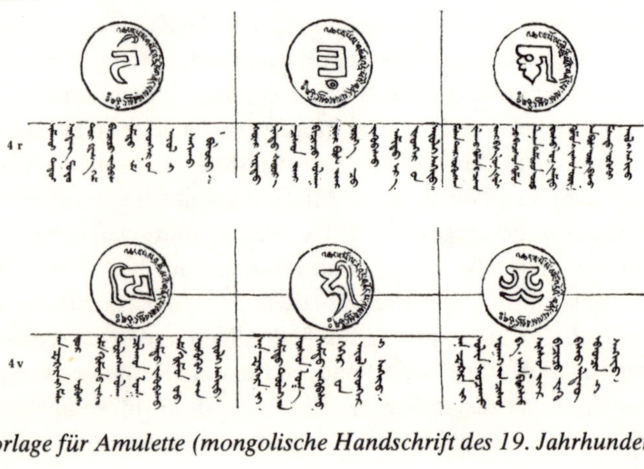

Vorlage für Amulette (mongolische Handschrift des 19. Jahrhunderts)

Es finden sich Gebete gegen Schmutzdämonen und gegen den schwarzen Dämon, der auf einer gelben Ziege reitet und eine grüne Krähe in den Händen hält. Eine andere Handschrift wiederum enthält 60 Anweisungen zur Herstellung von Amuletten, die dem Träger bestimmt Schutz vor allen Bedrohungen durch natürliche und übernatürliche Kräfte gewähren. Bei einer den Naturgewalten so stark ausgelieferten Lebensform, wie die der nomadisierenden Mongolen es war, ist es nur allzu verständlich, wenn jede sich bietende Möglichkeit eines vorbeugenden Schutzes gesucht wurde. Die Wirksamkeit des Amuletts hing von der genauen Beachtung der Herstellungsanweisung ab. Blut, Schweiß, Samen, Urin, Planzenextrakte, Tusche, Heilmittel, Indigo, rote und gelbe Farbe sind die zum Schreiben der Amulette verwendeten Stoffe. Blut eines an einer bestimmten Todesursache Verstorbenen schützt vor dieser. Blut eines jung Verstorbenen bewahrt vor frühem Tod. Vor Liebeskummer wieder schützt eine andere Formel, »wenn man sie auf ein daumendickes Brettchen aus Ingwerholz, das mit dem Samen eines jungen Mannes bestrichen ist, mit Mäuseblut schreibt und bei sich trägt«.

In vielen mongolischen aber auch in europäischen Reisewerken liest man, daß die Lamamönche eine magische Fernwaffe, die man Zor nennt, herbeizaubern konnten. Der große russische Mongoleireisende A. Pozdneew hat eine genaue Beschreibung einer solchen Zeremonie, wie die magische Waffe Zor geworfen wird, hinterlassen. In eine kleine Teigpyramide zaubert dabei der offizierende Lama alle zerstörenden Kräfte hinein, dann wirft er sie fort und dem Feind und Gegner geschieht Unheil. Die mongolisch geschriebene Biographie des 2. Pekinger lamaistischen Hohepriesters, des Tschangtschia Chutuktu Rolpaidordsche, enthält eine lebendige Schilderung, wie dieser auf Bitten des Mandschu-Kaisers Kienlung 1767 mittels einer solchen Zor-Waffe in die Kämpfe gegen die aufständischen Einwohner Yünans eingeriffen habe. In Peking vollzog der Lamapriester die Zeremonie, ballte alle magischen Kräfte in der kleinen Teigpyramide zusammen, dann warf er sie in Richtung der fernen Provinz Yünan im Südwesten Chinas. Über 2200 Kilometer Luftlinie entfernt sei dort im selben Augenblick ein riesiger Feuerball unter den kämpfenden Aufständischen erschienen und habe viele von ihnen getötet, versichert uns der gläubige Biograph des Tschangtschia Chutuktu.

Unter den Handschriften der deutschen Sammlungen fand sich auch ein Gebet mit dem Namen ›Zor-Ritual‹, in dem es heißt:

> Ich, der Zauberlama werfe dieses Zorgebildbrot weg,
> werfe es gegen die verhaßten Feinde,
> werfe es gegen die Böses stiftenden Teufel,
> werfe es gegen die Verwirrung schaffenden Kobolde!

Menschenopfer vor den Fahnen

Was der aus Troppau stammende Forschungsreisende Hans Leder 1903 auf seiner Reise durch das tibetisch-mongolische Grenzgebiet und die Mongolei an Handschriften gesammelt hat, ist heute im Linden-Museum, einer völkerkundlichen Schausammlung in Stuttgart, aufbewahrt. Dazu kommen noch andere mongolische Manuskripte, die von den Zentralasien-Reisenden Sven Hedin, Albert Tafel und Wilhelm Filchner mitgebracht worden sind. Den Reiserouten dieser drei Forscher zufolge müssen diese Handschriften aus der westlichen Inneren Mongolei und aus dem tibetisch-mongolischen Grenzgebiet stammen. Lange bevor der Plan einer Gesamtbestandsaufnahme der mongolischen Handschriften in Deutschland gefaßt und in die Tat umgesetzt war, hatte mich das Linden-Museum aufgefordert, seine sechzehn Manuskripte zu untersuchen und zu beschreiben. Es waren dies meist Abschriften buddhistischer Gebete und Lehrschriften. Aber eine von ihnen, einige unvollständige, vergilbte Blätter, bot einen Einblick in fast unglaubhafte Praktiken. Sollte doch etwas daran sein an dem in Chroniken und Geschichtswerken zuweilen anzutreffenden Vorwurf, die Mongolen hätten Gefangene ihren Fahnen und Feldzeichen geopfert? Der Vorwurf war 1620 noch einmal erhoben worden, als Nurhatschi, der Begründer der ab 1644 über China herrschenden Mandschu-Dynastie, auf einen anmaßenden Brief des letzten mongolischen Großkhans Ligdan geantwortet hatte und die Antwort durch Schiose ubaschi, einen buddhistischen Mönch, überbringen ließ. Die kaiserliche Hoffnung, der Gesandte würde schon seines geistlichen Kleides wegen von Ligdan Khan anständig behandelt werden, erwies sich als falsch. Ligdan Khan ließ den Überbringer des nicht sehr freundlichen kaiserlichen Schreibens kurzerhand ergreifen, legte ihn in Fesseln und sperrte ihn ein. Für längere Zeit blieben die Mandschu ohne Nachricht, was mit ihrem Gesandten geschehen war. Dafür aber kamen Boten anderer, freundlicher gesinnter Stämme, die übereinstimmend berichteten: »Ligdan Khan, der Tsachar, hat den Gesandten des Erlauchten Kaisers getötet und seiner Fahne geopfert.«

Zunächst wollte man im Lager der Mandschu daran nicht glauben. Als aber dieses Gerücht immer wieder überbracht wurde, begann man ihm doch Gehör zu schenken. Zumindest traute man es Ligdan Khan zu. Und so befahl schließlich Nurhatschi: »Es ist sicher, daß unser Gesandter getötet wurde. Ein Monat verging, seit er ergriffen worden ist. Tötet nun auch den Boten der Tsachar . . .!« Unglücklicherweise war ein solcher Bote des Tsachar-Fürsten Ligdan, namens Khanchalbaichu, gerade anwesend. Er mußte daran glauben und sein Leben lassen.

Peinlich wurde die Sache erst für die Mandschu, als kurz hinterher der als Opfer für Ligdans Fahne totgesagte Mandschu-Gesandte Schiose ubaschi frisch und lebendig wieder auftauchte. Es war ihm gelungen, den Tsachar zu entkommen. Daß die Mandschu die Nachricht von einem Menschenopfer an die Fahne aber überhaupt glaubten, zeigt, als wie naheliegend eine solche Nachricht empfunden wurde.

An dies mußte ich denken, als ich jene altersgebräunte Handschrift aus Stuttgart las. Sie enthielt nämlich ein Opfergebet an Dschingis Khans schwarzes Feldzeichen, die Chara sülde. Das Gebet mußte sehr alt sein. Das Feldzeichen, in dem der Schutzgenius des großen Mongolenherrschers wohnte, wurde angerufen zum Schutz gegen Feinde, Räuber und Gesetzesbrecher.

Gemeinsam mit einem Gebet an den Schutzherrn des Buddhismus war es zu lesen, in welchem es hieß:

> Laß des Feindes Feldlagerstatt überrennen!
> Nimm in Deine Hände gefangen des Feindes Menschen, Habe und Besitz!
> Schneide ab an der Wurzel des Feindes warmes Leben!
> Rühre durcheinander wie Sauermilch
> der Feinde weißes Hirn!
> Trink schlürfend der Feinde rotes Blut!
> Vernichte völlig die Übeltäter . . .

Zu denken aber gab erst noch die hinzugefügte Anweisung, wie das Opfer »jeden Monat am ersten und dritten des Neumonds, am 15. und 21., am 3. und 9. Tag« auf der Spitze eines hohen Berges zu vollziehen sei.

»Wegen Krieg und Feinden«, hieß es da, »wie auch wegen der verhaßten Räuber und Briganten vermische zu gleichen Teilen in Branntwein all dieses: Blut eines getöteten Menschen, Späne von einem Eisen, mit dem ein Mensch getötet wurde, und biete das mit Mehl, Butter, Milch und schwarzem Tee an . . . Wenn man diese Art des Opfers, *ohne* Auslassungen vollzogen, anbietet, so kann man sicherlich Herr werden, was immer für Kriegshandlungen, Feinde, Räuber, Briganten, Schimpf verhaßter Gegner und Widerwärtigkeiten es auch sind . . .«

Blut eines getöteten Menschen hat man nicht immer zur Hand! Bedeutete die Forderung nach seiner Verwendung, daß für jedes Opfer jemand zu töten sei? Oder hatten die Worte dieses alten Gebetes schon längst ihren Sinn verloren, waren sie nur mehr harmloses Geplapper? Aber da gab es Hinweise aus unserem Jahrhundert, daß dies nicht so war. Hermann Consten, der deutsche Mongoleireisende, der kurz nach der Belagerung und dem Fall der Stadt Kobdo 1912 in der westlichen Mongolei reiste, hörte von Augenzeugen, daß Dscha Lama Dambidschantsan dem Anführer besiegter Kasachen aus dem Altai die Brust aufschneiden und das Herz zu religiösen Zwekken aus dem Leibe habe reißen lassen. Ein russischer Beobachter, Iwan Maiski, der später als russischer Botschafter in London war, bestätigte Constens Bericht. Der Dscha Lama Dambidschantsan war ein kalmückischer Abenteurer von der Wolga, der seit 1890 in der westlichen Mongolei sein Wesen trieb und auf die Unabhängigkeit dieses Gebietes von China hinarbeitete. Er gab sich als Enkel des 1757 gestorbenen letzten Führers der aufständischen Westmongolen, Amursana, aus, was ihm starken Zulauf an Parteigängern brachte. 1926 wurde er von Truppen der Äußeren Mongolei erschossen.

Die Sitte des Herzausreißens als schamanistischer Opferbrauch ist in den Jahren der mongolischen Unabhängigkeitskämpfe 1911 und 1912 auch noch von anderen mongolischen Heerführern geübt worden. Es wird dies von Maksurdschab berichtet, einem der berühmtesten Kämpfer für die mongolische Freiheit, der den Ehrentitel Arad-un chatan batur, »Der mächtige Volksheld«, trug und 1920 tiefbetrauert starb. Diese historisch belegte Übung des alten, grausamen Opfers für die Fahne hat sogar ihren literarischen Niederschlag in der modernen mongolischen Literatur gefunden. Der zeitgenössische mongolische Dichter B. Rintchen, der in seinem dreibändigen historischen Roman ›Üürün tuya‹ (Strahlen der Morgenröte) eine großartige und spannende Schilderung des Schicksals einer mongolischen Familie in den Jahren vor der mongolischen Unabhängigkeitserklärung 1911 gibt, die in realistischer Weise auf Dokumente, zeitgenössische Erinnerungen und Augenzeugenberichte gestützt ist, behandelt auch diesen barbarischen Brauch. Er schildert, wie Maksurdschab gefangene Mandschu-Soldaten der Fahne opfern läßt, wobei ein Opfergebet gesungen wird, das dem Wortlaut unserer Handschrift sehr ähnlich ist:

> Heilige Sülde (Fahne), dir opfere ich
> und neige mich im Gebet.
> Gib gnädigst, daß der Stolz der Verhaßten
> mit dem schwarzen Herzen unterdrückt wird,
> Gib reichliche Beute und erwünschtes Gut,
> Räume aus dem Weg alle Hindernisse,
> Übel und Teufel,
> Mach des bösen Feindes Herz stumpf und besiegt!

Und während er diese furchtbare Hymne sang, gab Damdinsürüng mit dem Befehlspfeil ein Zeichen; der Zehnerschaftsführer hob das Richtschwert und hieb das Haupt des Führers der gefangenen Krieger ab. Die Ärmel streifte er hoch und zog sein Messer. Er öffnete die Brust des enthaupteten Körpers, daß das Blut nach allen Seiten spritzte, riß mit einem Ruck das Herz heraus und reichte es Maksurdschab hin. Der Anführer faßte nach dem von Damdinsürüng gehaltenen Tuch der großen Fahne und so hinterließ der Führer des großes Heeres auf der Seide der Fahne blutige Spuren.

Maksurdschab reichte das Herz dann an Damdinsürüng und ließ diesen das Blut kosten. Daraufhin führte er es selbst an den Mund, trank das Blut, gab das Herz an seine Soldaten weiter und ließ auch sie vom Blut des besiegten Feindes kosten.

Zu zweit, zu viert und zu zehnt hieben sie nun den übriggebliebenen vier Kriegsgefangenen, ähnlich wie dem ersten, die Köpfe ab. Mit den noch zuckenden blutigen Herzen bestrich der Anführer die Fahne und auch die Fahnen der Abteilungen. Nachdem er den alten schrecklichen und wilden Brauch, einen Menschen der Fahne und Sülde zu opfern, vollzogen hatte, sprach der Anführer Maksurdschab . . .«

So wirft jede Handschrift, jeder beschriebene Fetzen Papier, eigene und neue Probleme auf, leuchtet in dunkle menschliche Abgründe hinein und zieht den Vorhang weg von Geheimnissen, die Jahrhunderte bewahrt haben.

August Strindbergs Archivfund

Nach der Schlacht von Poltawa, wo 1709 die im Nordischen Krieg bisher von Sieg zu Sieg ziehende Armee des Schwedenkönigs Karl XII. von den Russen vernichtend geschlagen wurde, zogen viele der schwedischen Gefangenen für lange Jahre als Kriegsgefangene in die östlichen Provinzen des weiten russischen Reiches. Der geschlagene schwedische König bemühte sich nicht um ihre Freilassung.

Zar Peter der Große aber ließ die Kenntnisse der Kriegsgefangenen in den unerschlossenen Gebieten an Chinas Grenzen in Sibirien verwenden.

Viele kehrten nicht wieder, viele kamen erst nach vielen Jahren nach Schweden zurück. Wer wiederkam, brachte erstaunliche Nachrichten über das ferne Land im Osten mit. Einer von ihnen, Philipp Johann von Strahlenberg, brachte sein Wissen zu Papier. Sein Werk über den ›Nord- und östlichen Teil von Europa und Asien‹, das 1730 in Stockholm erschien, machte ihn berühmt; manche seiner Theorien blieben bis heute wirksam.

Der Sergeant der schwedischen Artillerie, Johan Gustav Renat, hatte es besonders hart gehabt. Zuerst war er ebenso wie seine anderen kriegsgefangenen Landsleute nach Sibirien geschleppt worden. Dann aber nahmen ihn die Dzungharen, die wieder einmal einen Überfall über Rußlands Grenzen geführt hatten, als Beute mit sich.

Siebzehn Jahre, von 1716 bis 1733, mußte Renat bei den westmongolischen Dzungharen als Gefangener bleiben. Tsewangrabdan (1665–1727), der Neffe der berühmten Galdan, der bis 1697 mit den Mandschu bis zum bitteren Ende gekämpft hatte, war diesem in der Herrschaft nachgefolgt. Obgleich er zunächst der Verbündete der Mandschu gegen seinen Onkel gewesen war, machte er sich nun, da er selbst der Herrscher der Dzungharen war, immer mehr die gleiche Idee eines westmongolischen Großreiches zwischen China und Rußland zu eigen. Dafür war ein in artilleristischen Künsten und im Bau von Kanonen erfahrener Kriegsgefangener wie Gustav Renat sehr willkommen. Die beiden, der dzungharische Khan und der Schwede, kamen auch gut miteinander aus. Als 1734 Renat nach Schweden heimkehren durfte, brachte er zwei Landkarten mit, die ihm der Khan der Dzungharen geschenkt hatte. Eine davon hatte Tsewangrabdan sogar selbst gezeichnet. Auf beiden Karten, die in kalmückischer Schrift beschrieben sind, ist die Dzungharei, das Iligebiet und das russisch-westmongolische Grenzgebiet dargestellt. Sie sind genauer in ihren Angaben als alles, was bis zu diesem Zeitpunkt über jene östlichen Gebiete in Europa bekannt war. Auf grobem Papier ist die Landschaft mit grünen oder rötlichen Bergen, blauen Seen bildlich dargestellt.

Renats Karten verschwanden in der Bibliothek von Linköping in Schweden. Und dort wurden sie vergessen. Sie sollten 140 Jahre vergessen bleiben, dann wurden sie wieder aufgefunden, und zwar durch August Strindberg (1849–1912), den berühmten schwedischen Dichter. Das geschah lange bevor die Romane Strindbergs die europäische Leserschaft bewegten, lange ehe er sich entschloß, Schriftsteller zu werden. Der gerade 25 Jahre alt gewordene junge Schwede hatte im Winter 1874 eine Stelle als *amanuensis*, als Hilfskraft, an der Königlichen Bibliothek Stockholm angetreten. Man trug ihm auf, eine Sammlung chinesischer Bücher zu katalogisieren. Strindberg war kein Sinologe, er konnte kein Chinesisch. Mit Begeisterung und der Kraft der Jugend besorgte er sich Handbücher und Lexika, dann ging er daran, die chinesische Schrift zu lernen. Das wiederum brachte ihn dazu, sich mit China und den Beziehungen Schwedens zu China zu beschäftigen. In den vier Jahren, die Strindberg an der Königlichen Bibliothek Stockholm tätig war, entstanden wissenschaftliche Arbeiten, die ihm Ehrungen verschiedener wissenschaftlicher Gesellschaften und Akademien einbrachten. In dieser Zeit beschäftigte sich Strindberg auch mit der Frage »des Schicksals der schwedischen Gefangenen nach der Schlacht bei Poltawa«. Er stieß auf Strahlenbergs Namen, dann im weiteren Verlauf seiner Forschungen 1878 auf Johan Gustav Renat und dessen zwei kalmückische Karten. Damals hat sich in Strindberg seine später durch dreißig Jahre seines Lebens immer schärfer werdende Ablehnung des schwedischen Königs Karl XII. zu formen begonnen. Er sah Karls Krieg gegen Zar Peter I., seinen Versuch, die asiatischen Türken gegen das christliche Rußland zu mobilisieren, als Verrat an Europa an. Bald nach dem Auffinden der Renatschen Karten verließ Strindberg den Bibliotheksdienst und die orientalischen Studien.

Die kalmückischen Landkarten aber, die seiner Spürnase zu verdanken waren, beschäftigten inzwischen die wissenschaftliche Welt. Sie veränderten das Bild, das man sich von den geographischen Fähigkeiten und Kenntnissen der Mongolen gemacht hatte. Die Mongolen fertigten also Landkarten an. Die Suche nach weiteren Exemplaren blieb aber zunächst ohne Ergebnis. 1911 veröffentlichte Boris I. Vladimircov, ein russischer Mongolist, der viele neue Wege erschlossen hat, eine andere mongolische, handgemalte Karte der Westmongolei, dann wurde es um mongolische Landkarten und Karthographen wieder still.

Die Hinterlassenschaft des Generals

Ganz in der Nähe meiner Wohnung in Peking war ein großer, palastähnlicher Wohnsitz. Eine hohe Mauer umgab ihn. Jedesmal, wenn ich zur katholischen Universität fuhr, passierte ich das enge Gäßchen, dessen eine Seite von der hohen Mauereinfriedung gebildet wurde.

Ein alter mongolischer General aus der Mandschu-Zeit wohne dort, sagte man mir. Man sah ihn nie, man hörte nichts von ihm. Versuche, ihn kennenzulernen, um ihn nach mongolischen Manuskripten zu fragen, blieben ergebnislos. Dann, eines Tages im Jahre 1944, stand das große Tor des Palastes offen. Diener in weißer Trauerkleidung liefen hin und her. Eine mit Strohmatten bedeckte Tribüne für die Trauermusik wurde errichtet. Für Tage und Nächte erfüllte nun das helle Gequäke der Trompeten und Flöten, rhythmisches Gongschlagen und Trommeln die Gegend. Der alte Mann war gestorben und man betrauerte ihn laut und ausdauernd. Eines Tages war dann wieder Stille. Der Leichnam hatte das Haus verlassen. Er war auf schwankender Bahre im hohen rotgelackten Eichensarg hinausgetragen worden vor die Mauern der Stadt und dort begraben worden.

Nun galt es zu handeln, ehe ein eventueller Nachlaß von Unwissenden verschleudert oder gar vernichtet wurde. Es schien mir nicht richtig, wenn ich mich selbst darum kümmerte. So beauftragte ich einen der chinesischen Buchhändler, die regelmäßig ins Haus kamen, um Bücher anzubieten, im Hause des verstorbenen Generals vorzusprechen.

Es waren nur wenige Tage vergangen, als er wiederkam, stolz lächelnd über den erfüllten Auftrag. Der Verstorbene sei ein hochgestellter Mann im Ministerium gewesen, das unter den Mandschu bis 1911 die Mongolengebiete verwaltete, und er öffnete sein Bündel und legte mir Packen auf Packen von Schriftstücken hin. Archivmaterialien? Ich feilschte nicht lang, sondern kaufte. Als ich dann meine Erwerbung näher ansah, waren mehr als 26 handgemalter, mongolischer Landkarten darunter.

Die Karten kamen später an die Westdeutsche Bibliothek. Als dann 1958 der deutsche Mongoleireisende Hermann Consten starb, fanden sich weit über 150 handgemalte mongolische Landkarten in seinem Nachlaß. Consten hatte nach der Rückkehr von seiner denkwürdigen Reise, auf der er Augenzeuge der blutigen Kämpfe um Kobdo 1911 geworden war, lange Jahre in Peking bis nach dem Zweiten Weltkrieg gelebt und sich mit mongolischen Dingen beschäftigt. Man sah den drahtigen, fest gewachsenen Mann mit dem runden, freundlichen Gesicht fast jeden Tag auf dem sogenannten Glacis seine Mongolenponies tummeln. Seine Landkartensammlung konnte ebenfalls für die Marburger Bibliothek erworben werden.

So kommt es, daß sich heute in Deutschland eine der größten Sammlungen von 180 mongolischen, handgemalten Landkarten befindet. Selbst die große Staatsbibliothek der Mongolischen Volksrepublik verzeichnet in ihrem Katalog aus dem Jahre 1937 nur 360 solcher Karten.

13000 Namen

Bunte Bilder, die einem praktischen Zweck dienten, sind diese Karten. In der Vogelschau wird immer ein Stück mongolischer Landschaft präsentiert. Alle zehn Jahre mußten die mongolischen Fürsten eine solche Bildkarte ihres Fürstentums nach Peking an das Ministerium für die Außenmarken (Li-fan-yüan) einreichen. Die Herstellung dieser Karten geht in die Zeit des Kaisers Kanghsi zurück, der befahl, daß die mongolischen Fürsten alle Veränderungen ihres Wohngebietes jeweils zu melden hätten.

»Die Berge, Felsen und Ruinen, Tempel und Klöster, Brükken und Schluchten und Bergübergänge« seien zu melden, heißt es in einem kaiserlichen Befehl von 1690. Und so haben bis 1911 die mongolischen Kanzleien all der kleinen Fürstentümer die alten Karten kopiert, Veränderungen eingetragen, alle Namen zu den Bildchen auf der Karte verzeichnet und das fertige Kartenbild nach Peking geschickt.

Da schmiegen sich kleine Siedlungen an bewaldete Berge, ragen steile Felsen auf, da steht verzeichnet, wie viele Tagesritte es bis zum nächsten Ort sind. Ein blauer Fluß läuft unter einer zinnoberrot gelackten, geschwungenen Brücke hindurch. Weiß leuchten die gekalkten Stupas, Grabmonumente und kleine Tempel. Bunte grün-rote Türen haben die schneeweißen Zelte der Fürsten, die an deren Wohnsitz eingezeichnet sind. An den flachen Dächern der Klöster im tibetanischen Baustil strecken sich, die bösen Geister abwehrend, eiserne Dreizacks in die Höhe, und purpurrot leuchten die Säulen und das Gitterwerk der Fürstensitze, die sich die hohen Herren nach chinesischem Vorbild in der mongolischen Steppe erbauen ließen.

Viele von den Klöstern und Fürstensitzen gibt es nicht mehr, vieles ist zerstört, dem Boden gleichgemacht. Aber die Namen auf den Karten blieben; und darin liegt der historische Wert dieser Karten.

Als meine Mitarbeiter und ich vor einigen Jahren anfingen, uns mit diesen Karten und den Ortsnamen darauf zu beschäftigen, ahnten wir nicht, was wir an Arbeit vor uns hatten: Wir haben von den 180 Landkarten mehr als 13000 Ortsnamen zusammengetragen. Wenn in einem Geschichtswerk der Name eines Platzes genannt wird, an dem dieses oder jenes geschah, kann der Ort jetzt gefunden werden.

4. Kapitel

Dänen entdecken die mongolische Geschichtsschreibung

Am Schreibtisch des Königs

Der Tisch, an dem ich in der Königlichen Bibliothek in Kopenhagen oben in der Orientalischen Abteilung saß, als ich von 1953 an die umfangreiche Beschreibung der mongolischen Bücher anfertigte, ist ein großer weißlackierter Empiretisch mit einer breiten Schreibfläche, die mit grünem Billardtuch bespannt ist. Die Seitenkanten und die Verzierungen der Füße sind mit Gold abgesetzt. Es ist der ehemalige Arbeitstisch des dänischen Königs Friedrich V., eines aufgeklärten Monarchen, der aus dem Geist eines nach Wissen und Aufklärung strebenden Zeitalters seinem Lande das Geschenk der Königlichen Bibliothek gemacht hat. Ich sitze auch heute immer wieder an diesem Tisch, wenn ich in Kopenhagen bin und mit irgendeinem der vielen mongolischen Manuskripte zu arbeiten habe. Nicht nur ich habe an diesem Tisch schon so oft gearbeitet, auch viele andere Gelehrte saßen an ihm in Arbeit vertieft; Dänen, Engländer, Amerikaner, ein berühmter Mann aus Ceylon, Niederländer, Schweden und Finnen. Der Grund, weshalb der Tisch König Friedrichs V. heute so oft internationalen Besuch hat, sind die vielen mongolischen Handschriften, die rings um ihn auf hohen Gestellen aufbewahrt liegen. Auch heute noch liegt über dem Raum ein leichter Geruch von Räucherstäbchen, dem Weihrauch der lamaistischen Klöster der Mongolei, von Hammelfett und von Arghal, dem getrockneten Kuh- und Kameldung, der in den Jurten der Mongolen mangels anderen Brennmaterials verbrannt wird. Der Dung erzeugt einen beißenden Rauch, den niemand mehr vergißt, der ihn gerochen hat.

Die zweitgrößte Sammlung Europas

Hier lagert dem Umfang und der Zahl nach die zweitgrößte, dem Inhalt nach die bedeutendste Sammlung mongolischer Handschriften in Europa; 568 altersgebräunte Manuskripte und Blockdrucke, die vorwiegend aus der südlichen Inneren Mongolei stammen. Wie sie von Kaare Grønbech auf der II. Zentralasien-Expedition der Dänischen Königlichen Geographischen Gesellschaft, die unter Leitung des Schweden Henning Haslund-Christensen stand, erworben und zusammengetragen wurde, ist ein ganzes Abenteuer. Daß sie zusammengetragen wurde, ist ein Zeugnis für die Weitsicht eines Gelehrten und den Willen, in Krisenzeiten, in denen Kulturen und Völker gefährdet sind, zu bewahren und zu schützen.

Die schlechten dreißiger Jahre

In den dreißiger Jahren war die Innere Mongolei und waren die in ihr lebenden südlichen Mongolenstämme wirklich sehr gefährdet, gefährdet in ihrem nationalen Bestand, gefährdet in ihrer wirtschaftlichen Struktur. Zertrümmerte gesamtmongolische Hoffnungen, Vertrauen und um so stärkere Hoffnungen auf eine japanische Hilfe gegen China kennzeichneten 1937 die politische Situation in der Inneren Mongolei. Projapanische, aber antifürstliche, antirussische und antijapanische Nationalisten, projapanische und profürstliche Mongolen lebten nebeneinander. Allen gemeinsam war die Ablehnung Chinas, die von dem gemäßigten Wunsch nach mongolischer Kulturautonomie im Rahmen Nationalchinas bis zu der radikalen Forderung der Loslösung von China und der Schaffung einer autonomen Inneren Mongolei reichte. Im Untergrund waren Anhänger der Kommunistischen Partei unter den Mongolen tätig, formten sich um diese Zeit bereits Partisanengruppen, die entweder aus antijapanischer Einstellung oder aber auf Weisung der chinesischen Kommunisten gegen Prinz Teh und seine projapanische Gruppe kämpften.

Enttäuschte Nationalisten

Zu all dieser politischen Unstabilität, dem Hoffen auf fremde Hilfe zur Wiedergewinnung der Selbständigkeit – dem Traum, den die Mongolen nie ausgeträumt hatten – kam als schwerstes die schlechte wirtschaftliche Lage, die katastrophale Verarmung der Mongolen, der in groteskem Gegensatz zu den chinesischen Versicherungen stehende Mangel an Volksbildung, Hygiene und Gesundheitsmaßnahmen. Auch in der Inneren Mongolei gingen immer wieder Mongolen zur Seßhaftigkeit über, wenn die Äcker der chinesischen Siedler zu nahe herangerückt waren. Die modernen Verbrauchsgüter, meist billigster japanischer Herstellung, fingen an, die alten handgefertigten Gebrauchsgegenstände des täglichen Lebens zu verdrängen. Infolge ihrer Armut konnten die Mongolen nicht mehr so viel Sorgfalt auf die kunstvolle Ausgestaltung von Sattel- und Zaumzeug legen. Die kunstvollen Silberschmiedearbeiten, die diese verziert hatten, die kostbaren Silber- und Korallengeschmeide des Frauenhaarschmuckes wurden immer weniger gefertigt. Ganz langsam war das mongolische Brauchtum auch hier, unter dem Einfluß der modernen Zivilisation, ins Sterben geraten. Und die Volksmasse der Mongolen in der Inneren Mongolei, damals knapp eine Million Menschen, verhielt sich der neuen Entwicklung gegenüber resigniert. Noch hatte keine der neuen politischen Ideen sie wirklich entzünden können, noch sahen erst wenige der Jüngeren, daß die Mongolen, um im 20. Jahrhundert bestehen zu können, selbst an der Entwicklung und Gestaltung des Neuen mitarbeiten, daß sie ihr Schicksal selbst in die Hand nehmen mußten. So war die Lage der Inneren Mongolei um 1937 bis 1939. Ein ehemaliger Teilnehmer der großen Zentralasien-Expedition Sven Hedins schrieb in einem Brief: »Innerhalb einer Generation von Mongolen wird die Mongolei zur Pampa geworden sein, in welcher Herden weiden und Schlote von Fabriken rauchen, in welchen Corned Beef im großen fabriziert wird. Nur in der unfruchtbaren Westmongolei wird man noch ein paar Jurten finden. Dort wird man einen Naturschutzpark und Reservationen einrichten.«

Die Lage der Bewohner der Inneren Mongolei glich um diese Zeit der Situation der letzten Indianer, ehe die Regierung der Vereinigten Staaten sie in Schutzgebieten und Reservaten vor weiterer Dezimierung zu bewahren suchte.

Aufbruch zur literarischen Rettungsexpedition

In dieser Situation brach die Dänische Zentralasien-Expedition 1938 ganz bewußt auf mit der Absicht, soviel wie möglich von der Kultur und Literatur der Mongolen dieser Zeit und der Vergangenheit zu bewahren, von all dem, was bald nicht mehr sein, sondern verschwunden sein würde. Denn daß dies geschehen würde, sofern sich in der Mongolei nicht etwas ganz entscheidend änderte, dessen war man sicher. Es war dies eine Expedition mit dem ausgesprochenen Ziel der Bewahrung, eine Sammelexpedition. Gewiß, schon früher waren Expeditionen durch die Mongolei gereist und hatten Gegenstände des täglichen Lebens, Trachten und religiöse Bilder für ethnologische Sammlungen angekauft. Die große chinesisch-schwedische Expedition nach Nordwest-China unter der Führung des berühmten schwedischen Geographen Sven Hedin, die 1927 bis

1935 in der Mongolei und Ostturkestan gereist war, hatte auch mongolische Schriften gesammelt; andere Reisende hatten das vor ihr getan. Aber es war ein dem Zufall überlassenes Mitnehmen gelegentlich auftauchender Bücher gewesen. Hier nun, bei der dänischen Expedition, war es zum erstenmal eine wohlüberlegte Sammelaktion, die soviel wie nur auffindbar von der mongolischen Kultur, Sprache und Literatur sammeln und vor dem Verderb durch Unverständnis, Geringschätzung und politische Unruhen sicherstellen sollte. Die Expedition der Dänen war überhaupt die erste westeuropäische Expedition, die mit solchen Zielen in die Mongolei reiste. Die Erforschung der Mongolei hatte bis dahin vorwiegend in den Händen der Russen gelegen. Naturgemäß hatte deren wissenschaftliches Interesse vorwiegend jenen Teilen der Mongolei gegolten, an denen Rußland und später die Sowjetunion ein politisches Interesse hatte. Das waren die Äußere Mongolei, das Gebiet der Burjäten und die Kalmückensteppe zwischen Wolga und Schwarzem Meer. In der Inneren Mongolei war bisher niemand mit solchen Zielen des Bewahrens der alten Literaturdenkmäler, mündlicher Überlieferung und des Brauchtums gereist außer dem schwedischen Reisenden Henning Haslund-Christensen. Dieser, ein alter Expeditionsmann mit Erfahrungen im Reisen und Leben in Zentralasien, hatte an Hedins großer Expedition 1927 bis 1935 teilgenommen. Er hatte lange bei den Westmongolen des Tienschans gelebt und war unter den Mongolen beliebt und angesehen wie so manch anderer der Skandinavier, die als Händler oder Missionare bei den Mongolen lebten. Eine Schneelawine hatte ihm das Bein gequetscht und ihn für längere Zeit lahmgelegt. Aber dann hatte er der Lockung der großen freien Steppen nicht widerstehen können und war wieder gereist. 1936 bis 1937 war er im Alleingang in den östlichen Mongolenprovinzen des neuerrichteten japanischen Marionettenstaates Mandschukuo gereist und hatte seltene, immer mehr in Vergessenheit geratende Gesänge und Beschwörungszeremonien der alten mongolischen Volksreligion, des aussterbenden Schamanismus, auf Phonographenwalzen aufgenommen. Dieses kostbare wissenschaftliche Material hat den Krieg überdauert und liegt, leider noch unbearbeitet und unausgewertet, im Nationalmuseum in Kopenhagen. Haslund-Christensen wurde, durch seine Erfahrungen dazu bestens geeignet, der Leiter der neuen dänischen Expedition. Mit dem Sammeln ethnologischer Gegenstände war W. Jakobsen beauftragt, und das Sammeln der Bücher war die Aufgabe des dänischen Gelehrten Kaare Grønbech.

Erste Kontakte

Das große Abenteuer begann zunächst in Kuei-hua oder Köke Khota, »Blaustadt«, wie die Mongolen die Stadt nannten, die Altan Khan (1507–1582) am Ende des 16. Jahrhunderts erbaut hatte. Auf der Höhe seiner Macht hatte der Tümet-Fürst, bis dahin wie seine Zeitgenossen und adeligen Verwandten aus dem Geschlechte Dschingis Khans in den runden Filzzelten der Mongolen lebend, den Plan gefaßt, eine feste Stadt zu bauen. Genaugenommen waren es chinesische Flüchtlinge aus dem China der Ming-Kaiser, Angehörige der im China des späten 16. Jahrhunderts verfemten und als staatsfeindliche Organisation verbotenen buddhistischen »Weißen Lotus-Sekte«, die bei ihm Zuflucht gefunden hatten, welche ihm den Gedanken nahe gebracht hatten, daß ein richtiger Fürst einen festen Wohnsitz brauche. Und Altan Khan hielt sich damals bereits für einen einflußreichen Fürsten. Genaugenommen war er das auch, zumindest im Hinblick auf die Beunruhigung, die er mit den Mongolen seines Stammes, den Tümet, und seinen Verbündeten auf die weithin gestreckte Nordwestgrenze des in sich schwachen chinesischen Reiches der Ming-Kaiser ausübte. Dazu hatte er noch Feldzüge gegen Tibets Ostgrenzen und das Gebiet der gelben Uighuren daselbst geführt. Von dort hatte er sich tibetische buddhistische Geistliche mitgebracht und diese hatten ihm vom erlösenden Wesen der buddhistischen Heilslehre gepredigt und ihn so sehr davon überzeugt, daß er beschloß, für Buddhas Religion und seine Mönche einen festen Tempel zu bauen. Vom Tempel zum Plan einer festen Stadt, eines festerrichteten Fürstenpalastes war es nur ein Schritt. Hatte man, so wie im Falle Altan Khans, auch noch billige, willige und geschickte Arbeiter in Gestalt der chinesischen Flüchtlinge zur Hand, dann war der Schritt vom Plan zur Ausführung leicht. Die chinesischen Baumeister zeichneten und maßen, die chinesischen Zimmerleute bearbeiteten die von weither herangebrachten Baumstämme, chinesische Maurer, Dachdecker und Steinmetze taten die übrige Arbeit, bis vor den staunenden Mongolen ein Tempel und ein Fürstensitz in dem flachen Land der Tümet, das von Bergketten an den Seiten eingeschlossen war, hochwuchsen. Wohl fielen einige Mauern und Säulen um, und es kostete beträchtliche Mühe, Altan Khan davon zu überzeugen, daß dies nicht die Rache der durch das Graben und Häuserbauen beleidigten und in Wut gebrachten Erdgeister war, sondern nur die Folge falscher Berechnungen und nicht ganz sachgemäße Verarbeitung durch Männer, die ehedem, bevor ihr Dasein als Flüchtlinge vor den Verfolgungen der Ming-Kaiser begonnen hatte, alles andere getan hatten als Häuser zu bauen und Holzträger für die geschwungenen Dächer abzumessen und zurechtzuschneiden. Aber auch dies war gelungen, und schließlich standen Tempel und Palast Altan Khans mit geschwungenen Dächern und Säulen im chinesischen Stile da. So zeigt sie uns ein *zeitgenössisches Bild*, das sich auf einem Sendschreiben Altan Khans an den chinesischen Kaiser erhalten hat. Damit war der Grundstein für Köke Khota gelegt. Bald kamen noch weitere Tempel und andere Bauten dazu. Einige von ihnen waren noch zu der Zeit erhalten, als Grønbech und die anderen Dänen der Expedition hier Quartier nahmen und ihre Reise in die Innere Mongolei vorbereiteten. Einige der ältesten Bauten sind auch heute noch erhalten, obwohl Köke Khota, wie es heute offiziell heißt, inzwischen eine

Großstadt geworden ist, mit viel mehr chinesischen Einwohnern als Mongolen, Sitz vieler Verwaltungsstellen und einer Universität mit einer großen Bibliothek mit vielen tausenden mongolischer, meist noch unbearbeiteter Handschriften.

Als die dänische Expedition im Oktober 1938 in Köke Khota ankam, waren dort auch schon mehr Chinesen ansässig als Tümet-Mongolen. Die meisten der Mongolen wirkten mehr wie Chinesen. Ein Grund mehr, zu bewahren, was noch zu bewahren war und Bücher in mongolischer Schrift zu sammeln, ehe sie irgend jemand zum Anheizen des Ofens benutzte.

Erlebnisse mit Opiumrauchern

Grønbech versuchte sogleich, Kontakt mit mongolischen Buchbesitzern zu bekommen. Ein Geschäfte witternder Lama war ihm dabei behilflich. »Ich habe zahlreiche Netze ausgelegt«, schrieb er am 14. Oktober in sein Tagebuch. »Mein Lama hat geheimnisvolle Pläne, von denen er mir baldige Resultate versprochen hat.« Als jemand, der eine vorzügliche Sammlung mongolischer Handschriften besitzen sollte, war Grønbech der Name Pao yueh-ching genannt worden, eines Mongolen, der zum Direktor einer von den Japanern für ihr innermongolisches Okkupationsgebiet Meng-chiang errichteten Bank gemacht worden war. Ihn versuchte Grønbech zu erreichen. »Der Bankdirektor Pao yueh-ching ist in Kalgan. Die Familie des Mongolen Öldschei hat etwa 20 Bücher. Da ist dann noch Söderboms mongolischer Freund, von dem wir jetzt durch Öldschei wissen, daß er Bücher besitzt. Sie sind aber in Tsachar, wo seine Familie wohnt. Söderbom weiß auch noch von einem (andern) Ort, von einem Chauffeur, der bei Söderbom Öl kauft, und dieser Chauffeur fährt für einen Mongolen, der zur Zeit das Haus eines geflohenen Chinesen bewohnt. Dieser Chinese nun, der als Mongole geboren ist, besitzt Bücher.«

Das waren die ersten Erkundungen, die Grønbech einzog.

Sehr bald aber fingen die Dinge an, ins Rollen zu kommen. Es gelang ihm schon nach drei Tagen, eine alte Handschrift aus dem Tibetischen übersetzten moralistischen Subhasitaratnanidhi ausfindig zu machen, das war eine Sammlung von Lebensregeln, die schon im 12. Jahrhundert vom Saskya Pandita abgefaßt worden und ständig bei den Mongolen gleich beliebt geblieben war.

»Die Bücherjagd hat jetzt im Ernst angefangen«, schrieb Grønbech darüber in sein Expeditionstagebuch. »Wir sind im Tempel Schiretü dschun gewesen und später haben wir Leute besucht. Die Teilnehmer waren Söderbom, Haslund, Öldschei und ich. Die ›Opfer‹ waren der handelnde Lama von gestern, ein in Tibet geborener, mongolisch sprechender Lama, ein Lama namens Gombodschab, der Bücher besaß, ein sehr kenntnisreicher aber auch sehr opiumrauchender Lama, und zuletzt die Witwe eines mongolischen Fürsten.

Die gute Beute bekam ich schließlich bei dem Opiumraucher Tümen bayar. Wir mußten einmal vergeblich hingehen, weil er beim Rauchen und ganz außer dieser Welt war. Als wir aber nach einer halben Stunde zurückkamen, wurden uns Sitze auf und neben dem Kang angewiesen und vorsichtig näherten wir uns dem Thema.

Er fragte mich, ob ich Subhasidhi kannte. ›Nein? Ach so, aber das ist doch wirklich ein gutes Buch.‹

Er hat es dann von seinem Schrank hervorgenommen. Ich durfte es ein bißchen durchblättern. Später durfte ich das erste Heft mit mir nach Hause nehmen. Ich konnte ja ohnehin nicht mehr als ein Heft täglich lesen und ich verschwieg, daß ich sehr gut alle (acht) Hefte in ein paar Stunden fotografieren konnte.«

Der Bann ist gebrochen

Damit war der Bann gebrochen und Grønbech konnte einige wertvolle Werke, von denen sich der Besitzer nicht trennen wollte, zum Nutzen der Wissenschaft mit der Leica fotografieren. Inzwischen hatten auch die japanischen Behörden ihren Widerstand gegen den Aufbruch der dänischen Expedition gelockert. Sie hatten dazu drei Monate gebraucht, die die Expeditionsmitglieder in Kalgan, dem Tor zur Mongolei, und in Köke Khota verbringen mußten. Aber gerade in diesen Städten gab es glücklicherweise viele interessante Handschriften.

Die Haltung der japanischen Okkupationsarmee und der dieser unterstellten Zivilverwaltung allen Fremden gegenüber war ohne Unterschied der Nation gleich. Die Japaner, die 1937 erst in Mengchiang einmarschiert waren, litten unter starkem Mißtrauen und waren von Spionenfurcht geplagt. Der geringste Anlaß genügte, um jemanden am Weiterreisen zu hindern und ihn als Spion zu behandeln. Nach drei Monaten geduldigen Wartens und mancher Zwischenfälle hatte sich ihr Mißtrauen wenigstens vorübergehend gelegt und die Dänen erhielten die Erlaubnis, in das Tsachar-Gebiet, ins Herz der Inneren Mongolei, weiterzureisen. Die Zeit des warmen Sommerwetters war nun endgültig vorbei, der Herbst war angebrochen und Ende Oktober kann es in der Mongolei schon empfindlich kalt werden. Das erschwerte das Arbeiten erheblich.

Bücherkäufe im Hauptquartier

Als Hauptquartier der Expedition hatte man Chadain süme ausgewählt, einen alten, von seinen lamaistischen Mönchen verlassenen Tempel in Tsachar, in dem der schwedische Kaufmann und Missionar Larson viele Jahre gewohnt hatte. Hier war ein Boden, der mit dem Vertrauen der Mongolen auf die Skandinavier und ihre Hilfsbereitschaft gewissermaßen gedüngt war.

Der Expedition sollte dies sehr zugute kommen. F. A. Larson war schon 1893 aus Schweden im Auftrage der Christian Missionary Alliance nach der Mongolei gekommen. Er hatte die

Gefahren und Wirren des Boxeraufstandes 1900 überstanden, der so vielen anderen evangelischen und katholischen Missionaren das Leben kostete, hatte das Vertrauen der Mongolen und besonders des 8. Dschebtsundampa Chutuktu von Urgha, des ersten Staatsoberhauptes der autonomen nördlichen Mongolei, der heutigen Mongolischen Volksrepublik, erworben. Dieser hatte ihn sogar zum Rang eines Güng »Herzogs« ernannt, und Larson hatte nach 1911 in den ersten Jahren des autonomen mongolischen Staates diesen in Peking vertreten. In Chadain süme hatten nach ihm andere skandinavische Missionare und Helfer ihren Wohnsitz aufgeschlagen. Der schwedische Arzt Dr. Erikson wohnte dort mehrere Jahre und half kranken Mongolen nach bestem Vermögen. Er wurde sowohl in die Fürstenpaläste wie auch in die Jurten des einfachen Volkes gerufen, um ärztliche Hilfe zu geben. Der Fürst der Dörbet hatte ihn zu seinem Leibarzt ernannt. Ein anderer schwedischer Arzt, Dr. Ollen, hatte sich in Gultsaghan, ebenfalls im Tsachar-Gebiet, niedergelassen.

Auf dieses Vertrauen, daß sich die skandinavischen Freunde der Mongolen in mehr als drei Jahrzehnten erworben hatten, konnte die dänische Expedition nun als ein ganz wertvolles Kapital zurückgreifen. Kaum hatte sich die Nachricht verbreitet, es seien neue Leute in Chadain süme eingetroffen, als auch schon von allen Seiten Mongolen voller Neugierde herbeiströmten. Eine Tagebucheintragung vom 28. Oktober 1938 gibt einen lebendigen Eindruck, wie es nun gelang, mongolische Handschriften aufzuspüren und zu erwerben.

»Es war immer die Sitte Larsons«, heißt es, »die zahlreichen Mongolen, die aus Neugierde und Geschäftsinteresse herbeigeströmt kamen, in der Küche Tee trinken zu lassen und sie dann in einer Audienz zu empfangen. Diese Idee haben wir aufgenommen. Die Bevölkerung in Tsachar und Sunit ist meistens sehr arm und will gerne verkaufen. Der Anfang kam mit der Ankunft von Chartschin-Chu, eines Viehbesitzers aus Chadain süme.

Wir folgten ihm nach Hause, das heißt nach zwei Jurten ein paar Kilometer von unserem Hauptquartier. Die Hunde wurden von einigen Kindern zu Boden gedrückt und wir traten in die Jurte. Es war mein erster Besuch bei einem echten Mongolen. Mitten in der runden Jurte brannte ein Feuer von Mist (der überhaupt der einzige Brennstoff in der Mongolei ist) und die Frau war beim Kochen. Wir setzten uns auf die Filzunterlagen und wurden mit mongolischem Tee, einer Art von Kornsuppe mit Tee, bewirtet. Auch ürüm, Milch, die zu flachen Kuchen eingetrocknet ist, bekamen wir. Dann wurden mir die Bücher gebracht, und ich fand darunter eine Sammlung von Märchen.

Ich nahm die Bücher mit mir und verbrachte den Nachmittag damit, sie durchzulesen. Es war gar nicht leicht. Mongolische Bücher sind meistens in einem entsetzlichen Zustand. Sie sind geheftet, aber nie eingebunden. Daher fehlen sehr oft Blätter am Anfang und am Ende, und der untere Rand ist meist so abgegriffen, daß oft mehrere Worte fehlen.

Die buddhistischen Bücher sind meistens besser bewahrt. Hier sind aber die einzelnen Blätter lose, und es besteht dann die Gefahr, daß in der Mitte etwas fehlt.«

Inzwischen hatte sich bei den Mongolen mit der Geschwindigkeit eines Steppenfeuers herumgesprochen, daß die Expedition mongolische Bücher und Handschriften sammelte und sie gut bezahlte.

»Ich bin heute Nachmittag mit Tamirin suren ausgeritten«, konnte Grønbech schon nach wenigen Wochen Aufenthalt im Hauptquartier in Chadain süme, am 14. November 1938, in das Tagebuch schreiben. »Er wußte, daß es in einem Jurtenlager 30 Li (chin. Meile) entfernt Bücher gab. Nach einem Ritt durch prachtvolle Umgebung haben wir die Jurten erreicht.

Wie gewöhnlich wimmelte es von Mongolen und unter den vielen Büchern, mit denen sie gelaufen kamen, war auch ein interessantes, ein Ritualbuch für den Feuerkult. Es steckt in diesem eine Menge von buddhistischer Volksreligion, und der darübergestrichene buddhistische Firnis ist sehr dünn und durchsichtig.«

Und nun kamen die Funde auf den Forscher zu. Neben den seltenen volksreligiösen Texten tauchten auch die noch viel selteneren Chroniken auf. Am Mittag des 17. Dezember konnte Grønbech einen solchen seltenen Fund buchen.

»Das Wetter war wunderbar, ich aber war mit den Büchern so beschäftigt, daß ich es kaum bemerkte. Zur Mittagszeit kam die große Beute. In der Küche fand sich ein Mann namens Bimba mit einem Buch ein. Ich nahm ihn mit mir in mein Zimmer, wo er sich auf dem Boden breit machte, der der Meinung der Mongolen nach nicht nur geräumig, sondern auch bequem ist. Dann sprachen wir von Haslund, wie es ihm ging, und von Hedin und wie es dem ging, und von Bergmann und wie es dem ging, und ob Haslund nun verheiratet wäre und wie es mit seinem Bein ging und daß er sich dieses Bein gebrochen hatte, nicht wie man in der Mongolei meinte, von einem Haufen Steine, sondern von einem Haufen Schnee. Und dann fragte er noch, ob ich verschiedene andere Leute kannte. Die kannte ich aber nicht.

Wollte Bimba aber nicht eine Zigarette rauchen? Das wollte er wiederum sehr gerne.

Endlich kamen wir zur Sache. Aus seiner Schärpe wickelte er ein verknautschtes Buch mit dem Titel ›Die Perlenschnur oder die Genealogie des Mongolenherrschers Dschingis Khan‹. Ich habe sofort die 15 Dollar, von denen Bimba lange geträumt hat, bezahlt.«

Immer weitere Bücher wurden angebracht. Einmal war es ein Losbuch, ein andermal waren es zwei mongolische Chroniken, mächtige Bücher, jedes von ihnen zwischen hundert und zweihundert Blatt. Im Hauptquartier häuften sich die Bündel vergilbten, zerrissenen Papiers, und mit Öl und Wasserflecken bedeckter Hefte und Bücher. Aber manchen Mongolen hatte inzwischen nicht nur die Begeisterung für die gute Sache ergriffen, sondern auch die Erkenntnis, daß man bei etwas Schwindeln gutes Geld leicht verdienen konnte.

»Heute ist der Mann, der vor zehn Tagen Chroniken gebracht hat, wieder mit einem großen Haufen Bücher zurückgekommen«, berichtete das Tagebuch. »Er war sehr eifrig, alle Herrlichkeiten zu bezeichnen, besonders die Stellen, an denen der Name Dschingis Khan stand. Das ganze war ein wenig mystisch. Ich habe die besten Sachen ausgewählt und mit mir nach meinem Zimmer genommen. Kurz danach fand sich auch der Mann und sein Zeigefinger bei mir ein. Ich gab ihm aber ein paar meiner eigenen Bücher und konnte dann ungestört die neuen Sachen durchblättern.

Es zeigte sich, daß von einem schönen Buch, einer Geschichte der Chalcha-Mongolen, nur das erste Blatt Chronik war. Das übrige war gewöhnlicher buddhistischer Text. Das andere köstliche Dschingis Khan-Buch, das mit demselben merkwürdig neuen, roten Faden wie das erste Buch auch zusammengeheftet war, enthielt acht Blätter Chronik. Der Rest war eine mandschurische Übersetzung aus dem Chinesischen.

Aber die ganze Mitte eines ebenso zusammengeflickten Buches enthielt Kapitel aus dem Geser Khan-Epos* und auch die übrigen Bücher haben etwas Interessantes geboten. Nach langem und dramatischem Handeln, während dessen ich sämtlichen Büchern, besonders den zwei wertvollen, jedes Interesse abgesprochen habe, ist es mir doch gelungen, den ganzen Haufen zu erwerben.«

Inzwischen sammelten die übrigen Expeditionsmitglieder völkerkundliche Gegenstände, Einrichtungsgegenstände und Kleidungsstücke der Tsachar, die heute in der Ethnographischen Abteilung des Kopenhagener Nationalmuseums einen kaum je übertroffenen Einblick in den Kulturzustand der Inneren Mongolei in den ersten Jahrzehnten unseres Jahrhunderts geben. Kaare Grønbech widmete sich neben der Suche nach geschriebenen Literaturdenkmälern auch dialektischen Studien und ließ sich von einem mongolischen Burschen Volkserzählungen vorsprechen, um sie niederzuschreiben.

---

*Wir haben ihren Inhalt im 6. Kapitel beschrieben.

»Lhisurun, der Bursche, der mir mongolische Geschichten erzählt, kam und fing an. Er ist ausgezeichnet. Er besitzt das seltene Vermögen, laut und deutlich wiederholen zu können, was er gerade gesagt hat, und meine Sprachstudien gedeihen glänzend.

Natürlich wimmelte die Jurte wie gewöhnlich von Mongolen. Ab und zu kochte sie über, und ich bekam unter Akkusative und Gerundien eine Handvoll mongolischer Bücher. Ein Mann hat mir eine vorzügliche Handschrift der Ardschi-Bordschi-Geschichten gebracht. Der Preis war aber gar zu hoch: siebzig Dollar!

Später kam er wieder. Wollte ich vielleicht zehn Dollar geben? Das wollte ich gerne. Und jetzt besitze ich die feinste Ardschi-Bordschi-Handschrift, die ich hier gesehen habe.«

So beschreibt Grønbech den Erwerb einer schönen Handschrift der in der Mongolei in verschiedenen Varianten verbreiteten Geschichten vom König Ardschi-Bordschi und den zweiunddreißig Holzfiguren auf den zweiunddreißig Stufen zu seinem Thron, die den König vom Besteigen des Thrones durch das Erzählen weiterer Geschichten abhalten. Die mongolischen Chroniken berichten, daß diese Geschichten zu Lebzeiten des 1. buddhistischen Oberpriesters der nördlichen Mongolei, des Dschebtsundampa Chutuktu (1635–1723), diesem von zwei indischen buddhistischen Mönchen, die damals nach der Mongolei gepilgert waren, erzählt worden sind. Der Ursprung der Geschichte ist zweifellos indisch. Die Phantasie der Mongolen hat sich ihrer bemächtigt und sie in vielen Varianten weitererzählt und umgeformt. Nun war es Grønbech gelungen, eine davon zu erwerben. Nicht alle Werke aber, die er zu Gesicht bekam, waren käuflich. Dann versuchte er, jemanden zum Abschreiben des Buches zu gewinnen und den wertvollen Inhalt wenigstens so für die Forschung sicherzustellen.

»Auch andere gute Sachen zeigen sich«, schrieb er am 30. Januar 1939 in das Reisetagebuch. »Heute ist ein Lama mit einem historischen Werk gekommen, das er gegen passende Bezahlung abschreiben wollte, worauf ich die Vorlage bekommen könnte. Er bekommt 5 Dollar, wenn er das Buch in einer Woche hier im Hauptquartier abgibt.«

Auch Georg Söderbom, schon als Karawanenleiter bei Sven Hedins Expedition bekannt und nun in der Mongolei ansässig, hat für die Dänen einige mongolische Werke erworben. Wo er die Bücher nicht kaufen konnte, bat er um die Erlaubnis, von ihnen eine Blaupause anfertigen zu dürfen. Das tat er auch noch, als Grønbech durch einen Sturz vom Pferd schwer erkrankt war und im Februar 1939 nach Peking zurückkehren mußte. »Söderbom hat für mich mehrere Handschriften erworben und hat eine sehr einfache Methode erfunden, Bücher, die nicht verkäuflich sind, zu kopieren. Die meisten mongolischen Bücher bestehen auf chinesische Weise aus Doppelblättern von ganz dünnem Papier.

Wenn Söderbom ein solches Buch kopieren will, trennt er die Naht auf, damit er die einzelnen Blätter, die los sind, falten und von ihnen auf seinem imprägnierten Papier einen Abdruck nehmen kann. Diese Kopie bleibt dann eine Viertelstunde in einem geschlossenen Kübel mit Ammoniakdämpfen. Später wird das Buch wieder zusammengeheftet und dem Besitzer zurückgegeben, der nicht selten das neue Buch mit seinen rötlichen Buchstaben seinem alten alltäglichen Buch vorzieht.«

Gefährliche Rückreise

Aber für die Dänen schlug die Stunde des Abschieds von Chadain süme, den hilfreichen, freundlichen mongolischen Nachbarn der nahen Jurtensiedlungen und all den anderen Mongolen, die sie auf ihrer Reise kennengelernt hatten. Was so vielversprechend begonnen hatte, nämlich die Mongolen für das Bewahren ihrer alten schriftlichen Dokumente zu interessieren, und sei es zunächst nur, weil sie damit Geld verdienen konnten, würde nun allmählich wieder in Vergessenheit geraten. Die japanischen Okkupationsbehörden hatten die Dauer des Aufenthaltes der Dänen begrenzt. Zudem hatte sich der politische Himmel in Europa erheblich verdunkelt. Man ahnte bereits das herannahende Weltgewitter. Es war Frühsommer 1939, als die dänische Expedition mit all ihren Sammlungen wohlbehalten wieder in Peking eintraf. Grønbech litt wohl noch an den Folgen seines schweren Sturzes mit dem Pferd, die ihm übrigens bis zu seinem vorzeitigen und unerwarteten Tode 1956 immer wieder zu schaffen machten, aber sonst war alles wohlauf, und auch die Sammlungen an Büchern und völkerkundlichen Gegenständen waren sämtlich in Peking eingetroffen. Hinter den Büchern aber, das wurde in Peking bald deutlich, waren irgendwelche Japaner her. Immer wieder kamen Leute, denen man den Geheimagenten ansah, und heuchelten ein zu ihnen gar nicht passendes Interesse an den Ergebnissen der Expedition. Die Gefahr lag nahe, daß sie zumindest alles Geschriebene unter irgendeinem Vorwand aus dem Expeditionsgepäck entfernen würden, wenn dieses den Zoll passieren mußte. Dem beschloß Grønbech zuvorzukommen. Er packte in die großen Kisten seines Reisegepäcks alles nur Entbehrliche seiner persönlichen Ausrüstung und Erinnerungsgegenstände, meist chinesisches Kunstgewerbe, im Pekinger Curiohandel erworben, und zwischen alles schmutzige Wäsche. Wohl verschlossen wurden die großen Koffer zum Zoll gebracht.

Die seltenen mongolischen Handschriften aber verstauten Grønbech und seine Frau, die ihn in Peking erwartet hatte, eng zusammengerollt zwischen den persönlichen Utensilien des kleinen Handgepäcks. Zwischen Strümpfen und zugedeckt mit den Kleidungsstücken, die auszuschütteln auch der griesgrämigste Zöllner im allgemeinen sich scheut, lagen die hervorragendsten Beispiele der mongolischen Dichtung und Geschichtsschreibung, die der gelehrten Welt bisher unbekannt waren. Es gab kein Gesetz, das ihre Ausfuhr verbot, sie waren legal mit der Genehmigung der Japaner gesammelt und oft für teures Geld den Mongolen abgekauft worden. Aber wer wußte, was ein vom Spionageverdacht gegen Weiße besessener Zöllner oder Grenzsoldat beim Anblick von soviel beschriebenem Papier tun würde? So schien es besser, vorsichtig zu sein.

Tatsächlich erwies sich die Vorsicht als gerechtfertigt. Das große Reisegepäck wurde im Hafen von Dairen konfisziert. Es gelang erst unter großen Mühen, es wieder freizubekommen. Auf jeden Fall wurden diejenigen, die der dänischen Expedition ihre fleißig erworbenen Schätze in letzter Minute abnehmen wollten, enttäuscht. Die persönliche Habe passierte mühelos und unbeanstandet den Zoll. Als sich der Dampfer der Dänischen Ostasiatischen Kompanie vom Pier in Dairen löste und Kurs nach Europa nahm, schwamm mit ihm der ganze Handschriftenbestand zwischen Hemden und Kleidern des Ehepaares Grønbech nach Westen. Es waren mehr als fünfhundert Handschriften und Blockdrucke, die Kaare Grønbech im Winter 1938 auf 1939 bei den Tümet und Tsachar gesammelt hatte. Ein hervorragendes Ergebnis des festen Wunsches eines Gelehrten.

Noch aber war die Gefahr für die Handschriften nicht vorüber. Unterwegs wurde das Schiff von der Nachricht eingeholt, daß Hitler Polen überfallen hatte und Frankreich und England mit Deutschland im Kriege waren. Freilich, Dänemark war neutral, aber das machte die Meere nicht sicherer. U-Boot-Furcht breitete sich an Bord aus. Das Schiff lief den weiteren Weg verdunkelt. Daß es zuerst einen englischen Hafen anlief, machte die Heimreise der Dänen nicht leichter. Dann endlich konnten sie in Esbjerg dänischen Boden betreten. Die Sorge um die Handschriften war aber damit nicht zu Ende. Sie wurden den ganzen Krieg hindurch an einem sicheren Platz aufbewahrt und überdauerten die Kriegszeit auch ohne Schäden. Seit 1949 sind sie in der Königlichen Bibliothek.

Wiederentdeckung der mongolischen Geschichtsschreibung

Hier liegen sie nun in ihren Regalen, nach der Größe geordnet. Sie geben einen einmaligen Querschnitt durch die alte mongolische Literatur. Dem Umfang nach wird die Kopenhagener Sammlung wohl von anderen Sammlungen übertroffen, dem Inhalt nach kaum. Die Handschriften mongolischer Chroniken sind davon wohl der bedeutendste Teil. Sie enthalten historische Werke der Mongolen, die bis zu ihrer Auffindung noch unbekannt waren. Den Namen von einer dieser Chroniken, das ›Buch vom goldenen Rad mit den tausend Speichen‹, die der gelehrte Mönch Siregetü guosi Dharma 1739, auf viele ältere Werke gestützt, geschrieben hatte, hatte ich schon früher in einem anderen Geschichtswerk erwähnt gefunden, aber niemand hatte vorher diese Chronik zu sehen bekommen. Erst Grønbech war es vergönnt gewesen, sie in der Bibliothek des Chortschin-Mongolen und Bücherliebhabers Pao yueh-ching zu fotografieren. Bis zur Erschließung der mongolischen Geschichtswerke in der Kopenhagener Königlichen Bibliothek waren nur zwei, drei Chroniken der Mongolen bekannt und westlichen Gelehrten zugänglich gewesen. Von den russischen Bibliotheken wußte man, daß da mehr mongolische Geschichtswerke aufbewahrt waren, aber damit waren sie noch lange nicht für die europäische Forschung zugänglich. Aber nun war es, wie Grønbech es selbst einschätzte, das erste Mal dank der Sammlung der dänischen Expedition möglich, sich im westlichen Europa eine zusammenhängende Vorstellung von der mongolischen Geschichtsschreibung und ihrer Bedeutung für unsere Geschichtsforschung zu bilden.

Lügen die chinesischen Historiker?

Die mongolischen Chroniken sind besonders in der Schilderung von Einzelheiten bedeutsam. Vor allem dort, wo die offiziöse chinesische Geschichtsschreibung etwas nur andeutet oder oft verzerrt darstellt, geben sie eine genauere Darstellung oder rücken das Bild nach ihrer Auffassung zurecht. Das trifft vor allem für die Zeit der Mandschu-Herrschaft zu (1644–1911). Die chinesische und mandschurische Berichterstattung, die offiziellen Verlautbarungen und die erhaltenen Aktenstücke berichten nur das, was die Handlungen der Mandschu-Kaiser auf dem chinesischen Thron gerechtfertigt erscheinen läßt und die Taten der Aufrührer, wie Ligdan Khan (1604–1634), seines Zeitgenossen Tsoktu taidzi, Galdan boschughtu (gest. 1697) und Amursana, die um einen eigenen, unabhängigen mongolischen Staat gegen die Mandschu kämpften, als verbrecherisches Treiben von Räubern gegen den gütigen und gnädigen Kaiser darstellt. Hier nun korrigiert die mongolische Geschichtsschreibung dieses verzerrte Bild. Ja, manchmal läßt sich ahnen, daß die offizielle Geschichtsschreibung bewußt gelogen hat. Oft sind es nur örtliche Gerüchte, die sich eine antimandschurische Fronde gegenseitig zugeflüstert hat. Fügt man aber das eine Gerücht zu der an sich wenig unglaubwürdigen Erzählung einer anderen Chronik, so ergänzt dies eine die andere Nachricht und nach dem Motto »Wo Rauch ist, ist auch Feuer«, lohnt es sich, diesen Hinweisen nachzugehen.

Als Ligdan Khan, der letzte mongolische Anwärter auf Titel und Rang eines Großkhans aus dem Geschlechte Dschingis Khans 1635 auf dem Zuge nach Tibet plötzlich gestorben war, hielt der Widerstand seines Stammes gegen die sie verfolgenden Mandschu nicht mehr sehr lange an. Seine Frauen mit den Söhnen Edschei Khonghur und Abunai wurden schon im Juni von Mandschu-Truppen unterwegs aufgegriffen. Der Mandschu-Kaiser verheiratete eine seiner Töchter namens Makata zuerst an Edschei, als dieser bald darauf 1641 starb, an den jüngeren Sohn Abunai. Die unterworfenen Tsachar-Prinzen hatten unter dem Zwang der Mandschu-Soldaten auch das alte Siegel der Mongolenkaiser übergeben müssen, das der Mandschu-Kaiser an sich nahm. Damit und mit der Verheiratung einer seiner Töchter mit dem Sproß des letzten mongolischen Großkhans fühlte sich der Mandschu-Kaiser völlig als Nachfolger Dschingis Khans legitimiert. Die Mongolen, vor allem aber die zum Stamm des toten Großkhans Ligdan gehörenden dachten anders. Die Loyalität den Mandschu gegenüber war nur ein zartes Pflänzchen und wollte trotz Verleihung von Rängen und Titeln an die mongolischen Fürsten durch die Mandschu nicht so recht gedeihen. Vor allem den Tsachar-Mongolen trauten die Mandschu nicht völlig, obwohl ihr Fürst Abunai, Ligdan Khans jüngerer Sohn, kaiserlicher Schwiegersohn und Prinz von Mandschu-Gnaden war. Irgend jemand – die mongolischen Chroniken schrieben dafür die Schuld einem Fürsten der den Tsachar nicht sehr freundlichen Charatschin zu – verleumdete 1669 Abunai, er sei voller Auflehnung gegen den mandschurischen Kaiser. 1663 war außerdem Abunais mandschurische Gattin gestorben. Die Familienbande, nach gefestigter mandschurischer Herrschaft auch nicht mehr so notwendig wie früher, als die Mandschu noch um die Gunst der Mongolen warben, waren demnach auch nicht mehr so eng. Der Kaiser griff sofort zu, ließ Prinz Abunai verhaften und warf ihn in Mukden in den Kerker. Anstelle des Abunai ernannte er dessen Sohn Burni zum Fürsten der Tsachar. Dieser aber, wie es eine mongolische Chronik so schön formuliert, »sah nicht das Wachstum der Anderen und nicht das Licht der Kaiserlichen Sonne . . . er brachte es nicht zuwege, sich in den Frieden und die Glückseligkeit einzuordnen«. Burni suchte nämlich nach Mitteln, um den in Mukden eingekerkerten Vater zu befreien. 1675 sah er dafür eine Chance. Seit Dezember 1673 rebellierte General Wu San-Kuei, einer der ältesten Parteigänger der Mandschu, gegen deren Herrschaft. Deren mühsam erkämpfter Thron geriet ein wenig ins Wanken und Kaiser Shengtsu hatte alle Hände voll zu tun, um dem Aufstand des erfolgreichen alten Kriegshelden zu unterdrücken, der inzwischen in der chinesischen Provinz Hunan sein eigenes Kaiserreich ausgerufen hatte.

Diese Ursache und die damit zusammenhängende Tatsache, daß Mukden von Mandschu-Truppen nahezu entblößt war, wollte Burni nun ausnutzen und den Vater aus dem Mukdener Gefängnis befreien. Er rief seine Tsachar zu den Waffen und marschierte gegen Mukden.

Kaiser Shengtsu warf unter Führung der mandschurischen Generale Tuhai und Oja alles, was an Heeresgefolge, Köchen, Trainsoldaten und unausgebildeten Mandschu in Peking war, den auf Mukden zureitenden Tsachar-Mongolen unter Burni entgegen. Diese scheinen nicht sehr stark und kampfesmutig gewesen zu sein, denn die Armee der Köche und Sklaven konnte die Tsachar besiegen. Freilich hatte Tuhai seinem zusammengewürfelten Haufen eingeredet, die Tsachar seien unermeßlich reich. Nach einem Sieg gehöre alle Beute ihnen. Das Versprechen genügte, um Köche und unausgebildete Rekruten zu Supermännern zu machen. Die Tsachar wurden geschlagen, der Befreiungsversuch für Abunai, den die Mandschu dann im Gefängnis erwürgen ließen, mißlang, und Burni ergriff die Flucht.

Bald darauf, so meldet die mandschurische und chinesische Geschichtsschreibung, sei er in einen Hinterhalt gefallen und von einem den Mandschu treuen Chortschin-Prinzen erschlagen worden.

Andere Mitglieder seiner Familie wurden von den Mandschu exekutiert. Burnis sterbliche Überreste habe man, so will es ein chinesisches Werk wissen, gnädigst nahe des Grabes seiner Mutter begraben lassen.

Eine mongolische Familienchronik, 1732 von einem den Mandschu dienenden General Lomi für seine Enkel und Nachkommen geschrieben, die ich 1942 in der östlichen Mongolei gefunden habe, berichtet von einer persönlichen Mitteilung des Pekinger 2. Tschangtschia Chutuktu Rolpaidordsche, des lamaistischen Erzbischofs von Peking, die dieser ihm gemacht habe. Dieser habe ihm erzählt, daß Burni bis damals, also um 1732, noch nicht gestorben sei.

Ein Irrtum des Berichterstatters, denkt man zunächst. Eine andere mongolische Chronik aber, deren Fotos Grønbech nach Kopenhagen mitgebracht hat, verfaßt 1739, berichtet auch über den Aufstand des Burni, wie er scheiterte, wie seine Krieger die Flucht ergriffen. Dann aber teilt sie mit, daß sein jüngerer Bruder durch die Hand seines Schwagers, des Tüsiyetü čin wang Schaschin von den Chortschin »gestorben« sei. Vom Tode Burnis kein Wort. Ein anderes mongolisches Geschichtswerk der Kopenhagener Sammlung, das bei den Tsachar selbst entstanden ist und vor allem örtliche Legenden und Überlieferungen wiedergibt, leugnet jede Absicht des Burni, gegen Kaiser Shengtsu zu revoltieren, und berichtet dann, daß Burni »geheim« mit drei Begleitern die Flucht ergreifen und sich nach der nördlichen Mongolei habe durchschlagen können, wo er unerkannt im Khanghai-Gebirge seinen Wohnsitz gefunden habe.

Wer hat nun recht, die chinesischen Geschichtsschreiber oder die mongolische Überlieferung? Entstand hier eine Legende, die sich die mit den Mandschu und ihrer Herrschaft unzufriedenen Tsachar noch im 18. Jahrhundert hinter der Hand zuraunten: »Unser rechtmäßiger Fürst ist nicht tot, er lebt in der Fremde«? Das Volk liebt solche Legenden, wenn Herrscher und Fürstensöhne in Ungnade fielen. Um den Habsburger Erzherzog Johann, der als Johannes Orth mit seinem Schiff auf der Reise nach Amerika an der Seite der geliebten, nicht ebenbürtigen Frau unterging, hat es ähnliche Legenden geknüpft. Aber diesen Überlieferungen muß der Historiker nachgehen, denn oft bergen sie den Schlüssel zu einem Rätsel, enthüllen, was vergangene Generationen bewußt vergessen haben wollten.

Allzumenschliches um Dschingis Khan

Auch in der Frage, woran Dschingis Khan, der große Mongolenherrscher, denn nun wirklich gestorben sei, sind sich die mongolischen Chroniken uneins und weichen zudem noch von der offiziellen chinesischen Geschichtsschreibung ab. Diese offizielle Version berichtet nur, daß der Kaiser 1226 bei der Jagd einen Reitunfall hatte, als dessen Folge sich hohes Fieber einstellte, woran er dann 1227 starb. In den mongolischen Chroniken des 17. Jahrhunderts, die auf viel ältere Geschichtswerke und Traditionen zurückgehen, hält sich aber ständig die Meinung, die schöne Frau Körbeldschin, die »Eidechsengleiche«, habe ihm ein Leid angetan und daran sei der große Krieger gestorben. Dschingis Khan soll nach dem Sieg über die Tanguten – ein buddhistisches Volk mit einer eigenen, wohl der tibetischen verwandten Kultur, das von dem Knie des Hoangho, des »gelben Flusses«, an westwärts und südwestwärts bis an den Himalaja auslaufend, wohnte – die Frau des Tangutenkönigs für sich begehrt haben. Ihn ließ er hinrichten, sie nahm er zur Nebenfrau. Man kann sich gut vorstellen, daß Körbeldschin-goo-a, so hieß die so geehrte tangutische Königin, von dieser Art der Werbung nicht sonderlich erbaut gewesen ist. Auf jeden Fall berichtet eine ganze Reihe mongolischer Chroniken, daß dem kaiserlichen Leib Dschingis Khans, nachdem sie miteinander geschlafen hatten, »Leid geschehen sei«. Körbeldschin-goo-a habe die Flucht ergriffen und sich, von den mongolischen Wachen gejagt, in die Fluten des in der Nähe des Lagerplatzes vorbeiströmenden Gelben Flusses gestürzt, Dschingis Khan aber sei gestorben. Das Leid, das Dschingis Khan geschehen, wird meistens sehr vorsichtig angedeutet. Eine Chronik des frühen 17. Jahrhunderts aber weiß es ganz genau und meldet in aller Deutlichkeit: »Die fürstliche Gemahlin Körbeldschin-goo-a preßte ein Zängelchen in ihr Geschlechtsteil, und nachdem sie das Geschlechtsteil des Herrschers verletzt hatte, ergriff sie die Flucht, stürzte sich in den Hoangho und starb.« Die mongolischen Historiker der nächsten zweihundert Jahre rückten sehr bald von dieser naturalistischen Schilderung der Todesursache des großen Mongolenherrschers ab. Dies geschah um so mehr, als ihr Geschichtsbild nationalistischer wurde. Eine Gestalt, die man einer werdenden Nation als Vorbild und Symbol einer Einigung vorstellt, kann man unmöglich in einer derartigen Situation sterben lassen. Marats Tod in der Badewanne durch den Dolch der schönen Charlotte ist dagegen fast heroisch. So bezeichnet ein mongolischer Historiker um 1775 diese mongolische Judith- und Holofernes-Legende als die böswillige Erfindung der den Mongolen stets feindlich gesinnten Westmongolen. Indschanaschi, der Verfasser der ›Blauen Chronik‹ urteilt ähnlich. Man neigt dazu, die Legende vom Selbstmord der Körbeldschin-goo-a als ganz späte Reminiszenz mit Mädchenopfern an den Gelben Fluß zusammenzubringen, die schon für das dritte vorchristliche Jahrhundert berichtet werden. Für das Motiv der Verstümmelung des Mongolenkaisers hat sich noch keine Erklärung gefunden. Vielleicht ist es wirklich Verleumdung durch die von den Mongolen unterdrückten Chinesen, posthumer politischer Rufmord, was da in der mongolischen Überlieferung Aufnahme gefunden hat. Viele solche Fragen werfen die bis vor kurzem unbekannten mongolischen Chroniken auf.

Aberglauben und Lebensweisheit

Vielleicht noch interessanter sind andere Handschriften, die K. Grønbech und seine Gefährten aus der Inneren Mongolei zusammengetragen haben. Auf kleinen, mit Öl und Fett verschmutzten Zettelchen finden sich hier Niederschriften, die keine exakten historischen Angaben enthalten, aber ein wenig den Schleier lüften, was die Mongolen bis vor wenigen Jahrzehnten dachten, was in ihnen vorging. Es sind Gebete und Sprüche aus dem Brauchtum, das bis in die gegenwärtige Zeit sehr lebendig ist. Man lernt das Wesen eines Volkes weniger aus den Werken der Literatur als aus den anonymen Zeugnissen der Volksliteratur und Volksdichtung kennen. Nichts drückt so sehr die egozentrische Beschränktheit eines besitzenden Bauern aus als etwa der Stoßseufzer eines anonymen Beters, den das aus dem salzburgischen Pinzgau stammende Prozessionslied an den bäuerlichen Feuerpatron St. Florian bewahrt hat:

Heiliger St. Florian
Wasserkübelmann,
Beschütze unsere Häuser,
Zünd andere an!

In diesem Sinne sind die Handschriften der Volksgebete der Mongolen eine Fundgrube für den Forscher, der den Charakter und die Kultur dieser Viehzüchter und Nomaden erkennen will. Zahlreiche Gebete rufen die Mutter des Feuers an. Die Feuergottheit wird vom Mongolen vor allem im Winter angebetet, denn der warmen Glut des Feuers verdankt er das Überleben. Andere Gebete wenden sich an Tsaghan ebügen, den »Weißen Alten«, der den Herden seinen Segen geben, sie fruchtbar und zahlreich machen und vor Räubern, Viehseuchen, plötzlichem Schneesturm und tödlicher Dürre bewahren soll.

In den Wolkengebirgen des Himmels denken sich die Mongolen Geser Khan, den Helden des großen, weitverbreiteten Heldenliedes, wohnend, und auch zu ihm beten sie um Schutz und Segen, vor allem für die Herden. Auf die vergangenen Epochen ihrer Geschichte, als sie noch nach Bedarf und Laune die Chinesen jenseits der Großen Mauer überfielen, deutet in einem dieser Gebete die Bitte:

Sohn des Himmels,
den fürstlichen Leib mit dem Harnisch aus Gold bekleidet,
. . . geruhe beim Raubzug
der Räuber Anführer zu sein!

Andere Manuskripte sind Sammlungen von Liedern und festlichen Sprüchen aus den Hochzeitszeremonien. Die Zeremonienmeister der Hochzeitsfeierlichkeiten, die sogenannten »Chondschin«, haben dieses Brauchtum durch viele Jahrhunderte unverändert bewahrt und in sogenannten »Chondschin Tüke«, Hochzeitsbitter-Büchern, niedergeschrieben. Wieder andere Handschriften geben Anweisungen für das Wahrsagen und das Bestimmen günstiger und ungünstiger Tage. Mein Freund und Kollege, der Engländer C. R. Bawden, der sich gerade mit diesen Losbüchern und den darin beschriebenen Praktiken beschäftigt hat, sagt, es sei fraglich, ob alle diese verschiedenen Vorschriften – an welchem Tage bestimmte Teile der Jurte angefertigt, Brunnen gebaut, Reisen angetreten werden durften – überhaupt beachtet werden konnten. Aber die Vorschriften waren da, und es gab genug Mongolen, die sie zu beachten versuchten und in ihrem Leben davon bestimmt wurden. Der burjätische Dichter Chodscha Namsaraiev beschreibt diese geistige Situation der Mongolen, die bis in die ersten Jahrzehnte unseres Jahrhunderts anzutreffen war: »Sichtbare und verborgene Teufel und Leichengeister, Buddhas und Götter, die Herren der Berge und Felsenklippen, die Wassergeister, böse Vorzeichen, gute Vorzeichen und all solch dummer Aberglaube unterdrückte sie. Und dazu gab es noch eine schreckliche Menge von Sehern, weisen Männern und Quacksalbern und ebensolchen Lamamönchen und Schamanen, die sie terrorisierten und ihnen dafür Gold und Silber abnahmen.«

Von der Lebensweisheit der Mongolen berichten wieder andere Handschriften mit weisen Lehrsprüchen und Regeln: wie der gute Mann, wie der gute Fürst, wie Sohn und Tochter beschaffen sein sollen. Ihnen wird gegenübergestellt, wie man nicht sein, wie man sich nicht verhalten soll. ›Die Geschichte des klugen Papageien‹, ›Der klare Spiegel‹, ›Der Tropfen, der den gewöhnlichen Mann nährt‹ – Handschriften mit diesen Titeln liegen in der Kopenhagener Sammlung nebeneinander und enthalten viele hausbackene, aber auch manche tiefe Erkenntnisse.

Wenn du noch klein bist,
Sollst du nicht trinken Branntwein und Wein!
Wenn du Schnaps trinkst und bist betrunken,
Wirst du von allen verlacht!

heißt es in der einen, und in einer anderen:

Selbst wenn du die Kuh,
das dumme Tier, belehrst,
wird es nicht auf des Kamels Pfad gehen!

Manchmal aber sind die moralistischen Lehrschriften von einer derartigen Anschaulichkeit, wie sie sonst nur in Schriften der europäischen Barockdichtung anzutreffen ist. Eine dieser mongolischen Schriften erörtert so die Vorzüge der guten und die Nachteile der schlechten Frau:

Zum Achten sind die Weiber, die nicht anzusehen;
Haare haben sie dem Igel gleich,
Ihr Leib riecht wie ein Tier,
Sie reden, wie die Eule schreit.
Zum Neunten sind die Weiber, mit denen keiner schläft,
Dem Waschen sind sie abgeneigt,
Sind scheckig wie ein Bock und ihre Lippen hängen.
Zum Zehnten dann die Weiber, die sich keiner nimmt;
Ihr Haus ist wie ein Schweinepferch.
Das Wesen haben sie von einer Hündin
Und Mund und Lippen vom Kamel.
Zum Elften dann die Weiber, die zum Speisen so schlecht,
Streitsüchtig sind sie wie die Wachteln.
Ihr Hintern ist ganz riesengroß und
Viele Filzlausnester hat es da.

Dies könnte von Abraham a Sancta Clara oder auch von François Villon sein. Aber es ist das Werk eines unbekannten mongolischen Dichters, und es wird noch zu untersuchen sein, ob und welche Beeinflussung aus Vorderasien, aus den weiberfeindlichen Gedanken vorchristlicher Wüstenasketen hier vorliegen, die über syrische Reisende eingedrungen sein könnten.

Reise zu den Höllenqualen

Dann sind da noch die zahlreichen Handschriften von Erzählungen. Da liegen die Niederschriften tsachar-mongolischer Volkserzählungen, die Grønbech von Lhisurun, jenem pfiffigen Tsachar-Jungen anfertigen ließ, von dessen Arbeit er in seinem Tagebuch erzählte; fünf Varianten der Ardschi-Bordschi-Geschichten, die Geschichten »wie der sehr weiße Lama und der Gesetzeskönig Ardasidi ihre Meinungen ausgetauscht haben«, die ›Geheimen Belehrungen‹, die zeigten, wie die Mongolen die Motive der persischen Novelle vom Prinzen Ardasin oder Artaxerxes umgeformt haben, daneben die vielen Bände der mongolischen Bearbeitung der Novelle ›Shih Kung-an‹, die die Abenteuer des Richters Si mergen erzählt. Si mergen, oder mit seinem chinesischen Namen Shih lüen genannt, war ein Richter des chinesischen Kaisers Kanghsi, der nicht nur Gerichtsfälle entschied, sondern die Banditen selbst bekämpfte, von ihnen gefangen wurde, wieder entkam und schließlich vom Kaiser hohe Ehrungen erhielt: der mongolische Kriminalroman des 18. Jahrhunderts.

Mit bunten Bildern versehen ist eine prachtvolle Handschrift der Geschichte ›Wie der heilige, ganz vollkommene Molon toyin seiner Mutter die erwiesenen Wohltaten zurückgab‹, eine Höllenfahrtsgeschichte. Sie schildert, auf buddhistische Vorbilder zurückgehend, die seit dem dritten nachchristlichen Jahrhundert bekannt sind, wie Molon, ein reicher junger Mongole, nach dem Tode der im Leben sündigen Mutter Mönch wird und Kraft seines Gebetes diese in den heißen und kalten Höllen suchen darf, bis sie erlöst wird.

Auch Dante war von dieser Geschichte bei der Schilderung der Höllen in seiner ›Divina Commedia‹ beeinflußt.

Das mittelalterliche lateinische Volksbuch ›Visiones Georgii‹, das um 1353 entstand, berichtet von einer Höllenfahrt des ungarischen Ritters Georg, den auf der Suche nach seiner Mutter St. Michael durch das Fegefeuer führt. Zufälligkeit der Themen oder Beeinflussung? Auf jeden Fall hat das Thema der Höllenfahrt die mongolischen Erzähler und Zeichner immer wieder angeregt. Es gibt von dem mongolischen Volksbuch eine Reihe von illustrierten, mit farbigen Miniaturen verzierten Handschriften. Die Kopenhagener Handschrift ist eine der schönsten. In einer naiven Manier schildert der Künstler die Qualen der Feuerhöllen und der Eishöllen. Rot flammt das Höllenfeuer, grünblau und in Verwesungsfarben drohen die Eisfelsen der kalten Höllen. In naiver Genauigkeit wird die Höllenpein geschildert, der die Sündigen von verschiedenen gehörnten, mit Tierköpfen versehenen Teufeln und Höllengehilfen unterworfen werden. Da werden Leiber zersägt und auf spitze Blätter gespießt, da spritzt hellrotes Blut, da werden Leiber zwischen Felsen und Eisblöcken zerdrückt, wird Lügnern die Zunge aufgepflügt, Schamlosen die Scham zerrissen. Aber all dies wird nicht aus der Freude am Schmutz, an der Qual dargestellt, sondern aus einer naiven Erzieh- und Erzählfreude.

Die Mongolen kennen nicht viele illustrierte Handschriften, aber diejenigen, die bekannt sind, zeichnen sich ebenso wie die Holzschnitte durch große Kuntfertigkeit aus, durch eine kindliche Transparenz und Einfachheit der Darstellung. Das Pornographische ist höchst selten. In allen mongolischen Handschriften, die ich in der Hand gehabt habe – und das sind einige Tausend –, habe ich nur einmal eine Darstellung eines nackten Paares vor dem Koitus gesehen. Und das war nicht in einem pornographischen Werk, in einem Liebeshandbuch, sondern in einem Losbuch, einem Handbuch in kalmückischer Schrift, das die günstigsten Tage für den Verkehr von Ehegatten vorausbestimmte.

5. Kapitel

Die Tragödie des letzten Großkhans

Der unbequeme Ligdan Khan

Auch nach dem Zusammenbruch der mongolischen Herrschaft über China, der Yüan-Dynastie, und der Austreibung der Mongolen im Jahre 1368 haben sich Titel und Amt des Großkhans gehalten. Der erstgeborene Sohn der Linie des letzten Yüan-Kaisers Toghon temür (gest. 1270) führte stets diesen Titel. In den zweihundert Jahren bis Ligdan Khan stand hinter Titel und Amt meist keine Macht. Der Großkhan war Primus inter pares, mehr das Familienoberhaupt einer exklusiven Familie von Nachkommen kaiserlichen Geblütes als ein mächtiger Herrscher wie der Ahnherr Dschingis Khan. Aber dessen Segen, das Charisma der Großkhan-Würde, hob den jeweiligen Träger dieses Titels über die anderen Fürsten. Es lag am einzelnen, ob er zum Titel auch Macht gewann. Den meisten Großkhanen der Mongolen des 15. und 16. Jahrhunderts gelang das nicht. Dschasakhtu Khan delegierte die Macht an einen Verwandten, an Altan Khan vom Stamm der Tümet (1507–1583). Der machte in klugen Feldzügen gegen Chinesen und Tibeter die Mongolen wieder zu einer ernsthaften Bedrohung der Nord- und Nordwestgrenze Chinas, holte buddhistische Mönche aus Tibet ins Land und förderte die Bildung einer neuen mongolischen Geistigkeit. Unter ihm erreichte eine Entwicklung ihren Höhepunkt, die schon unter Dayan Khan, dem

Großkhan von 1480 bis 1483, begonnen hatte. Dayan hatte die Mongolen von der Oberherrschaft der westlichen Mongolenstämme befreit. Unter Altan kam es zu einer Renaissance der Mongolen als politischer Macht. Aber Altan Khan strebte nicht nach der Würde des Großkhans. Die lag immer bei den Tsachar-Fürsten. Als der Großkahn Dschasakhtu Khan 1604 starb, fiel die Würde auf seinen Enkel Ligdan, den Erstgeborenen seines schon jung verstorbenen Sohnes Mangghus taidzi.

Im Leben Ligdans, dieser tragischen Gestalt der mongolischen Geschichte, ist ein Bruch, der geheimnisvoll und ungeklärt ist.

Ligdan war siebzehn Jahre alt, als er 1604 Großkhan wurde. Der Lamaismus, seit 1578 wieder unter den Mongolen in einer neuen Blüte, scheint den jungen Herrscher stark angezogen zu haben. Er empfing verschiedene religiöse Weihen durch die führenden Geistlichen seiner Zeit, baute binnen eines Jahres zahlreiche Klöster, gab reichliche Spenden an die Kleriker. Als seinen geistlichen Berater und Hauskaplan holte er sich den Scharba Chutuktu, die Verkörperung der leiblichen Wiedergeburt der Sa skya pa-Hierarchen, der einstigen Regenten Tibets unter den Mongolenkaisern der Yüan-Dynastie. Sehr bald erhielt er als Großkhan den Ehrentitel »Chutuktu Khan« – der »gesegnete Khan« – und man wollte in ihm eine Wiedergeburt des größten der Mongolenkaiser Chinas, des Khubilai Khan, sehen (1260–1292), der den Titel »der gesegnete Khan« als erster von den lamaistischen Priestern verliehen bekommen hatte. Ligdan galt als einer der großen Patrone des Buddhismus, und als seine große religiöse Tat gilt der Befehl zur Übersetzung des lamaistischen Kanons, des Kandjur, aus dem Tibetischen in das Mongolische.

Der Scharba Chutuktu, zum Hofkaplan ernannt, brachte aus Tibet die goldene Statue einer buddhistischen Gottheit, eines Mahakala mit, die Kaiser Khubilai erst im 13. Jahrhundert den Sa skya pa-Hierarchen in Tibet als kaiserliches Geschenk überreicht hatte. Hier sollte es nun dokumentieren, daß die lamaistische Kirche Ligdan Khan als die leibliche und geistige Wiedergeburt Khubilais ansah. Was für die lamaistische Kirche in ihrem neuen wiedererworbenen Missionsgebiet Mongolei eine geschickte Geste, eine fast zu naive Schmeichelei fürstlicher Eitelkeit war, bedeutete für Ligdan, den Träger der Großkhanwürde, mehr, nämlich die Verpflichtung zur Macht. Sehr bald nannte er sich auch Dschingis Khan wie sein Ahnherr.

Ligdan besaß zweifellos in größerem Maße als die anderen mongolischen Fürsten seiner Zeit politischen Weitblick. Früh schon erkannte er, daß die aufstrebende Macht der Mandschu, dieses tungusischen Stammes, der von einer kleinen Basis im Osten der Mandschurei ausgehend die Eroberung des chinesischen Reiches begonnen hatte, eine ernste Gefährdung seiner Pläne und eine Bedrohung der mongolischen Unabhängigkeit bedeutete. Stärker als jeder Großkhan vor ihm begann er daher, die zentrale Gewalt des Großkhanats zu betonen. Die Chortschin, der den Mandschu am nächsten wohnende Stamm, mit diesen seit dem frühen 16. Jahrhundert durch Heiratsbande verschwägert, wurden von ihm mit Waffengewalt daran erinnert, daß sie Mongolen waren und letztlich ihm, dem Großkhan, unterstanden. Je mehr er, von einem festen Lager aus – der Stadt bei der alten Liao-Pagode am Hsingan-Gebirgskamm –, die Zügel seiner Herrschaft anzuziehen versuchte, desto mehr brachte er die anderen mongolischen Fürsten gegen sich auf. Was für ihn die Erneuerung der alten mongolischen Einigkeit und Macht, der alten Macht der Ahnherren war, erschien den andern Fürsten als übertriebener Machtanspruch und Überschreitung der Stellung des Primus inter pares. So fielen die mongolischen Stämme, einer nach dem anderen, von ihm ab. Zuerst sagten sich die den Mandschu am nächsten lebenden los, dann unterstellten sich auch die entfernteren den Mandschu. Sie alle gaben das Machtstreben Ligdan Khans, die Verletzung von Recht und Sitte durch ihn, als Grund ihres Abfalles an. Im Notenwechsel mit den Mandschu nannte Ligdan sich selbst Herr über vierhunderttausend Mongolen. Berichtigende

Antwortschreiben der Mandschu, die ihm vorrechneten, daß nur ein geringer Teil der Mongolen außer den ihm angestammten Tsachar ihm folge, beachtete er nicht. Was die Überläufer zu den Mandschu von seinen Rechts- und Sittenverletzungen berichteten, ergänzt das Bild eines eigensinnigen, egoistischen Fürsten. Von der Kriegsbeute aus Schlachten gegen die Mandschu oder aus Raubüberfällen über die Große Mauer in das dichtbesiedelte chinesische Gebiet Amein behielt er stets das Beste für sich. Selbst rechtmäßige Beute anderer mongolischer Fürsten nahm er diesen ab, wenn er daran Gefallen fand. Seine Töchter, die er an verschiedene mongolische Fürsten anderer Stämme verheiratet hatte, waren so hochmütig, daß sie ihre Ehemänner unter Hinweis auf ihre bessere und höhere Abstammung verprügelten. Die Mandschu streuten das Gerücht aus, er opfere Kriegsgefangene den Göttern seiner Feldzeichen. So zeichnet ihn der Feind, der ihn später besiegte.

Nur ein marmorner Mühlstein blieb übrig

Von ihm selbst ist wenig erhalten, was dieses Bild berichtigen könnte. Der Inschriftenstein, den er 1626 in Tsagan suburga, der weißen Pagode im heutigen Bagharin-Gebiet, seinem damaligen Hauptquartier, errichten ließ, als dieses alte, von weitem sichtbare Marmorbauwerk aus dem 11. Jahrhundert restauriert worden war, ist verschwunden. 1895 stand er noch aufrecht. 1920 fand ein belgischer Pater noch einen Mühlstein, der aus dem weißen Marmor des Inschriftsteines gehauen war. Als ich 1941 längere Zeit in Tsagan suburga mein Zelt aufgeschlagen hatte, suchte ich sorgfältig das weite Wallgeviert und das Gemäuer des fast verfallenen Klosters nach Resten dieser Inschrift ab. Aber ich konnte nichts mehr davon entdecken. Eine Steinabreibung dieses einzigartigen Dokumentes, die der russische Mongolist Pozdneev anfertigen ließ und die sich in Leningrad befinden soll, ist wohl das einzige, was von dieser Inschrift Ligdan Khans erhalten ist. Sie zeigt ihn als den großen Förderer des Buddhismus, der den Scharba Chutuktu im feierlichen Zuge an den Ort brachte, wo die Kandjur-Übersetzung durchgeführt werden sollte.

Sonst gibt es nichts mehr, was direkt an Ligdan Khan erinnert. Der burjätische Reisende Zamcarano will 1910 in Saratschi, einer kleinen Siedlung bei Kueihua, in der Nähe des Gelben Flusses, in einem Tempel noch ein Bild Ligdan Khans und sein Feldzeichen gesehen haben. Auch davon hat man nichts mehr gehört. In den ersten Jahren des chinesisch-japanischen Krieges versuchten rotchinesische mongolische Partisanen die Sülde, das Feldzeichen des Khans, aus den Tempeln bei Saratschi zu entführen. Projapanische Mongolen und japanische Truppen verhinderten das. Was aus dem Feldzeichen wurde, ob es überhaupt Ligdan Khans Feldzeichen war, um das in den Jahren von 1939 bis 1941 der Kampf im Gebiet von Saratschi ging, ist unbekannt.

Auf jeden Fall steht fest, daß bald nach 1626, nachdem Ligdan Khan die große Inschrift an der weißen Pagode hatte errichten lassen, die ersten Stämme von ihm zu den Mandschu übergingen. 1628/29, als die Kandjur-Übersetzung durchgeführt wurde, fielen auch schon die Stämme der Bagharin und Charatschin, in deren Gebiet die Redaktionskommission in Tsagan suburga arbeitete, von ihm ab. Ob es das Scheitern seiner großen Pläne eines mongolischen Reiches unter seiner Führung war, das seinen inneren Zusammenbruch herbeiführte, wissen wir nicht; vielleicht sollte ich sagen: wir wissen es noch nicht. Möglicherweise bewahren irgendwelche Handschriften auch die Antwort auf dieses Geheimnis. In jener Zeit muß aber das geschehen sein, was auch ihm freundliche mongolische Geschichtsquellen und Überlieferungen von ihm berichten. Sie sagen alle aus, daß sich plötzlich sein Sinn verwirrte. Er habe seinen Frauen damit großen Kummer bereitet und seinen alten religiösen Berater und Kaplan, den Scharba Chutuktu, von sich gestoßen. Und dann sei er nach dem Westen gezogen, um Tibet zu erobern und der Religion ein Ende zu bereiten. Für den Westzug hatte er gute Gründe gehabt. Von seinen Anhängern im Osten der Mongolei, die zu den Mandschu übergegangen waren, verlassen, mußte Ligdan sich auf die von mandschurischem Einfluß noch unberührten mongolischen Stämme im Westen, rund um das Knie des Gelben Flusses, zu den Tümet von Kueihua und den Ordus in der Ordus-Wüste zurückziehen. Er nahm seinen Stamm der Tsachar mit sich. So konnte er hoffen, mit dieser neuen Heeresmacht die Flankenbewegung der mandschurischen Armee quer durch die Innere Mongolei zum Stehen zu bringen, die gegen die in Mittelchina noch unerschütterte Herrschaft der Ming-Dynastie gerichtet war.

Aber auch hier widersetzten sich die östlichen Fürsten dem Machtanspruch der Zentralgewalt des Großkhans. Wiederum forderte Ligdan die anderen Regenten heraus. Nachdem seine Truppen in Kueihua erschienen waren, wurden dort die Lebensbedingungen so schlecht, daß die Mönche der buddhistischen Klöster ihre Stiefelschäfte kochten. Viele ergriffen die Flucht nach Osten, dem nachfolgenden Heere der Mandschu entgegen. Dem regierenden Fürsten der Ordus nahm er die Frau weg, weil sie ihm gefiel. Dies ist zweifellos kein Weg, um Verbündete zu gewinnen oder sie bei der Stange zu halten. Die Ordus-Mongolen bewahrten der Überlieferung zufolge die Reliquien Dschingis Khans und seiner Gattin in einer Gedächtnisstätte, den »Acht weißen Zelten« auf. Jeder Großkhan hatte sich, soweit es ihm räumlich oder zeitlich möglich war, vor diesen Ahnenreliquien seine Würde bestätigen lassen. So auch Ligdan Khan. Aber danach nahm er den Ordus die Reliquien, die weißen Zelte und das Opfergerät weg.

Vor der herannahenden Mandschu-Armee zog sich Ligdan Khan weiter westwärts an den Kukunor, an die tibetische Grenze zurück. Als ihn unterwegs Krankheit und Gewissensbisse bedrückten, sandte er die Reliquien des großen Ahnen an die Ordus-Mongolen zurück. Der Rest ist kurz erzählt. Während er 1634 am Kukunor lagerte und dort versuchte, mit tibetischen Anhängern der alten, nichtreformierten buddhistischen Sekten ein Bündnis zu schließen, starb er. Die Reste seines Stammes, seine Frauen und Söhne ergaben sich den nachdrängenden Mandschu-Truppen.

Das große Übersetzungswerk

Soweit das Bild eines Mannes, das die Geschichte bisher von ihm zeichnete: ambitiös, hart, hochmütig und von der eigenen Sendung, ein mongolisches Reich zu bauen, getragen, vom Willen beseelt, der größte Kirchenpatron zu sein, größer als die Vorgänger, größer als Altan Khan, der Förderer der buddhistischen Neubekehrung der Mongolen. Hinter dem Plan der Kandjur-Übersetzung dürften mehr politische als religiöse Motive gestanden haben. Sie sollte die Mongolen von der Leistung Ligdan Khans überzeugen. Dazu war jedes Mittel recht.

Das religiöse Schrifttum des Buddhismus war schon sehr früh, im 1. Jahrhundert, gesichtet, und die Spreu vom Weizen gesondert worden. Alles was man für wichtig hielt, wurde in einer großen Sammlung zusammengestellt, die sehr bald ins Tibetische übersetzt und in Tibet mehrmals vergrößert und neu angeordnet wurde. Die so entstandene Sammlung von der lamaistischen Kirche anerkannter Gebete, Traktate, Lehrschriften, Gehorsams- und Mönchsregeln wurde Kandjur genannt. Nachdem die mongolischen Kaiser Chinas im 13. Jahrhundert auch den Lamaismus angenommen hatten, sollen sie auch die Übersetzung dieser großen Sammlung von mehr als 1100 Werken ins Mongolische befohlen haben. Ob dieses große Unternehmen jemals ausgeführt wurde, ist fraglich, zumindest liegen keine Teile dieser Sammlung in mongolischer Übersetzung vor. Trotzdem gibt es eine mongolische Übersetzung des buddhistischen Kanons. Die Nachworte fast aller Werke dieser mongolischen Übersetzung preisen Ligdan Khan der Tsachar, den letzten Träger der Großkhanwürde. »Herrscher aller Herrscher der Menschen, Verkörperung Dschingis Khans, Verkörperung des Khubilai Khan, Verkörperung des Weltenherrschers, der das Rad der Religion in Umdrehung erhält«, als den mongolischen Fürsten, unter dessen Leitung und durch dessen Initiative das große Übersetzungswerk zustande gekommen ist. Ein mongolisches Geschichtswerk nennt als die Zeit, in der diese Übersetzungsarbeit durchgeführt wurde, 1628 bis 1629. 35 mongolische und tibetische Schriftgelehrte und Mönche unter Leitung des Kundgah odser sollen in dieser kurzen Zeit die mehr als 1100 Werke aus dem Tibetischen in das Mongolische übersetzt haben. Die Jahreszahlen, die gelegentlich in den Ligdan Khan preisenden Nachworten genannt werden, bestätigen dieses Datum von 1628 bis 1629.

500 mexikanische Silberdollar fehlten

Die Übersetzung wurde in Abschriften verbreitet. Das Exemplar für Ligdan Khan war in Goldschrift auf blauem Grunde geschrieben. Der mongolischen Überlieferung zufolge soll es noch um 1817 herum erhalten und im Besitz eines der Fürsten des Stammes der Keschigten in der östlichen Mongolei gewesen sein. Seither fehlt jede Nachricht über diese Prunkhandschrift. Aus einem Hinweis in einer Kandjur-Handschrift, die in Leningrad aufbewahrt ist, wissen wir, daß neben dieser Prunkhandschrift in goldener Schrift fünf gewöhnliche Abschriften zur Zeit der Fertigstellung des Werkes angefertigt worden sind. Keine davon ist gefunden worden. Als Cyben Zamcarano, ein gelehrter Burjäte, 1910 in die Mongolei reiste, fand er in einem Kloster eine Manuskriptkopie der Übersetzung des Ligdan Khan-Kandjur, die augenscheinlich dem Redaktionskomitee als Arbeitsunterlage gedient hatte, denn Verbesserungen waren mit roter Pinselschrift neben den durchgestrichenen, beanstandeten Worten eingetragen, ganze Passagen waren durchgestrichen. 500 mexikanische Silberdollar, das damals in China gebräuchliche Zahlungsmittel, die der sowohl korrupte wie geschäftstüchtige Abt des Klosters für die ganze Kandjur-Handschrift von mehr als 108 Bänden forderte, war für die magere Reisebörse des burjätischen Gelehrten zu hoch. Er konnte die Handschriftenbände daher nicht erwerben, und sie blieben in der Inneren Mongolei zurück. Seither hat man nichts mehr von dieser Handschrift gehört.

Nachdem die Chalcha-Mongolen in der Äußeren Mongolei ihre politische Unabhängigkeit 1923 von China erlangt hatten, gründeten sie ein wissenschaftliches Komitee, das die Erforschung ihrer Heimat durchführen sollte. 1961 ist aus diesem Komitee die »Akademie der Wissenschaften der Mongolischen Volksrepublik« geworden. Als Dschamjang gung, der erste Vorsitzende und der Begründer dieses Wissenschaftlichen Komitees, 1923 nun in Durchführung seiner Aufgaben im Grenzgebiet zwischen der Inneren Mongolei und der Äußeren Mongolei reiste, fand er in einem Kloster des Gebietes neben einem alten Manuskript der ›Gelben Geschichte‹, eines Geschichtswerkes aus der Mitte des 17. Jahrhunderts, dort auch Teile einer Kandjur-Handschrift vor, die aus der Zeit des Ligdan Khan stammen sollte. Während er das Manuskript des Geschichtswerkes mit sich nahm, ließ er unglücklicherweise die anderen Handschriften zurück. Auch von ihrem Verbleib hat man nichts mehr gehört. So kam also einem Band einer Kandjur-Handschrift, als er sich in Kopenhagen fand, schon einiges Interesse zu.

Hundert Jahre nachdem die mongolische Kandjur-Übersetzung 1628 bis 1629 in dieser Fassung, angeblich unter Ligdan Khan, durchgeführt worden war, ließ der Mandschu-Kaiser Kanghsi (1718–1720) die Übersetzung des Ligdan Khan von einem Gremium aus allen Klöstern der Mongolei zusammengerufener lamaistischer Gelehrter nochmals überprüfen, sprachlich verbessern und das ganze Werk von 1055 einzelnen Titeln in 108 Bänden in hölzerne Druckplatten schneiden und drukken. Der ganze Druck umfaßte 40008 beidseitig bedruckte

Blätter von ungefähr 35 cm mal 70 cm Größe. Diese Zahlen geben Anlaß nachzurechnen, wie viele Druckseiten jeder der 35 Übersetzer Ligdan Khans in dem kurzen Zeitraum übersetzt haben müßte: Es entfallen auf einen 2287 Druckseiten. Dies entspricht einer noch höheren Zahl von Handschriftenseiten. Und jeder dieser Männer hätte diese Riesenarbeit in der kurzen Zeit von 1628 bis 1629 geleistet? Diese Rechnung ist genug Grund, die Durchführung des großen Übersetzungswerkes in etwas mehr als einem Jahr anzuzweifeln.

Bewußter Schwindel

Das Manuskript in der Kopenhagener Bibliothek verstärkte den Zweifel zum Verdacht. Von 23 Tantra-Übersetzungen waren, den Angaben der Nachworte zufolge, zwölf das Werk eines gewissen Mati bhadra siri badra toyin tschordschi, der sich oftmals auch einfach Toyin tschordschi nannte. Die drei letzten Werke des Bandes hatte dieser gemeinsam mit Kundgahodzer, dem Leiter des Redaktionskomitees der Ligdan Khan-Zeit übersetzt. Soweit war alles klar. Der Toyin tschordschi war noch aus anderen Werken der Kandjur-Übersetzung als einer der Übersetzer bekannt.

Ein Vergleich mit dem Kandjur-Druck, der unverändert den Kandjur des Ligdan Khan wiedergibt, zeigte allerdings ein anderes Bild. Hier fanden sich nun in einem anders numerierten Band des Druckes neun der gleichen Tantra-Übersetzungen des Toyin tschordschi. Die drei Übersetzungen, die er der alten Handschrift zufolge gemeinsam mit dem Leiter des Redaktionskomitees angefertigt hatte, fanden sich aber in einem ganz anderen Bande des Kandjur-Drucks und nannten Samdan sengge, ein anderes Mitglied des Redaktionskomitees von 1628/29, als Übersetzer. Der gleiche Name fand sich im Druck auch bei vier weiteren Tantra-Übersetzungen erwähnt, die in der Handschrift ohne jede Übersetzungsangabe waren. Hier stimmte doch etwas nicht.

Es konnte dies nur heißen, daß Toyin tschordschi, wie der Titel Toyin besagte, ein lamaistischer Mönch aus einer mongolischen adeligen Familie, diesen sechsten Band eines Kandjur schon vor der Einberufung des Redaktionskomitees durch Ligdan Khan übersetzt hatte. Dieses Redaktionskomitee hatte dann einen Teil seiner Übersetzungen beibehalten und für einige andere dieser Tantra nicht seine Übersetzungen, sondern die des Samdan sengge vorgezogen. Oder sollte man einfach einen Teil der Übersetzungen des Toyin tschordschi dem Samdan sengge zugeschrieben haben? Auf jeden Fall deutete der Fund dieser Handschrift darauf hin, daß Teile des Kandjur schon in den Jahrzehnten vor 1628/29 übersetzt worden waren und das Übersetzungsgremium der 35 wohl mehr ein Redaktionskomitee gewesen war und keineswegs selbst alle Übersetzungen angefertigt hatte. Und Samdan sengge? Er wurde in fast all den Nachworten und Übersetzungsvermerken genannt, die Ligdan Khan besonders lobten und seine Taten und Leistungen für die Ausbreitung und Festigung des Buddhismus unter den Mongolen des frühen 17. Jahrhunderts nannten und priesen.

Ich dachte daran, daß B. Vladimircov, ein russischer Gelehrter, 1926 schon das Nachwort der mongolischen Übersetzung der Biographie von Tibets großem mystischen Wanderer und Heiligen Milaraspa, wie es sich im Kandjur-Druck findet, mit der sonst damit völlig übereinstimmenden Übersetzung in einer alten Kandjur-Handschrift verglichen hatte, die in Leningrad aufbewahrt ist. Das im Wortlaut sonst gleiche Nachwort der Leningrader Handschrift nannte Namudai secen Khan, den Großkhan der Mongolen, der von 1565 bis 1624 gelebt hatte, als den Mäzen, zu dessen Ehren, auf dessen Wunsch und mit dessen Geld die Übersetzung angefertigt worden war. Das gleiche Nachwort des gleichen Werkes im Kandjur-Druck hatte den Namen dieses Förderers getilgt. An seiner Stelle hatte man Ligdan Khans Namen gesetzt. War dies eine bewußte Fälschung? Paßte sie zum Wesen dieses mongolischen Fürsten?

Zwei Handschriften aus Bremen

Der Zufall sollte bald den Verdacht weiter bestärken, daß Ligdan Khan sich bei der Kandjur-Übersetzung aus propagandistischen Gründen mehr zuschreiben ließ, als ihm zukam. Die besten Funde macht immer der Zufall! In all den Jahren, da ich nach mongolischen Handschriften suche, bin ich immer von dem Gedanken ausgegangen, daß einer der besten Fundorte außerhalb der Mongolei Europa sein müsse. Die meisten der Reisenden im offiziellen Auftrag, Kaufleute, Diplomaten, Monteure, Berater und Globetrotter, die seit den Boxerwirren von 1900 und der darauffolgenden Öffnung Chinas für einen intensiveren Reise- und Touristenverkehr irgendwo in Nordchina an Land gegangen waren, brachten sich Andenken an die kurze oder lange Zeit ihres Aufenthalts mit. In vielen Fällen waren dies Kunstgegenstände, und ein gar nicht kleiner Teil der ostasiatischen Kunstsammlungen verdankt das eine oder andere hervorragende Zeugnis chinesischer Kunst einem solchen Käufer. Das meiste allerdings war mittelmäßiges Kunsthandwerk, manchmal sogar Kitsch. Warum aber sollte der eine oder andere, von der fremdartigen Schönheit der Schrift und den oftmals herrlichen Brokat- oder Seideneinbänden angezogen, nicht auch einmal eine mongolische Handschrift mitgebracht haben? So entsann ich mich eines älteren Studiengefährten, der vor Abschluß seines Studiums, einige Jahre vor Ausbruch des Zweiten Weltkrieges, in China und Japan gewesen war. Von seiner Reise zurückgekehrt, zeigte er mir stolz seine Bücher. Darunter waren auch mongolische Handschriften. Der Krieg kam, wir verloren uns aus den Augen. Nach dem Kriege hörte ich, er sei in Bremen, habe dort eine Wirkungsstätte gefunden. Wer dachte damals daran, daß jemand seine Bücher unvernichtet wiedergefunden haben könnte. Ich dachte immer wieder an ihn, kam aber nie nach Bremen. Bis eines Tages der alte Studienfreund selbst vor mir stand. Geschäfte hatten ihn in meine Universitätsstadt geführt. Langsam tastete ich mich an die

Frage nach seinen Büchern heran. Ja, die seien Gott sei Dank gut über den Krieg gekommen. Auch seine ostasiatischen Bücher und Erinnerungsstücke? Ja, auch die. Ich wagte die Frage, ob ich sie mal sehen dürfte, falls er selbst nicht damit arbeiten wolle. Nein, das sei unter anderem auch ein Grund seines Kommens – wenn ich die Bücher sehen wollte, möchte ich doch nach Bremen kommen. Eins kam zum anderen, und wenige Wochen später schon saß ich im Zug, der durch braungraues, herbstliches Nebelwetter und Regen nach Bremen fuhr.

Mein Studienfreund holte mich ab, wir fuhren zu ihm, ich verlebte einen gemütlichen Abend in seiner Familie. Bevor ich aufbrach, konnte ich seine Bücher sehen. Es waren auch einige mongolische darunter. Zwei von ihnen, die ihrem äußeren Anschein nach alt waren, bat ich abends noch auf mein Zimmer mitnehmen zu dürfen, um sie mir näher anzusehen. Ich fragte meinen Studienfreund, wie er in den Besitz dieser alten Texte gekommen sei. Er habe das eine Manuskript in Kalgan, das andere in Peking beim Antiquitätenhändler gekauft, war die Antwort.

Ich konnte unmöglich in Ruhe schlafen gehen, ohne die beiden Manuskripte näher angesehen zu haben. Das eine war ein dickes Heft aus doppelten Blättern im chinesischen Stile, festes Papier mit groben blauen Linien bedruckt, das ganze in grobes, graubraunes Leinen gebunden. Auf dieses waren tibetische Schriftzeichen aufgedruckt; abgegriffen und verwaschen, waren sie kaum mehr leserlich. Es schien so, als ob vor etwa zweihundert Jahren ein Mongole in einem der Grenzmärkte ein Heft erstanden hatte, das die chinesischen Händler als Kassenbuch benutzten und es dann zu Hause mit den Resten einer tibetisch bedruckten Gebetsfahne eingebunden hatte. Solche mit Wünschen, Segens- und Zaubersprüchen bedruckte Stoff-Fahnen pflegten noch vor kurzem vor den mongolischen Zelten zum Schutze ihrer Bewohner an langen Stangen im Winde zu wehen. Der Inhalt war, soviel ich im ersten Augenblick ausmachen konnte, eine philosophisch-moralisierende Schrift. Ich schaute nach einem längeren Nachwort, das Auskunft über Werk, Verfasser und Übersetzer geben würde. Da war keines. Nur der Name des Übersetzers war angegeben. Dai gung sikü guosi. Der Name war mir unter den 35 Übersetzern des Kandjur Ligdan Khans schon begegnet.

Das zweite Manuskript war eines dieser großen, unhandlichen Werke im Querformat, wie sie in den lamaistischen Klosterbibliotheken zu finden waren. Zerrissener, vergilbter grünlichblauer Brokat bedeckte die festen Außendeckel, die Schrift des Manuskriptes war altertümlich. Was war es? Wieder eine Sammlung von Gebeten? Doch gleich auf der ersten Seite war ein Titel angegeben: Sanskrit und Tibetisch in mongolischer Schrift, dann die mongolische Übersetzung des Titels: ›Beschreibung der diesseitigen Welt‹. War es eine der lamaistischen Weltbeschreibungen, die einen Eindruck von den Weltvorstellungen dieser Religion vermittelt, oder am Ende gar ein geographisches Werk? Sorgfältig blätterte ich Seite für Seite der umfangreichen Handschrift um und suchte nach einem Kaptitelschluß oder Nachwort. In der Mitte des Werkes fand sich ein Übersetzer genannt: Mayidari dayigung dayun günding quosi. Auch seinen Namen kannte ich aus der Liste der Übersetzer des Kandjurs der Ligdan Khan-Zeit. Die Sache wurde interessant. Auf der nächsten Seite begann ein neues Werk. Sein Titel lautete: ›Wie die diesseitige Welt eingerichtet ist‹. Am Schluß war ein anderer Übersetzername angegeben: Daigüng sikü guosi. Der Name war doch auch als Übersetzer der philosophischen Schrift genannt gewesen? Ich verglich nochmals, es stimmte. Soviel stand zunächst einmal fest: ich war auf drei Übersetzungen von Werken durch Gelehrte der Ligdan Khan-Zeit und Mitarbeiter an der Kandjur-Übersetzung gestoßen, die nicht im Kandjur enthalten waren.

Am andern Tag nahm ich die Handschriften mit, um sie in Ruhe in meinem Arbeitszimmer lesen und mit Hilfe der nötigen Handbücher identifizieren zu können. Sehr bald stellte sich heraus, daß das dicke Heft die Übersetzung eines Kommentares zu der belehrenden Sanskrit-Spruchsammlung ›Subhasitaratnanidhi‹ des 12. Jahrhunderts war, deren Parabeln und Tiergeschichten sich bei den Mongolen in viele Märchen verwandelt haben.

Die beiden Werke über die Welt waren tatsächlich, wie sich ergab, als ich sie miteinander verglich, zwei verschiedene Übersetzungen des gleichen Werkes, des ›Lokaprajñapti‹, der Beschreibung der buddhistischen Weltvorstellungen. Diese war in der umfangreichen tibetischen Kommentarsammlung zum Kandjur enthalten, die man Tandjur nannte. Nach allem, was wir bis dahin wußten, war der Tandjur überhaupt erst 1742 bis 1749 ins Mongolische übersetzt worden. Wenn hier nun zwei Übersetzungen des gleichen Werkes, angefertigt von verschiedenen Übersetzern, in einem Bande vorlagen, von denen ich mit Bestimmtheit sagen konnte, daß sie in den ersten Jahrzehnten des 17. Jahrhunderts gelebt hatten, so konnte dies aber nur heißen, daß bereits damals kritische Vorarbeiten für eine Übersetzung der Kommentare zum Kandjur unter den Mongolen gemacht wurden. Die Namen der beiden Übersetzer waren auch in der Kandjur-Übersetzung des Ligdan Khan zu finden. Während sie aber dort in den Nachworten den Großkhan priesen, wurde in diesen drei Übersetzungen sein Name nicht einmal genannt. Das konnte wiederum nur so interpretiert werden, daß sie diese Werke an einem anderen Orte und zu einer anderen Zeit übersetzt hatten, daß sie von Ligdan Khan entfernt waren und noch nicht für ihn arbeiteten. Und dann fand ich heraus, daß Daigüng sikü guosi schon ein Zeitgenosse des Siregetü guosi tschordschi gewesen war, jenes berühmten Übersetzers buddhistischer Schriften ins Mongolische, der im Gefolge des 3. Dalai Lama, des Oberhauptes der reformierten lamaistischen Kirche, bei dessen ersten Besuch in der Mongolei 1578 nach Kueihua im Gebiet der Tümet gekommen war und eine Übersetzungsschule begründet hatte. Nach 1620 wird der Siregetü guosi nicht mehr erwähnt. In Kueihua, dem alten Sitze Altan Khans, bei dessen Nachfolgern auf dem Thron der Tümet-Mongolen, war also die geistige Heimat des Daigüng sikü guosi zu suchen, bei jenen Tümet-Mongolen, deren Ruhm als erste Patrone des wiederaufblühenden Buddhismus bei den Mongolen den des Ligdan Khan zu übertreffen suchte. Dort also war man bereits daran gegangen, kritische Vorarbeiten auch für eine mongolische Übersetzung der Kommentare zum Kandjur zu treffen. Wie waren dann diese gelehrten Mönche und Übersetzer dazu gekommen, plötzlich zwanzig oder dreißig Jahre später im Osten der Mongolei für Ligdan Khan zu arbeiten? Oder hatte sich dieser ihre Arbeiten zu eigen gemacht?

Fund des Zufalls

Es waren nur wenige Tage vergangen, seit ich die beiden Manuskripte durchgesehen hatte, als mich ein Bekannter fragte, wann endlich ich seine mongolischen und tibetanischen Manuskripte ansehen wolle, die er aus der Mongolischen Volksrepublik mitgebracht habe. Freilich, etwas Besonderes sei darunter wohl nicht, es seien eben nur Erinnerungsstücke. Ein, zwei alte Handschriften seien zwar auch dabei. Besondere Umstände hatten es ihm ermöglicht, schon 1956 in die Mongolische Volksrepublik zu reisen. Er hatte mich schon öfter aufgefordert, seine Bücher zu sehen, aber irgendwie war ich noch nicht dazu gekommen. Aber an diesem Abend hatte ich Zeit.

Wie verabredet, saß ich dann abends in seiner gemütlichen Stube, beschaute mir seine Fotografien und dann auch die mongolischen Handschriften, die ihm Freunde in der Mongolei als Erinnerungsgaben geschenkt hatten. Da waren einige schön geschriebene alte Handschriften, aber sie enthielten schon bekannte Werke. Da sei dann noch ein Bündel mit Handschriften, sagte mein Gastgeber und schloß einen Schrank auf – aber dies habe er nicht in der Mongolei erstanden, sondern in Tokio, durch Zufall, beim Antiquitätenhändler. Eigentlich müsse er besser sagen, beim Altwarenhändler, denn der Mann habe mit allerlei altem Zeug gehandelt, ohne etwas davon zu verstehen. Und damit legte er mir ein in rote Tücher verpacktes Bündel auf den Tisch.

In die roten Tücher eingeschlagen lagen zwischen zwei Lederstücken, die hier die Stelle der sonst üblichen Deckbretter vertraten, Handschriften verschiedener Größe. Sie alle waren in der altertümlichen Schrift geschrieben, wie sie zu Beginn des 17. Jahrhunderts üblich war. Als ich nach Nachworten und Übersetzungsangaben suchte, fanden sich bald einige. In ihnen waren die Namen von Übersetzern genannt, die sich ebenfalls unter jenen 35 gelehrten Mönchen befanden, die für Ligdan Khan den Kandjur übersetzt haben sollten: Toyin guosi, Garma dubsang, Toyin samrub und wieder der Daigüng sikü guosi, dessen Werk auch die Übersetzung des Kommentares zum ›Subhasitaratnanidhi‹ war, die ich in Bremen gefunden hatte. Hier aber erschienen die Namen im Zusammenhang mit Fürsten der Tümet, für die diese Übersetzungen angefertigt worden waren. Diese lebten zwanzig bis dreißig Jahre vor Ligdan an Höfen in der südlichen Mongolei, während Ligdan im Osten der Mongolei bei der weißen Pagode den Bagharin-Hof hielt und Krieg gegen die Mandschu führte. All diese Übersetzungen waren in dem Gebiet um Kueihua, der Blauen Stadt des Altan Khan der Tümet, entstanden.

Dort war also um die Wende des 16. zum 17. Jahrhundert ein großes geistiges Zentrum der Mongolen gewesen. Hatte Ligdan Khan alle diese bedeutenden Übersetzer zu sich nach dem Osten der Mongolei geholt? Fast sieht es so aus, als ob viele der Werke, die ihm zu Ehren und auf seinen Auftrag hin übersetzt worden sein sollen, schon längere Zeit vorher im Gebiete der Tümet von dort tätigen Übersetzern im Auftrage ihrer Fürsten übersetzt worden sind. Das Redaktionskomitee Ligdan Khans konnte sich dann darauf beschränken, die Namen der Auftraggeber zu streichen und statt ihrer Ligdan Khan einzusetzen. Die Namen der Übersetzer, Mitbrüder und Mönche des gleichen Glaubens, behielten die Mitglieder des Redaktionskomitees, das in Wirklichkeit aus nur einigen Ligdan treuen Mönchen bestand, bei, auch wenn sie im fernen Kueihua wohnten. So wurden die Namen dieser Mönche von späteren mongolischen Historiographen zu jenen 35 Gelehrten gezählt, die den Kandjur in der kurzen Zeit übersetzt haben sollen. 1628/29 aber herrschte bereits Krieg zwischen Ligdan und den Tümet. Der Verdacht, daß Ligdan sich die Kandjur-Übersetzung als sein Verdienst zuschreiben ließ, um die Massen der Mongolen durch religiöse Propaganda zu gewinnen, als er sie durch Macht nicht mehr halten konnte, hat sich so noch mehr verdichtet. Vielleicht liegt die Handschrift, die diesen Verdacht endgültig bestätigt, noch in irgendeiner unbekannten Sammlung.

6. Kapitel

Das Nibelungenlied der Mongolen

Die Handschriften der Wachsfigur

Französische Lazaristenpatres bauten im Anfang des 19. Jahrhunderts in der östlichen Mongolei, im Jagdpark der Mandschu-Kaiser in Jehol, ihre erste Missionsstation. Regist Evarist Huc und Pater Gabet, deren umstrittene Tibetreise im vergangenen Jahrhundert zum Gesprächsstoff der gebildeten Welt gehörte, und deren Reisebericht auch heute noch zu den interessantesten Büchern über Zentralasien zählt, waren unter den Missionaren dieses Gebietes. Später übernahmen die belgischen Mönche des Scheuter Ordens die Mongolenmission. Sie hatten Stationen in der östlichen Mongolei, bei den Tümet und den Ordus-Mongolen. Mehr als hundert Jahre waren sie allein im Gebiet der Ordus-Mongolen tätig und haben neben ihrer religiösen Tätigkeit geforscht und wertvolle wissenschaftliche Monographien über Brauchtum und Sitte dieser Gebiete veröffentlicht. Einer von ihnen, Pater A. Mostaert, trug mit seinen Arbeiten stark zur Entwicklung der mongolischen Studien zu einer modernen Wissenschaft bei. Ohne sein großes Wörterbuch des Ordus-Dialektes wäre so manches Werk noch unübersetzt geblieben. Seine Sammlung von Proben der im Ordus-Gebiet mündlich überlieferten Volksliteratur vermittelt einen breiten Querschnitt durch die Reichhaltigkeit der mongolischen Literatur. Die Handschriften seltener mongolischer

Geschichtswerke, die von Epen, Gebeten, vom Dschingis Khan-Kult, Hochzeitsritualen und anderer halbreligiöser Volksdichtung, die er im Ordus-Gebiet während seines vieljährigen Aufenthaltes gesammelt hatte, kannte ich. Einiges davon hatte ich sogar für meine Arbeiten benutzen dürfen. Aber hatte kein anderer Missionar seines Ordens Handschriften und Bücher der Mongolen gesammelt?

Ich schrieb an Pater Mostaert und holte mir seinen Rat. Aber er war zu lange vom Stammhaus des Ordens in Belgien entfernt, um mir eine verbindliche Antwort auf meine Frage geben zu können, sandte mir aber mit seiner Antwort ein Empfehlungsschreiben an die Ordensoberen. So kam es, daß ich bald darauf nach Belgien fuhr.

In Löwens alten Mauern

In Löwen, der alten Universitätsstadt Belgiens, wollte ich zuerst mein Glück versuchen. Dort sollte ein Seminar des Scheuter Ordens sein, und in diesem hoffte ich meinen Fund zu machen. Durch die engen Straßen, vorbei an alten Patrizierhäusern mit schweren Eichentoren und barocken Kirchen, suchte ich meinen Weg zum Seminargebäude. Die Torglocke läutete, ich kam in einen langen, weißen Korridor, in dem es fein nach einer kuriosen Mischung von Kaffee, Tabak und alten Möbeln roch. Ich übergab dem Pater, der das Archiv besorgte, mein Empfehlungsschreiben und trug meine Bitte vor, die Bibliothek sehen zu dürfen. Verlegene Freundlichkeit: Es sei bestimmt keine mongolische Handschrift unter den Büchern. Aber ich sollte selbst sehen! Der Archivar hatte leider recht. Es fand sich keine mongolische Handschrift, wohl aber ein alter Blockdruck in mongolischer Sprache, die Übersetzung eines apologetischen Werkes von Pater Aleni, 1625 geschrieben. Aleni lebte und lehrte von 1609 an am Kaiserhofe in Peking. Aber das war alles, was im Archiv aufzutreiben war. Der Archivar mußte meine Enttäuschung gespürt haben, so sehr ich mir Mühe gab, sie zu verbergen. Tröstend schlug er vor, P. Mullie zu besuchen, der lange in der östlichen Mongolei im Gebiet der Bagharin gelebt hatte. Vielleicht, daß dieser etwas von mongolischen Texten wisse. Pater Mullie war es gewesen, der nach 1920 noch einen Rest der Inschrift des Ligdan Khan an der Weißen Pagode auf einem Mühlstein gefunden hatte. Er empfing mich, ein moderner Hieronymus im Gehäuse, hinter Büchern vergraben. Aber so freundlich er war, von alten mongolischen Handschriften in Löwen wußte er nichts. Alles, was er mir zeigen konnte, waren einige Abzüge von in Peking hergestellten Blockdrucken buddhistischen Inhaltes, die ich schon kannte. Von einigen besaß ich sogar selbst einen Abzug. Jedoch dann entsann sich der alte Gelehrte, daß er der Universität Löwen für deren Sinologisches Seminar ein paar Handschriften geschenkt hatte. Was es sei, müßte ich allerdings selbst herausfinden.

In der Universität legte er mir ein dickes Bündel schmutzig rotbraunen Leinens auf den Tisch. Das sei noch so, wie er es aus dem Nachlaß eines gestorbenen Wanderlama gekauft habe. Es habe sich noch niemand dafür interessiert.

Die Bibliothek des Wanderlama

Die Wanderlama gehörten zu den sonderbarsten Erscheinungen des Lamaismus. Sie hatten in der Institution des buddhistischen Bettelmönches, der mit Bettlerschale und Stock von Gläubigem zu Gläubigem zog und von Almosen lebte, ihren Anfang. In der Mongolei entwickelten sie sich aber sehr bald zu jenem Teil der lamaistischen Kleriker, die sozusagen den inoffiziellen Teil der religiösen Bedürfnisse der Bevölkerung wahrnahmen. Die nicht-kanonisierten Grenzgebiete des Aberglaubens, all das Brauchtum, in dem die alte Volksreligion der Mongolen den Unterdrückungsversuchen der lamaistischen

Kirche zu Trotz weiterlebte, wurden ihre Domäne. Volksastrologie, die Bestimmung günstiger und ungünstiger Tage für Verlöbnis, Hochzeit, Reiseantritt, Begräbnis, Wahrsagen und Traumdeutung gehörten dazu. Sie beteten für Kranke, riefen die zauberischen und wilden Gottheiten des Lamaismus um Hilfe und Schutz an, wo früher der Schamane ins Haus geholt worden war, um Götter und Ahnengeister zu beschwören. Sie vollzogen Reinigungsgebete, Rauchopfer, riefen den »Weißen Alten« zum Schutz der Herden und des reichen Viehbestandes an, segneten Jagdwaffen und Fallen, und wenn Regen benötigt wurde, zauberten sie auch Regenwolken herbei. Dieser tägliche Umgang mit den sinistren Seiten des Lebens machte sie bei der Bevölkerung gefürchtet, sie selbst anmaßend. Die mongolischen Erzählungen enthalten immer wieder Stellen, in denen geschildert wird, wie ein Fürst dem Badartschi, dem Wanderlama, ein Geschenk macht, weil er sonst dessen Verwünschungen fürchtet. Die meisten der Wanderlama nahmen es mit dem Keuschheitsgelübde nicht zu genau. Es scheint, als ob sie ihre gefürchtete Stellung oftmals ausgenutzt haben, Segenswunsch gegen Entgegenkommen bei Androhung von Verwünschung und Zauber. Als Träger von Geschlechtskrankheiten haben sie im vergangenen Jahrhundert einen großen Anteil an der Verseuchung der Mongolei gehabt. Die Beseitigung des Unwesens der Wandermönche war eine der ersten Voraussetzungen zu der inzwischen sehr erfolgreichen Eindämmung der venerischen Krankheiten in der Mongolischen Volksrepublik und der Inneren Mongolei. Aber gerade ihre Weibergeschichten machten sie verletzlich und zu Spottfiguren. »Wenn in unserem Lande«, so beginnt einer der vielen Schwänke, die sich um die Gestalt des Bettelmönches gebildet haben, »ein Lamamönch die Arbeit nicht liebte, zu Ariyabalu betete und dabei mit List und Tücke betrog, die Gutgläubigen hinters Licht führte und behauptete, er werde für sie erlangen, was auch immer sie sich wünschten, dabei mit frommem Mund und gesenktem Hals dahinkroch, und, falls er jemandem begegnete, diesem seine schwarze Hand hinstreckte und aufdringlich war, so nannte man ihn einen Badartschi-Lama.«

Die Handbibliothek eines solchen Wanderlamas war demnach von besonderem Interesse, denn sie mußte Aufschluß darüber geben, welche Werke so ein Zauber- und Beschwörungspraktiken ergebener Bettelmönch mit sich geführt hatte. Es waren schon zwei solcher Handbibliotheken aus der Kopenhagener Sammlung bekannt, und ich war gespannt, ob die Handbibliothek hier mit diesen in der Art der Werke übereinstimmen würde. Tatsächlich fand sich in dem rotbraunen Bündel, allerdings ungeordnet und oftmals beschädigt, die gleiche Art von Handschriften über Astrologie, Wahrsagekunst, Bestimmungen von günstigen und ungünstigen Tagen, Rituale zur Beschwörung wilder Gottheiten. Und da war, als bester Fund, ein Manuskript eines Feuergebetes, Zeugnis für die seit Jahrhunderten bei den Mongolen geübte Feuerverehrung, die vielleicht Beziehungen zum Feuerkult der alten Iranier Zoroasters im 7. vorchristlichen Jahrhundert hat.

Ohne auf die Zeit zu achten, sortierte ich die durcheinandergeworfenen Blätter, maß und verglich, machte Notizen und sonderte die Handschriften aus, die ich für weitere Arbeiten fotografieren mußte. Insgesamt hatte ich 42 Manuskripte gefunden. Ich war natürlich sehr zufrieden. Aber war das alles, was im Laufe von hundert und mehr Jahren Missionstätigkeit den Weg nach Belgien gefunden hatte? In Löwen, das sah ich ja selbst, war nichts mehr zu finden. Flämischer Schinken und dikkes, wohlschmeckendes Bier wurden mir zum Abschied gereicht. Und während wir aßen und tranken, machte Pater Mullie den Vorschlag, ich sollte doch noch im Mutterhaus des Ordens, in Scheut bei Brüssel, nachfragen. Freilich, das Archiv und die Bibliothek seien hier in Löwen, sicher sei es daher nicht, ob ich dort etwas finden werde. Aber wenn mir der Weg nicht zu weit sei, könne ich es ja probieren. Nachdem ich ihm versichert hatte, die Aussicht, irgendwo unbekannte mongolische Handschriften zu finden, würde mich zu ganz anderen Reisen veranlassen, als zu der kurzen Fahrt von Löwen nach Brüssel, brach ich dorthin auf.

Agitatoren und Geheimbündler

Während ich nach Brüssel zufuhr, dachte ich über die Gründe nach, weshalb diese Missionare so wenig Werke der Literatur des Landes besaßen, in dem sie doch so lange tätig waren. Das mußte mit den vielen politischen Unruhen zusammenhängen, denen die christliche Mission in der Mongolei und im Ordus-Gebiet, vor allem schon in den dreißiger Jahren, ausgesetzt gewesen war.

Die nationalchinesische Regierung konnte zu Beginn der dreißiger Jahre die Anzeichen drohender Umwälzungen in der Inneren und östlichen Mongolei nicht übersehen. Aber Tschiang Kai-scheks Interesse und Kräfte galten der Unterdrückung der chinesischen Kommunisten. Die Mongolei und die Mongolen waren ihm unwichtig. Im Ordus-Gebiet bot sich den Kommunisten hingegen infolge der Unzufriedenheit in diesen am meisten chinesisch unterwanderten Gebieten der südlichen Inneren Mongolei ein hervorragender Ansatzpunkt für die Bildung kommunistischer Unruhebewegungen unter Ausnutzung der nationalistischen Strömungen. Im Otogh-Banner des Ordus-Bundes agitierten zwei kommunistische Ostmongolen, die Charatschin-Mongolen Öldschei Dalai und Amur. Sie faßten verschiedene kleinere mongolische Gruppen zu einer Volksarmee des Otogh-Banners zusammen, die gegen den Fürsten des Otogh-Banners ebenso vorgehen sollte wie auch gegen die im Gebiet von Boro Balghasun tätigen christlichen europäischen Missionare, denen es gelungen war, die Mongolen zu einer lebensfähigen landwirtschaftlichen Siedlungsgruppe zusammenzubringen. Im Üschin-Banner machte sich 1929 wieder der alte Revolutionär und Geheimbündler Öldschei Dschirghal bemerkbar, der seit seiner frühen Jugend einer der Organisatoren der Geheimbünde gegen die chinesische Unterwanderung und Steuergerechtsame gewesen war. Seiner Tätigkeit wegen zum Tode verurteilt, war es ihm gelungen, nach der Mongolischen Volksrepublik zu entkommen.

Dort hatte er mit den mongolischen Kommunisten Verbindung aufnehmen können, war von ihnen geschult worden und hatte Verständnis für seine gegen Fürsten und chinesische Herrschaft gerichteten Pläne gefunden. Mit der Ernennung zum Kommandeur der Roten Armee des Üschin-Banners war er nun in seine Heimat zurückgekehrt, begleitet von mongolischen und chinesischen Bewaffneten als Grundstock der neuen Armee.

Zum Teil auf Grund seiner alten geheimen Verbindungen aus den revolutionären Dughuilang-Klubs, die er einst mitorganisiert hatte, zum Teil mit Gewalt, veranlaßte er binnen kurzem einen großen Teil der mongolischen Bevölkerung des Üschin-Banners, sich für den Kommunismus und gegen die chinesischen Siedler und den diese begünstigenden Fürsten von Üschin zu erklären. Von der Roten Armee der Inneren Mongolei, die zu jener Zeit bereits im geheimen organisiert war, wurde er zum Kommandeur des 12. Regimentes ernannt, das aus seiner »Roten Armee des Üschin-Gebietes« bestand. Es kam zwischen den kommunistischen Mongolen und anderen Mongolengruppen der beiden Banner Üschin und Otogh zu erheblichen Gefechten, nachdem sich die beiden territorialen kommunistischen mongolischen Armeen von Otogh und Üschin vereint hatten. Öldschei Dschirghal, den die mongolische Bevölkerung seiner neuen Lehren wegen auch den Schine Lama – den »Neuen Lama« – nannte, fiel bald darauf in einem dieser Gefechte mit nichtkommunistischen Üschin-Mongolen. Die beiden bolschewistischen Agitatoren aus dem Kharatschin-Gebiet, Öldschei Dalai und Amur, wurden wenig später von nichtkommunistischen Otogh-Soldaten ergriffen und von deren Anführer Gendun erschossen.

Die Bevölkerung in Üschin-Gebiet aber sang über Öldschei Dschirghal, den »Neuen Lama«:

Nachdem die Herrn, der schlaue Wangdschugrabdan und
Bujantschuchak,
Die siebzig Gauner, sich verschworen und verbunden,
Da haben sie doch unterdrückt.
Und wenn sie noch und noch dich unterdrücken,
Geloben wir, auf einmal Widerstand zu leisten!
Des Neuen Lamas Freunde und Gefährten,
Sie sind zerstreut, doch einmal sammeln sie sich,
Errichten eine ausgezeichnete Revolutionsherrschaft,
Laßt uns dem Brauch der Neuen Zeit folgen . . .!

Diese prokommunistischen Aufstände 1929 im Ordus-Gebiet aber sollten der Ansatzpunkt sein für die spätere Bildung antijapanischer mongolischer Partisanengruppen, die immer mehr in die Hände der kommunistischen Führung gerieten und nach dem Zweiten Weltkrieg die Kader für die kommunistischen mongolischen Truppen in der Inneren Mongolei bildeten. Der Sieg der Kommunisten in Rotchina vertrieb die Missionare.

Ein Lama aus Wachs

Am Rande Brüssels, auf der Straße nach Ninove, liegt im Ortsteil Scheut das Stammhaus des Katholischen Missionsordens der Scheuter Patres, ein braunroter Ziegelbau. Man empfing mich freundlich, aber bedauernd. Den weiten Weg hätte ich umsonst gemacht, in Scheut gäbe es leider keine mongolischen Handschriften. Ob ich nicht wenigstens das Missionsmuseum sehen wolle? Wenn es darin auch keine mongolischen Handschriften gäbe, so sei doch so mancher interessante Gegenstand aus dem Gebiet ausgestellt, das mich interessierte. Mehr aus Höflichkeit als aus Interesse sagte ich zu und wurde herumgeführt. Trachten, Bilder, Handarbeiten, Möbel aus China, archäologische Funde aus dem chinesisch-mongolischen Grenzgebiet. Dort sind Wind und Wanderdünen die besten Ausgräber und legen dann die schönen Pferdegeschirrbeschläge der Hunnen und Skythen frei, in denen das Tier in seiner Bewegung das Ornament bildet. Deshalb wird der Stil dieser Bronzen der Tierstil genannt. Der Sand der Ordus-Steppe enthält viele Bronzefibeln mit dem christlichen Kreuz, die die nestorianischen Christen dieses Gebietes im 11. und 12. Jahrhundert als Schmuck an ihren Kleidern trugen. Solche Dinge gab es hier im Missionsmuseum zu sehen. Interessant, jedoch deshalb war ich nicht hierher gereist. Den Höhepunkt gibt es aber in jedem Theaterstück im letzten Akt. So auch hier. Der letzte Raum war als lamaistische Tempelkapelle aufgebaut, um den Museumsbesuchern eine Vorstellung von den Kultobjekten und Götterstatuetten des Lamaismus zu geben. Ein Altar war da, Hängebilder mit den flammenumlohten Darstellungen der wilden Götter des Lamaismus, doch fehlte jenes geheimnisvolle Halbdunkel der Klosterhallen der Mongolei. Zur Rechten des Altares kniete die lebensgroße Wachsfigur eines Lamamönches in gelber Priestertracht. Die Täuschung war fast vollkommen. Der Lama war tief in das Lesen der Gebete versunken. Neben ihm lag ein hoher Stapel von Gebetstexten, viele Seiten rechteckigen, länglichen Papieres, säuberlich aufgeschichtet. Bedauernd schauten der Pater Archivar und ich uns an: Die oberste sichtbare Seite des Stapels war in tibetischer Schrift, der Kirchensprache des Lamaismus, beschrieben. Wieder nichts!

Ich rüttelte an dem Stapel. Er war mit Draht und Wachs zu einem festen Papierklotz zusammengezogen. Vielleicht war überhaupt nur die oberste Seite ein Blatt aus einem tibetischen Druck, um den Anschein der Echtheit zu schaffen? Ich bat um Erlaubnis, einige Blätter abheben zu dürfen, um dies festzustellen. Den Pater Archivar hatte die Spannung des Suchens ebenfalls ergriffen, er stimmte zu. Ich schob die Klinge meines Taschenmessers unter einige Blätter. Vorsichtig hob ich eine Ecke an. Knisternd sprang die Wachsschicht ein wenig ab, die die Seite befestigt hatte: tibetische Schrift, eine Manuskriptseite. Der Stapel enthielt also mehrere Blätter. Ich versuchte es etwas tiefer. Eine Seite in altertümlicher mongolischer Schrift kam zum Vorschein.

Im Nu war nun eine Schere geholt. Die Drähte, mit denen der Papierstapel gegen Umfall und Diebstahl gesichert war, wurden durchgeschnitten und alles wurde in ein Zimmer gebracht, in dem ich meinen Fund näher sichten konnte. Unter den ersten oberen Blättern in tibetischer Sprache und Schrift lagen viele Blätter verschiedener mongolischer Handschriften, die sich im größten Durcheinander befanden. Hier war also der Fund, auf den ich gehofft hatte. Aber was hatte ich gefunden?

Ich fing an, die einzelnen Werke nach Schriftunterschieden zu sortieren. Nicht alle waren vollständig. Eines war der rückwärtige Teil der mongolischen Übersetzung eines Handbuches mit der Beschreibung des Vadschrabhairava. Solche Sadhanas lasen die lamaistischen Mönche, wenn sie sich eine lamaistische Gottheit vorstellen wollten, genau nach dem Bilde, das das Handbuch gab. Der Anfang fehlte. War da keine Schlußseite mit dem Nachwort erhalten? Sie fand sich, und es stellte sich heraus, daß dies eine bisher noch unbekannte Übersetzung des berühmten Übersetzers des späten 16. Jahrhunderts, Siregetü guosi tschordschi aus Kueihua war, ». . . übersetzt im mittleren Sommermonat, am 5. Tage im Jahre der weiblichen Wasserschlange, 1587«. Damit war wieder eines der seltenen Werke des 16. Jahrhunderts zum Vorschein gekommen.

Die meisten anderen Blätter waren mit einer ziemlich einheitlichen Handschrift beschrieben. Aber gehörten sie zu einem Werk? Das mußte dann ziemlich umfangreich gewesen sein. Doch nein, die gleichen Seitenzahlen kamen oftmals doppelt vor. Als ich diese ausgesondert hatte, ergaben sie ein ziemlich langes Fragment einer mystischen Erzählung, in der Samantabhadra, einer der Weisen, dem mythischen indischen König Mahasammata das Wesen der Welt beschreibt. Anfang und Ende der Erzählung fehlten. Ich habe bis heute noch keine andere Handschrift des gleichen Werkes gefunden und das Fragment aus Scheut daraus ergänzen können. So bleiben Titel, Verfasser und Entstehungszeit noch im Verborgenen.

Auch die anderen Blätter gehörten zu einer Erzählung, so schien es mir, oder war es Teil eines Epos? Ich las auf einer der Seiten, als ich sie ihrer Bezifferung folgend eingeordnet hatte:

Kam aus dem Heere des Nangdulmu Khan das von Schimur gerittene schwarze Roß mit dem
Elefantenrücken, und es war zu einem blutigroten Pferd geworden.
Der blanke Panzer, den es getragen, war zu einem feuerroten Panzer geworden.
Mutwillig ließ er sein Roß ein-, zweimal aufstampfen und ausschlagen.
So kam er und sprach: ...

Wenige Seiten später hieß es wiederum:

Habe ich, dein geliebter älterer Bruder Dschasa schikir,
Leben und Leib nicht geschont.
Mein lieber Herrscher,
War ich doch stets ohne Haus und Hof,
Lebte ohne mein Leben zu schonen,
Ließ mein schwarzes Blut vertrocknen ...

Das war Heldendichtung im Stabreim! Dschasa schikir, Schiumar waren Namen von Gefährten Geser Khans, jenes legendären Helden, um den Mongolen und Tibeter ein großes Epos geschaffen haben. Es schien, als sei ich auf einen der vielen Gesänge dieses Epos gestoßen. Nun mußte sich zeigen, ob es ein schon bekannter oder ein noch unbekannter Teil des Epos war. Der Titel, der sich bald auf einer der letzten Seiten fand, die ich einordnete, ›Geschichte Geser Khans, des Herrschers der zehn Weltgegenden‹, besagte nicht viel. So hießen viele der einzelnen Gesänge und so hieß das ganze Epos selbst.

Daß die Mongolen dieses Epos um Geser Khan besaßen, wußte man im Westen, seit 1839 Isaak Jakob Schmidt in Petersburg und Leipzig ›Die Thaten Bogda Geser Chans, des Vertilgers der Wurzel der zehn Übel‹, eine Übersetzung der damals bekannten sieben Gesänge veröffentlicht hatte. Diese sieben Gesänge waren 1716 durch den mongolenfreundlichen Mandschu-Kaiser Kanghsi in Peking sogar für die Mongolen in Form eines Blockdruckes gedruckt worden, weil sie bei den Mongolen so populär waren. Die lamaistische buddhistische Kirche war dem Heldenepos nicht freundlich gesinnt und hätte es gerne unterdrückt. Der höchste lamaistische Geistliche am Mandschu-Hofe, der Tschangtschia Chutuktu, verglich das Epos mit den häßlichen Schreien des Raben, des Unglückvogels. Er hätte es wohl lieber gesehen, wenn die Mongolen im 18. Jahrhundert nur erbauliche buddhistische Heiligenlegenden gelesen und ihre vielen Epen und vor allem das von Geser Khan vergessen hätten. Sie aber taten genau das Gegenteil. Immer neue Gesänge entstanden um die Gestalt des mythischen Heldenkönigs, eines Sohnes des Götterkönigs Hormusta, den dieser auf die Erde sendet, um Unrecht und Bösem ein Ende zu bereiten. Mit seinen dreiunddreißig Helden unterzieht sich Geser Khan dieser Aufgabe. Je mehr Gefallen die Mongolen daran fanden, desto zahlreicher wurden die Aufgaben, die Geser bewältigte, und die Zahl seiner Feinde, die er besiegte, wuchs mit der Zahl der neuen Gesänge. Das Geser Khan-Epos wuchs und wuchs, und ich bin nicht sicher, ob nicht noch heute, irgendwo in einer entlegenen Ecke der Mongolei, immer noch ein weiterer Gesang entsteht.

Vor wenigen Jahren noch hat ein Sänger und Rhapsode, Padschai, aus dem innermongolischen Chortschin-Banner, eine neue Fassung des Geser Khan-Epos geschaffen. Padschai, der als Junge in einem lamaistischen Kloster als Novize eine gute Kenntnis der tibetischen und mongolischen Literatur erhielt, ist mit fünfzehn Jahren aus dem Kloster weggegangen, weil der Ruf zum Dichter, zum Vermittler alter Lieder und Epen bei ihm stärker war als die Berufung zum geistlichen Stande. Seitdem lebte er als wandernder Sänger und erfreute sich immer größerer Beliebtheit. Er überlebte die japanische Besatzungszeit der östlichen Mongolei, die so manchem eigenwilligen Charakter unter den Mongolen das Leben gekostet hat, dadurch, daß er den im japanischen Dienst stehenden mongolischen Gendarmen Geschichten erzählte und alte Epen vorsang. In den Jahren nach dem Zweiten Weltkrieg wurde er durch seine Heldenlieder, von denen er immer neue vortrug, weithin bekannt. Erst 1960 ist er dann gestorben. Seine neue Fassung des Geser Khan, in der er zu starke Bindungen des Helden an das Übernatürliche – vielleicht auf Wunsch der gegenwärtigen kommunistischen Herrscher über die Mongolei – hat wegfallen lassen, erfreute sich auf jeden Fall großer Beliebtheit und ist sogar gedruckt worden. Dies zeigt, wie tief im Volke der Epenzyklus des Geser Khan verwurzelt ist und wieviel in seiner Entwicklung der Phantasie der mongolischen Sänger und Rhapsoden zuzuschreiben ist. Diese Bewahrer der alten Dichtung, die selbst immer neue Episoden zu den von ihnen überlieferten Gesängen und Geschichten dazudichteten, gab es bei den Mongolen immer und gibt es auch heute noch. Mehr als hundert solcher Heldenepen, von denen manche bis zu 20000 Verszeilen umfassen, andere wieder knapp 400 Zeilen, sind in den letzten zwei Jahrzehnten vor allem von mongolischen Gelehrten in der Mongolischen Volksrepublik aufgezeichnet, auf Tonbändern aufgenommen und zu einem großen Teil auch veröffentlicht worden. Auf diese Weise kann man den Vorgang der Entstehung eines Heldenepos, einer seit den Zeiten Homers bekannten Dichtungsform, die noch im Mittelalter in Europa verbreitet war, am lebendigen Objekt untersuchen und nachvollziehen. Viele mongolische Heldenlieder sind in den letzten Jahren ins Deutsche übersetzt worden.

Biographie eines Sängers

Wie jemand dazu kam, Sänger und Rhapsode zu werden, erzählt der mongolische Volkskunde- und Volksliteraturforscher Prof. Dr. Rintschen. Er berichtet über den erst 1953 verstorbenen mongolischen Rhapsoden Onoltu aus dem Chudschirtu-Bezirk der Mongolischen Volksrepublik:

»Onoltus Vater Sandschai – tib. Sangs-rgyas – ›Buddha‹ war Viehzüchter und Jäger. Oft nahm dieser den Knaben auf seine Rundfahrten in die Steppe zu den Pferde- und Kamelherden mit, um ihn im Gebrauch der Jagdwaffen zu unterrichten, so daß Onoltu schon im elften Jahre seines Lebens ganz allein Wölfe und Füchse, Rehe und Murmeltiere jagte, und auch schon junge Pferde aus den Herden des Vaters zuritt. Mit dreizehn Jahren erhielt er nach seiner erfolgreichen Jagd, auf der er neun große Wölfe erlegt hatte, vom Vater ein prächtiges Geschenk – die mit Gold und Silber eingelegte Steinschloßflinte, das Meisterwerk seines Großvaters.

Es war im Winter, da die Wölfe ihre Hochzeit feiern, daß Onoltu im Gebirge Rehe jagte. Er erblickte Wölfe, die ihm entgegenkamen. Sofort verbarg er sich und seinen mächtigen Jagdochsen in einer Schlucht und erwartete die Raubtiere. Acht Wölfe liefen Spur auf Spur in einer Kette hinter einer großen läufigen Wölfin, der stärkste als erster und der schwächste als letzter in der Kette.

Onoltu wußte, daß es für den Jäger sehr gefährlich ist, zuerst die Wölfin zu schießen, weil dann das wütende Rudel den Jäger angreifen mochte. So schonte er die Wölfin und schoß immer den ersten Wolf in der Kettenfolge der Nebenbuhler, die in rasender Eile die Schlucht entlang hinter der Wölfin herstürmten. Ungestüm stürzten sie sich über den Verwundeten, sobald er fiel, dann rannten sie wieder hinter der Wölfin her. Aber die Kugel der alten Steinschloßflinte des jungen und tapferen Jägers war schneller. Und der neunte Schuß faßte auch die Wölfin.

Jubelnd mit den neun Wolfsfellen hinter dem Sattel, kehrte Onoltu dann heim und brachte seinen Vater zum Erstaunen. ›Es war Tollkühnheit der Jugend, mein Kind‹, sagte er, ›in deinem Alter allein gegen ein Rudel zu kämpfen. Allerdings hat der Blaue und Ewige Himmel dich bewahrt. Dank sei den Göttern!‹ Der Greis schwieg einen Augenblick und seufzte: ›Man soll nicht den Kleinmut im Herzen der Jünglinge pflegen, aber Tapferkeit und Unvernunft sind zwei verschiedene Dinge, mein Sohn!‹

Am Abend lud Sandschai zu Ehren seines Sohnes, den er innig liebte, einen Heldensänger, der ein Namensvetter Onoltus war, ein. Drei Nächte lang sang der Heldensänger, und der junge und begabte Jäger und Reiter Onoltu behielt Wort für Wort im Gedächtnis: die großen Epen vom König Finster, dem Mächtigen, vom Helden, der keine Mutter hatte und vor dem Ufer geboren war, von dem, der keinen Vater hatte und von dem Lederschlauch geboren war, von dem erhabenen Könige Dschangrai und von dem mächtigen König Dawa, der mit den Tibetern erfolgreiche Kriege führte.

Der Sänger war sehr erfreut, unter den Zuhörern einen so begabten Nachfolger zu finden und sang noch eine Sage, deren Heldin Tsytsen tsagán gy – ›die schmerbauchige Stute‹ war. (Nach meiner Meinung war dies die Sage von einem schamanistischen Geist in Gestalt einer Stute.)

In der Nachbarschaft des Nomadenlagers der Familie Sandschai lebte auch der berühmte Sänger Chaldsan Delek-Debek, der Breitstirnige. Nach der Beschreibung Onoltus war er ein ehrwürdiger Greis mit langem, weißen Bart und dem Gesicht eines Weisen. Er stammte von dem großen Charanut-Stamm. Im Winter nach der Tagesarbeit lud man diesen Greis in die Nomadenlager. Alt und jung sammelten sich im Kreis in dem großen Filzzelt des Lagers, um die poetischen und weisen Heldensagen zu hören und die Sinne zu ergötzen.

Die von dem alten Onoltu und Chaldsan-Delek vorgesungenen Heldensagen bildeten das Repertoire meines verstorbenen

Freundes, der bis zum hohen Alter diese Epen im Gedächtnis behielt und im Kreise seiner Landsleute sang.«

Männer dieser Art hatte es in der Mongolei immer gegeben und einem solchen war auch dieser Teil des Geser Khan-Epos zuzuschreiben, der da vor mir lag. Von alt und jung bewundert, zogen sie von Zelt zu Zelt und sangen ihre Lieder. Fürstengunst förderte sie, Fürstenmißgunst konnte ihnen nicht oder wenig schaden, weil kein Fürst es wagte, einem berühmten Sänger und Bewahrer des Alten etwas zu tun. Die trugen und tragen auch heute noch ihre Lieder zum Klang der »pferdeköpfigen« Geige, der morin-u tologhaitu chur vor, einer einsaitigen Geige, deren Griffstück mit dem Bild eines Pferdekopfes geschmückt ist. Irgend jemand, dem ein Lied besonders gut gefiel und der des Schreibens kundig war, hat dann manchmal niedergeschrieben, was er von einem der Heldensänger gehört hatte. So wie in der Mongolei das bis in unsere Tage geschah, so sind im frühen Mittelalter bei uns in Europa die ersten Heldenlieder niedergeschrieben worden.

Das Nibelungenlied der Mongolen

Vor kurzem erst war mir in der Königlichen Bibliothek zu Kopenhagen ein Manuskript in die Hände gekommen, das eines der vielen Abenteuer Geser Khans beschrieb, das noch unbekannt war. Die Handschrift stammt aus dem Tsachar-Gebiet. In diesem Gesang forderte Geser Khan seine Recken Schiumar, Buidung batur, Tschotong Noyan und auch den achtundachtzig Jahre alten Tschargin auf, sich zu bewaffnen und die Pferde zu satteln. Daraufhin legen auch die anderen der dreißig Helden Waffen an. Mit Dschasa schikir, Gesers Bruder, an der Spitze brechen sie auf, um den wilden, gefährlichen, schwarzgefleckten Tiger aufzuspüren und die Welt von dieser Bedrohung zu befreien. Geser selbst verwandelte sich durch seine ihm innewohnende Zauberkraft ebenfalls in einen Tiger. Er zeigt sich in dieser Gestalt seinen Helden, warnt sie vor der Gewalt des richtigen Tigers und seiner unnatürlichen Riesengröße und beschreibt die Untaten dieses Ungeheuers, das Tausende von Kreaturen schon gefressen hat. Nachdem die Helden ihrem Herrn gedankt haben, setzen sie die Suche nach dem Tiger fort. Als Dschasa schikir in der Ferne den Tiger erspäht, meldet er dies Geser Khan. Die Helden treiben ihre Pferde zum Angriff an, die Pferde aber weigern sich, auch nur einen Schritt vorwärts gegen den Tiger zu tun.

Da verwandelt Geser sich selbst in ein Pferd und führt die Pferde an. Sie stürmen auf den Tiger ein. Dessen Gebrüll ist ohrenbetäubend. Es wird finster. Geser kann nicht mehr den Zügel in seiner Hand sehen. Aber seine Zaubergewalt siegt über die zauberischen Kräfte des Tigers, und es wird wieder Licht. In vollem Galopp reitet Geser in das riesige Tigermaul hinein. Nach einem Stoßgebet zu Buddha kommen ihm die acht Drachenkönige, auf goldenen Böcken beritten, gegen den Tiger zu Hilfe. Geser tötet diesen. Die dreißig Helden haben Geser im Stich gelassen, so sehr hat der riesige Tiger sie erschreckt. Nur ein einziger von ihnen, Naran Budgali, versucht, sie zum Angriff auf den Tiger zu bewegen, aber seine Mühe ist vergeblich. Allein reitet er Geser in das Maul des Tigers nach. Von Selbstvorwürfen, seinen Bruder und Herrn im Stich gelassen zu haben, folgt ihm Dschasa schikir später. Aber sie suchen zunächst voller Angst vergeblich nach Geser. Schließlich treffen sie doch voller Freude über das Wiedersehen aufeinander. Geser beauftragt Dschasar schikir, nicht das Fell des Riesentigers zu vernichten, da daraus Rüstungen und Zeltbedeckungen für viele tausend Krieger gefertigt werden können. Nachdem die Helden ihren Anteil an dem Tigerfleisch erhalten haben, kehren sie mit Geser zu dessen Gattin Rogmo ghoa zurück, wo sie ein Freudenmahl abhalten.

Die Heldentaten, die Geser Khan und seine dreißig Helden im Kampf gegen Natschin Khan, der alle Frauen rauben will, bestehen, schilderte der andere Teil der Kopenhagener Handschrift. Wie ein Stück aus einem der alten Ritterromane mutete die Stelle an, die den Zweikampf des Buidung, eines Gefährten Geser Khans, mit einem feindlichen Ritter beschreibt, der über zauberische Kräfte verfügte:

Sagte er: ›Anreiten will ich ihn, vom Pferd
herunterholen!‹ –
Dieser kam zugleich mit Buidung mit großen Sprüngen
herangaloppiert.
Einmal fiel Buidung zu Boden,
Einmal fiel der Zauberritter zu Boden.
Als dies geschehen, nahm der Zauberritter alle Kraft zusammen,
Haute auf ihn ein, daß das Feuer stob.
Jetzt nahm auch Buidung alle Kraft zusammen,
Ritt, daß das Feuer stob,
Es stolperte der Zauberritter, fiel.
Wie der Ritter im Fallen,
Hieb Buidung die Rechte ihm ab.
Als er diese ihm abgehauen,
Hat er den Zauberritter auch nicht ein wenig besiegt.
Ihre zwei Pferde verloren sie, machten sie torkeln,
Einmal schlug Buidung zu,
Einmal der Zauberritter,
So ritten sie aufeinander ein, und
Als mit Bodi und Gati, zu dritt
Diesen Feind er niedergesäbelt und zum Sturz gebracht,
Drehte er um, kam wieder zurück,
Warf ihm das Pferd, das jener ritt,
Hielt aus, kam im Galopp, ritt Schritt, machte ihn torkeln,
Wie er auch auf den Zauberritter einschlug,
Machte diesem nicht das geringste aus.
Doch wenn der Zauberritter dies erwiderte, waren ganz
Von Blut bedeckt Haut und Gesicht, Hände und Beine.
Nicht wußte Buidung, daß

Anderer Helden Stärke diesem zuteil.
Einmal griff er ihn an,
Das andere Mal wurde er angegriffen, doch
Wie der Held auch schoß und hieb,
Den Zauberritter besiegte er nicht.
Buidung hört auf, ihn zu Fall zu bringen,
Schoß Pfeile, auf dem Pferde sitzend.
Als von dem Pfeile getroffen, sagte der Zauberritter:
›Länger vermag ich es nicht zu ertragen!‹ –
Besprach dreimal sein graues Pferd,
Tat's in die Tasche für den Feuerstrahl.
Verwandelte selbst seinen Leib,
Kam nun als braunscheckige Schlange, sagte:
›Um des Buidungs Hals will ich mich schlingen!‹ . . .
. . . .

In dieser Weise gab es noch viele Gesänge, die andere Abenteuer Geser Khans beschrieben. Es gab Versionen zu neun und zu fünfzehn Gesängen. Die Gesänge selbst stimmten nicht völlig überein. Man stimmt heute immer mehr der Auffassung zu, daß der Ursprung des Geser Khan-Epos im tibetisch-mongolischen Grenzgebiet zu suchen ist. Das Epos in der ursprünglichen tibetischen Form scheint der dichterische Niederschlag der Kämpfe der Tibeter mit den kriegerischen Türkenstämmen Zentralasiens im 7. und 9. Jahrhundert zu sein. Damals reichte das große tibetische Reich bis in die Oasengebiete Chinesisch-Turkestans. Die tibetischen Versionen des Geser Khan-Epos sind zahlreich und umfangreich. Die Theorie vom tibetischen Ursprung der Geser-Sage hat in letzter Zeit noch viel mehr an Wahrscheinlichkeit gewonnen. Gelehrte der Mongolischen Volksrepublik haben nämlich eine Handschrift mit Gesängen des Geser Khan-Epos gefunden, von denen einer um 1614 für die Nomtschi Chatun, eine der Fürstinnen des Ordus-Stammes, aus dem Tibetischen übersetzt worden ist. Die anderen Gesänge weisen einige Ähnlichkeiten mit den ersten sieben schon 1716 bekanntgewordenen Gesängen auf. Aber all die vielen anderen bei den Mongolen verbreiteten Abenteuer Geser Khans muß man wohl als Kinder der reichen und absurden Phantasie der Mongolen selbst bezeichnen. Motive und Geschichten aus den vielen anderen Heldenliedern der Mongolen, aus ihrem reichen Märchenschatz, wurden nun von den Rhapsoden auf Geser Khan übertragen.

Denn Geser Khan war bei den Mongolen zu einer verehrten Gestalt geworden. Daß er im Epos als Sohn des Götterkönigs Hormusta bezeichnet wurde, hatte seine Aufnahme unter die Volksgötter der Mongolen erleichtert. Da konnte die lamaistische Geistlichkeit wettern, soviel sie wollte, Geser wurde bei den Mongolen als Gott der Reiter, Krieger und Herden verehrt. Die Mandschu-Kaiser taten das Ihrige dazu, als sie zu Ende des 18. Jahrhunderts den alten chinesischen Kriegsgott Kuan ti mit Geser Khan gleichsetzten und versuchten, daraus eine Gottheit der Beamtenschaft und treuen Diener des Reiches zu machen. Bis an die Nordgrenze des chinesischen Reiches bauten sie Tempelchen, in denen Geser Khan, alias Kuan ti, auf seinem Pferde sitzend, im Glanze seiner Waffen verehrt wurde. Die Auswirkungen, die das auf das weitere Wachstum des Geser Khan-Kults hatte, sind leicht vorstellbar. In den Gebieten, in die die chinesische Siedlung in die Mongolei vorstieß, geriet die Geser-Kuan ti-Verehrung von dem Beginn unseres Jahrhunderts an in Vergessenheit. Die Tempel verfielen. An der Wand meines Arbeitszimmers hängt der hölzerne Pferdekopf aus solch einem verfallenen Geser Khan-Tempel.

In den Gebieten aber, in denen die Mongolen von der chinesischen Unterwanderung nicht betroffen wurden, lebten die Geser Khan-Verehrung und das Geser Khan-Epos weiter, bis in unsere jüngste Gegenwart hinein. Als ich 1943 in einem geschlossenen ostmongolischen Siedlungsgebiet, dem Küriye-Banner, einige Handschriftenbände mit Geser Khan-Gesängen gefunden hatte, erbat ich die Zustimmung der Besitzer, die Bände auf einige Wochen mit mir nach meinem Wohnsitz nehmen zu dürfen, um sie durchzulesen, mit dem Druck von 1716 zu vergleichen und zu fotografieren, falls sie Neues enthalten sollten. Nachdem ich versprochen hatte, die Manuskriptbände stets in Ehren zu halten und auf der Reise nie an einem unreinen Orte aufzubewahren, durfte ich sie mit mir nehmen. Eine Zeit wurde verabredet, zu der ein Bote der Besitzer sie von mir wieder abholen sollte. Seine Reise sollte ich bezahlen. Wie erstaunt war ich, als der Bote schon bald, lange vor Ablauf der festgesetzten Frist, bei mir erschien und die Bände mit vielen Entschuldigungen der Besitzer zurückerbat. Ich müsse es verstehen: das Vieh fange an krank zu werden. Vielleicht sei der Grund, daß die Bände des Geser Khan-Epos nicht da waren, und ohne diese Bände könnte man ja überhaupt nicht um Gesundung des Viehs beten. In dem ganzen Gebiet seßhafter, in Gehöften lebender Mongolen, standen überall kleine Hauskapellen, die Geser Khan gewidmet waren. Selbstverständlich sandte ich die Bände mit dem Boten am selben Tag wieder zurück. Ich hoffe, die Kühe des Küriye-Banners sind wieder gesund geworden. Das Küriye-Banner ist übrigens Teil des alten Residenzgebietes Ligdan Khans, und die örtliche Überlieferung führt den Ursprung der dortigen Lamaklöster auf Klostergründungen Ligdan Khans (1604–1634) zurück.

Geser Khan belebt seine toten Helden

Die Handschrift, die ich unter den Wänden der Wachsfigur in Scheut hervorgezogen hatte, enthielt zwei noch nicht veröffentlichte Gesänge des Epos. Woher sie und die anderen Manuskripte gekommen waren, konnte niemand genau sagen. Ein inzwischen verstorbener Priester mußte sie wohl während seines Aufenthaltes in der Mongolei gesammelt haben. Aber ob die Handschriften aus der östlichen Mongolei oder aus dem Ordus-Gebiet stammten, wußte keiner. Auch der Scheuter Pater, der den buddhistischen Tempel im Museum aufgebaut und die Wachsfigur des Lama hingestellt hatte, lebte nicht mehr. Einige sprachliche Eigentümlichkeiten der Handschrift sprechen für eine Herkunft aus dem Ordus-Gebiet. Aber dabei mußte ich es bewenden lassen, Hauptsache war ja schließlich, daß ich der Wachsfigur zwei Gesänge des Geser Khan-Epos verdankte.

Je öfter ich sie durchlas, desto schöner fand ich sie. Der erste Teil erzählt, wie Geser Khan seine toten Helden wiederfand und belebte. Nach dem Sieg über den zwölfköpfigen Menschenfresser hatte Geser dessen schöne Gattin Arulu mit sich genommen. Diese mischte Geser die alles vergessenmachende Speise Bag in Essen und Trinken, und der große Geser vergaß alles außer ihr. Er vergaß nach dem Schicksal seiner Gefährten zu fragen, er vergaß Brüder und Geschwister. Erst seine älteren Schwestern gaben ihm die Erinnerung zurück. Nun klagte Geser um die verlorenen Gefährten. Hormusta, der Göttervater, erbat aus Mitleid mit dem geliebten Sohn vom Meister Buddha Lebenswasser. Als Geser die Gebeine der gefallenen Helden damit besprengte, bedeckten sie sich wieder mit Fleisch und wurden wieder lebendig. Mit einem großen Festmahle feierten Geser und die Gefährten ihre Wiedervereinigung. Der Geser dieses Gesanges hat nichts von der marmornen Unbeweglichkeit eines abstrakten Heroismus an sich. Er kennt Angst wie ein gewöhnlicher Mensch und weint Tränen der Verzweiflung über die toten Freunde.

Der zweite Gesang, den die Scheuter Handschrift enthielt, ist schon kriegerischer und voll der dichterischen Übertreibungen und Blutrünstigkeiten, die diese Art von Epen auszeichnen. Geser Khan überwand hier den fünfzehnköpfigen Riesenkönig Nangdulma, der in Gesers Land eingefallen war. Niemand konnte ihn überwinden. Aber Gesers Tapferkeit und Zauberkraft gelang es. Und als Geser »mit Nangdulma Khan zum Kampf kam, schlug er mit seinem Magneteisenschwert von neun Ellen die fünfzehn Köpfe des Nangdulma Khan ab. War dann dabei, auch dessen Leib ein Ende zu machen ...« Am

Ende ist alles, was Nangdulma war, ausgetilgt, selbst den fünfzehnköpfigen Sohn des Dämonen läßt Geser im Mutterleib töten.

Damit waren wieder zwei neue Gesänge des Geser Khan-Liedes bekanntgeworden. Wie das Gesetz der Serie es will, erhielt ich wenige Monate später eine neue, moderne, gedruckte Ausgabe von fünfzehn Gesängen des Geser-Epos, die in China nach einem neuaufgefundenen Manuskript gedruckt worden war. Die Gesänge acht, neun und zehn dieser neuen Ausgabe stimmen im großen und ganzen mit meinem Fund aus Scheut überein. Es zeigt dies erneut, wie ganz wahllos und der Freiheit des einzelnen Rhapsoden oder Schreibers überlassen die Überlieferung dieses größten mongolischen Heldenliedes erfolgt ist.

Ehe ich Scheut verließ, vereinbarte ich mit dem Pater Archivar, daß die seltenen Handschriften der Wachsfigur für künftige Benutzer im Archiv sicher aufbewahrt würden. Wenn ich es bedenke, weiß ich mich aber nicht zu erinnern, was für Texte man der betenden Wachsfigur hingelegt hat als Ersatz für die Handschriften, die ich ihr weggenommen habe.

7. Kapitel

Lamamönche verdrängen die Schamanen

Einkäufer für Amerika

Noch keine sieben Jahre waren seit dem Boxeraufstand vergangen, als 1907 der amerikanische Orientalist Berthold Laufer nach China fuhr. Laufer hatte sich schon als Gelehrter einen Namen gemacht. In dem gleichen Jahr nun, da er mit seiner ›Skizze der mongolischen Literatur‹ den ersten Versuch in der westlichen Welt unternahm, das Vorhandensein mongolischer Literaturdenkmäler aufzuzeigen, erreichte ihn der Auftrag des Field Museums und der Newberry Bibliothek in Chikago, eine »repräsentative Sammlung« ostasiatischen Schrifttums zusammenzubringen. Laufer war infolge seiner umfassenden Kenntnisse der chinesischen, japanischen und tibetischen Sprache, des Mongolischen und des Mandschu, wie selten jemand geeignet, den Auftrag des Aufsichtsrates der Chikagoer Newberry Bibliothek auszuführen. In den drei Jahren bis 1910 sammelte er 1216 ostasiatische Werke. Das Schwergewicht seiner Sammlung lag auf chinesischen Schriften. Aber was ihm damals an mongolischen Blockdrucken in die Hände kam, kaufte er ebenfalls. Es waren nur 72 Blockdrucke, die er in Peking erwarb. »In Peking«, so berichtet er in einer Übersicht über die Chikagoer Sammlung, »trug ich, soweit sie noch erhältlich waren, alle tibetischen und mongolischen Bücher zusammen, die in der Druckerei nahe des Tempels Sung-chu-szu erschienen waren.«

»Diese Druckerei«, schreibt Laufer, »ist im Besitz von Chinesen, wie auch die ganze Produktion der Bücher von chinesischen Arbeitern besorgt wird. Der Blockschnitzer braucht das Manuskript gar nicht zu lesen, denn er klebt das Blatt des Manuskriptes mit der Schriftseite nach unten auf den Holzblock und könnte bei seiner rein mechanischen Arbeit ebensogut ein Analphabet sein. Die Inhaber dieser Anstalten sind Drucker, Verleger und Buchhändler in einer Person. Ihre Kunden finden sie in den mönchischen Insassen der Lamatempel in und um Peking und in den zahlreichen, die Hauptstadt im Winter besuchenden mongolischen Händlern . . .« Dadurch, daß Laufer sich auch zu den Abnehmern der Druckerei gesellte und die dort gekauften mongolischen Blockdrucke nach Amerika brachte, dadurch, daß er sie vorher in seiner ›Skizze der mongolischen Literatur‹ beschrieben hatte, zog er das Interesse der Gelehrten auf die in Peking gedruckte Literatur der Mongolen.

Zunächst sollten allerdings Laufers mongolische Erwerbungen den Gelehrten unzugänglich sein. Laufer starb 1934. In einem Augenblick höchster geistiger Anspannung versagten dem großen Orientalisten die Nerven. Er sprang in New York aus dem Fenster. Seine mongolischen Texte aber fanden sich, als ich nach dem Zweiten Weltkrieg Nachforschungen nach ihnen anstellen ließ, nicht mehr in der Newberry Bibliothek. Auch das Field Museum in Chikago, dem Laufer seit 1908 eng verbunden gewesen war, wußte nichts vom Verbleib der mongolischen Blockdrucke. Durch Zufall gelang es dann einem amerikanischen Freund, in der Oriental Library in Chikago einige Kisten aus Stahlblech aufzufinden, die auf irgendeine Weise mit dem Namen Berthold Laufers verbunden waren. Als man sie öffnete, fanden sich darin die mongolischen, tibetischen und die Mandschu-Drucke aus Peking, die er vor mehr als vierzig Jahren in der kleinen Druckerei beim Tempel Sung-chu-szu erworben hatte.

Drucker seit mehr als 300 Jahren

Westlich der Gebäude der alten Pei-ta, der nördlichen Universität in Peking, liegt eine Gruppe von Tempelgebäuden. Eines davon ist der Tempel Sung-chu-szu, der »Tempel für die Opfer an die Berge«. Neben dem Haupteingang lagen die Druckerei und der Bücherladen der »Himmlischen Reinheit«. Dort wurden mongolische und tibetische Bücher von alten Holzplatten gedruckt, die oft zweihundert und manchmal noch mehr Jahre alt waren.

So war das zur Zeit von Berthold Laufers Besuch 1910 gewesen. Der Buchladen war samt seinen Beständen an Druckplatten den Wirren und Gefahren des Boxeraufstandes 1900 entgangen. Die Stadtchronik von Peking, die auf Grund viel älterer Beschreibungen 1787 verfaßt und gedruckt worden war, erzählt, daß damals noch bei dem benachbarten Tempel Fa-yüan-szu ein Inschriftenstein gestanden habe. Auf diesem sei vermerkt gewesen, daß man an diesem Orte schon zur Zeit der Ming-Dynastie, also im 15. und 16. Jahrhundert, tibetische heilige Bücher übersetzt und gedruckt habe.

Seit mehr als dreihundert Jahren druckte man hier also lamaistische religiöse Schriften in Mongolisch und Tibetisch. Und so wie vor mehreren Hunderten von Jahren lagen Druckerei und Buchladen auch noch da, als ich sie 1942 das erste und 1945 das letzte Mal besuchte. Die Besitzer waren, so wie Laufer es schon beschriben hatte, Chinesen. Seit der Ming-Zeit, erklärte mir damals der Besitzer, sei die Druckerei im Besitz der gleichen chinesischen Familie. Seit Laufer 1910 als erster die mongolischen Bücher angekauft hatte, waren noch viele Gelehrte und Touristen gekommen, um die schönen Blockdrucke von alten Druckplatten zu kaufen. Amerikanische Bibliotheken, die Sven Hedin-Expedition, der baltische Forscher Baron von Stael-Holstein waren unter den Käufern. Erich Haenisch, der damalige Lehrstuhlinhaber für Chinesisch an der Universität Berlin, kaufte große Teile der Bestände 1936 auf seiner großen zweiten Chinareise. In Schaffelle eingenäht, kamen seine Käufe als große Ballen damals in Berlin an. Sie überlebten, in ein Bergwerk ausgelagert, die Bombenangriffe auf Berlin und bilden heute den Kern der großen mongolischen Schriftensammlung der ehemaligen Preußischen Staatsbibliothek in Marburg/Lahn.

Nun kaufte auch ich, was damals, 1944, noch an abgezogenen Drucken vorhanden war. Es ist keinem vor mir und auch mir nicht gelungen, *alle* Werke von den vorhandenen Druckplatten abgezogen zu bekommen. Auf hohen Gestellen lagerten da tausende der Druckplatten, die aus dem 17. und dem frühen 18. Jahrhundert stammten. Ein dicker Foliant, eine Art Musterbuch, enthielt die Abzüge aller Titelblätter. Danach hatten die frommen mongolischen Pilger und Kaufleute bestellt.

Die Kunden blieben aus

Aber nun, 1944, kamen kaum mehr Mongolen nach Peking. Die Innere Mongolei war unsicher. Japanische Besatzungstruppen kämpften gegen Partisanen, die Bevölkerung durfte sich nicht frei auf Reisen bewegen. Und nach der Äußeren Mongolei, der Mongolischen Volksrepublik, konnte man schon lange nicht mehr reisen. Von dort her kamen schon seit langem keine Käufer mehr für lamaistische fromme Bücher. Seit 1936 das Land eine Verfassung erhalten hatte, die sich eng an die der Sowjetunion anlehnte, waren die Grenzen nach China und Peking immer enger bewacht worden. Die Äußere Mongolei suchte bei Rußland Schutz gegen eventuelle japanische Übergriffe. In den Jahren 1935 bis 1937 hatte man in zwei Lamaklöstern der Mongolischen Volksrepublik eine gegenrevolutionäre Organisation aufgespürt. Die Fäden wiesen nach Japan und der Inneren Mongolei. Von 1936 bis 1939 wurde nun der Kampf gegen die lamaistische Religion in der Mongolischen

Volksrepublik aufs schärfste geführt. Etwa zwanzig führende Lama-Geistliche wurden erschossen. Weitere 5000 bis 6000 Mönche wurden in Lager und Gefängnisse gesperrt, die Klöster weltlichen Zwecken, als Klubs, Lagerhäuser und Schulen, zugeführt. Für die Druckerei frommer lamaistischer Schriften in Peking bedeutete dies alles das Wegfallen vieler Kunden.

Die Druckerei von Sung-chu-szu hatte im Laufe der Jahrhunderte auch die Druckplatten vieler Werke aufgekauft, die von anderen Druckern in Peking geschnitzt und benutzt worden waren. Besonders in der ersten Hälfte des 18. Jahrhunderts war dies der Fall gewesen. Sogar Druckplatten von Werken, die ursprünglich in der Mongolei geschnitzt worden waren, waren später nach Peking gebracht worden und schließlich in Sung-chu-szu gelandet. So war das Musterbuch mit den Titeln von beachtlicher Stärke. Aber vieles gab es nicht mehr zu kaufen. Die Arbeiter, die mit geschickten Händen und langjähriger Erfahrung die länglich rechteckigen Druckplatten der Reihenfolge nach mit Tusche einfärbten und dann auf dünnes, saugfähiges Papier abzogen, hatten sich verlaufen und gingen jetzt anderem Broterwerb nach. Wovon noch gedruckte Exemplare vorlagen, das wurde noch verkauft. Neue Abzüge wurden damals nicht mehr hergestellt. Es lohne den Preis für Tusche und Papier nicht mehr, sagte mir der Besitzer. Trotzdem konnte ich 1944 noch eine größere Anzahl der Pekinger Blockdrucke, die in ihrem Format die indischen Palmblattmanuskripte nachahmen, kaufen. Die Blätter, meist aus verschiedenen Lagen dünnen Papiers zusammengeleimt sind beiderseitig bedruckt. Meist ist die oberste Seite mit dem Titel gelb gefärbt. Gelb ist die heilige Farbe des Lamaismus, der »Gelben Lehre«. Miniaturen von Göttern, hohen Geistlichen und Heiligen des Lamaismus zieren die ersten beiden Seiten. Einige der mit Druckstöcken aus dem 17. und 18. Jahrhundert im Sung-chu-szu hergestellten mongolischen Blockdrucke sind, wie schon Berthold Laufer es ausdrückte, »mongolische typographische Meisterwerke, die, nur als Proben der Buchdruckerkunst genommen, jeder großen Bibliothek Ehre machen würden«.

Viele der alten Druckplatten aber waren schon alt und abgenutzt, und das Holz war gerissen. Für die Herstellung der Druckplatten wurde mit Vorliebe Apfelbaumholz genommen. Im Kriegswinter 1944/45 gingen Gerüchte um, man habe begonnen, Druckplatten zu verheizen. Der Winter war kalt. Brennmaterialien waren damals in Peking knapp. Aber dies schien nur ein Auftakt zu weiterem bösen Geschehen gewesen zu sein. Als sich 1949/50 die kommunistische chinesische Armee Peking näherte, war die Knappheit an Brennmaterialien noch schlimmer. Damals sollen, wie erzählt wird, die Druckplatten des Sung-chu-szu in Rauch aufgegangen sein. Da Augenzeugen berichten, daß aus der Mandschurei vor den Kommunisten geflüchtete Studenten sogar nicht davor zurückscheuten, die Goldbrokatüberzüge alter Schriften zu verbrennen, um das wenige Gold aus den darinnen eingewirkten Goldfäden zu gewinnen, erscheint diese Nachricht glaubhaft. Neue Abzüge von Blockdrucken aus dem Sung-chu-szu sind jedenfalls nicht mehr auf dem Buchmarkt aufgetaucht. Die wenigen alten Drucke erreichen heute hohe Preise, denn sie sind im Wert gestiegen. Die Drucke, die ich noch kaufen konnte, sind jetzt ebenfalls in der Westdeutschen Bibliothek in Marburg. Sie ergänzen in fast allen Fällen die von Erich Haenisch 1936 gekauften mongolischen Blockdrucke aus Peking.

Der Zufall wollte es, daß ich fast nur solche Blockdrucke kaufen konnte, die Haenisch 1936 nicht erwerben konnte, weil gerade kein Exemplar abgezogen war.

Bekehrung zu wilden Göttern mit lodernden Haaren

Weit mehr als zweihundert solcher mongolischen Blockdrucke wurden in den Jahren von 1650 bis 1911 in Peking gedruckt. Darunter sind kleine dünne Drucke von nur wenigen Seiten, Gebete von nur wenigen Strophen. Die meisten aber sind Werke von hundert und mehr Blättern, und viele der großen religiösen

Grundschriften zählen fünfhundert bis achthundert Seiten. Das ist viel, wenn man bedenkt, daß Seite für Seite in eine Holzplatte geschnitten werden mußte und dann wieder Seite für Seite mit der Hand eingefärbt und gedruckt wurde. Maschinen gab es für diese Arbeit noch nicht, auch keine auswechselbaren Typen. Gedruckt wurde nur von feststehenden Platten, so wie die Chinesen seit dem 4. Jahrhundert schon druckten.

In der zweiten Hälfte des 18. Jahrhunderts kamen die Mongolen erneut mit dem tibetischen Buddhismus, der nach seinen Trägern, den Lama-Mönchen, Lamaismus genannt wird, in Berührung. Die Einflüsse aus der lamaistischen Bekehrung unter Dschingis Khans Nachfolgern hatten sich nach 1368, nach der Vertreibung der Mongolen aus China, in krassen Aberglauben verwandelt oder waren in Vergessenheit geraten. Die Mongolen verehrten meistens ihre Ahnengeister; Schamanen trieben böse Dämonen aus und deuteten Zeichen. Um 1557 aber geschah den Mongolen nach der Begegnung mit einigen tibetischen buddhistischen Missionaren etwas völlig Neues. Die bis dahin nur dem Diesseitigen hingegebenen Nomaden und Krieger wandten sich innerlichen Dingen zu – oder wurden zumindest von den Heilsversprechungen der neuen Religion angezogen. Wie ein Fieber ergriff in diesen Jahren die neue Lehre die Mongolen. Lamaistische Missionare wurden wie Heilige verehrt. Rückhaltlos gab man Altes auf. Die Mongolen versuchten durch Begeisterung wettzumachen, was sie an dem philosophischen Lehrsystem des Buddhismus nicht verstanden. Und da war vieles, was nicht zu verstehen war.

Bisher hatten sie sicherlich nicht die Fähigkeit besessen, die in der Geister- und Dämonenwelt des Schamanismus ausgedrückte ständige Bedrohung des Daseins geistig zu überwinden. Aus Eigenem hatten sie keine Heilslehre, keine Lehre, die ihnen ein Paradies versprach, geschaffen. Das scheint sonderbar, wenn man dagegen die arabischen Nomaden ansieht, die aus der Sterilität des Wüstendaseins die Religion des Islams mit ihren glühenden Paradiesversprechungen geschaffen haben.

Hier aber mußten erst die buddhistischen Missionare kommen und die Mongolen gewinnen. Aber als sie um die Mitte des 16. Jahrhunderts kamen, war die Zeit und waren die Mongolen für eine Bekehrung reif. Unsicherheit und Bruderkrieg, die Grenzkämpfe mit den Chinesen und gegenseitige Intrigen scheinen in den zweihundert Jahren seit ihrer Vertreibung aus dem Paradies der chinesischen Wirtskultur in den Mongolen eine große Müdigkeit und Sattheit gegenüber den diesseitigen Dingen geschaffen zu haben. In diesem Zustand brachte die neue Lehre jene Abwechslung, nach der die Mongolen sich schon lange gesehnt hatten. Die neue Lehre predigte von einer Götterwelt, in der gütige, barmherzige Buddhas ebenso zu Hause waren wie schreckliche Gottheiten mit verzerrten Fratzen, mit lodernden Haaren und Schädelkronen, die Donnerkeile, Schlingen, Waffen in den Händen trugen und auf blutigen Menschenhäuten statt Sätteln ritten.

Für die Masse der Mongolen blieb auch hier nur der Aberglaube. Den mischten sie mit ihren alten Glaubensvorstellungen, die der Buddhismus nie ganz zu vertreiben vermochte.

Gleichzeitig aber entstanden Klöster, bildete sich aus den neuerzogenen Mönchen eine bildungsbeflissene Schicht, die selber Neues zu schaffen anfing. Nur ein Teil dieses Neuen, oftmals auch geistig Abwegigen, ist in mongolischer Sprache und Schrift geschrieben, ein noch größerer Teil entstand in der liturgischen Sprache der lamaistischen Religion, dem Tibetischen – Literatur auf zwei Gleisen also.

Der Lamaismus in der Mongolei degenerierte ebenso rasch, wie er aufblühte. Mit der Unzahl moralisch verkommener Kleriker und verdummter Mönche haben die Ereignisse der letzten fünfzig Jahre aufgeräumt. Aber man kann nicht leugnen, daß für nahezu zweihundertfünfzig Jahre die Berührung der Mongolen mit dem Buddhismus ein neuer Impuls für Gutes und Böses war und das »heilige Wasser des Ganges«, wie Berthold Laufer es formulierte, »die öde Steppe befruchtet hat«.

Politik und echte Frömmigkeit

Als die Mandschu 1644 in China an die Macht kamen und ihre Dynastie begründeten, hatte der Lamaismus bereits große Teile der südlichen Mongolen erfaßt. Man mußte mit ihm rechnen. Das taten die Mandschu-Kaiser auch. Kaiser Kanghsi, der zweite Mandschu-Herrscher auf Chinas Thron (1661–1722), sein Nachfolger Yungtscheng (1722–1735) und dessen Sohn Kienlung (1735–1799) begünstigten die Ausbreitung des Buddhismus unter den Mongolen. Besonders sollen sie dabei den Druck der lamaistischen Werke in mongolischer Sprache in Peking gefördert haben.

Man hat darin später eine ganz hinterhältige Methode der Mandschu sehen wollen, die kriegerischen Mongolen mit Hilfe einer jenseitigen Religion vom Mitsprechen im Diesseitigen abzulenken und sie zu schwächen. »Die vielfach geäußerte Theorie, daß es der Buddhismus war, welcher die Mongolen aus wilden Eroberern und Weltenstürmern zu zahmen, friedlich die Steppe begrasenden Lämmern gemacht hat«, schreibt ein Gelehrter 1907, »gehört zu den vielen legendären Ansichten, die sich einmal in der Wissenschaft bilden und dann unausrottbar wie ein Dogma fortschleppen. Aber wer hat sie je ernstlich bewiesen? Tibeter und Chinesen haben, wann immer es ihr politisches Interesse erheischte, trotz allem Buddhismus ihre Kriege ruhig weitergeführt, und was soll man erst von den Japanern sagen?«

Der Schreiber dieser Zeilen war der schon öfter zitierte Berthold Laufer. Die Forschungen der letzten Jahrzehnte haben ihm recht gegeben. Es läßt sich nämlich keine besondere kaiserliche Initiative der Mandschu für den Druck der buddhistischen Schriften in mongolischer Sprache feststellen. Wohl haben Kaiser Kanghsi und sein Enkel Kienlung 1718 bis 1720 und 1741 bis 1749 den buddhistischen Kanon, die wesentlichsten Grundwerke des Buddhismus, in 108 und 226 Bänden für die Mongolen drucken lassen. Aber an der Entstehung der vielen Übersetzungen und ihrem Druck in Peking waren die Mandschu-Kaiser ziemlich unbeteiligt.

Wer aber war nun die treibende Kraft hinter diesen Drukken?

Als 1650 der erste dieser Pekinger Blockdrucke erschien, war Kaiser Kanghsi noch nicht geboren. Als um 1665 die nächsten dieser mongolischen buddhistischen Werke in Peking gedruckt wurden, war er ein zwölfjähriges Kind. Es ist wohl müßig, anzunehmen, daß ein Kind von zwölf Jahren geplante Religionspolitik treibt.

Aber Kaiser Kanghsis Großmutter, die ihn seit seinem zehnten Lebensjahre vorwiegend erzog und beeinflußte, war eine Mongolin. Hinter den Ausgaben mongolischer Werke stand die mongolische Aristokratie. Und wirklich: als Veranlasser der Blockdrucke und der Übersetzungen buddhistischer religiöser Werke aus dem Tibetischen ins Mongolische sind meistens die mongolischen Fürsten genannt. Adlige und Fürsten der ostmongolischen und südmongolischen Stämme gaben die Gelder für Übersetzungen und Drucke. Weshalb taten sie das?

Das Vervielfältigen und Verbreiten religiöser Schriften galt als besonders verdienstvolle Handlung. Man glaubte, sich durch das Abschreiben von religiösen Schriften und deren Drucklegung das Wiedergeborenwerden im Paradies zu sichern. Deswegen spendeten die mongolischen Fürsten und Adligen des 17. und 18. Jahrhunderts große Summen für die Übersetzung und den Druck heiliger Schriften.

Was kostet die Seligkeit?

1713 spendete ein chalcha-mongolischer Fürstensohn für den Druck eines Werkes von 4701 Blättern – das sind 9402 Seiten – zweitausend Unzen Silber. Das Schnitzen der Druckplatten der 1300 Blatt – also 2600 Seiten – umfassenden Ausgabe der gesammmelten Werke des Mergen dijantschi kostete 1780–1783 einhundertvierzig Unzen Silber. Damit wurden die Plattenschneider drei Jahre lang bezahlt. In der Mitte des 18. Jahrhunderts beliefen sich die Kosten für Tusche und Papier zum Abdruck eines kleinen Werkchens von nur 30 Seiten auf den fünfhundertsten Teil einer Silberunze.

Was konnte man für eine Unze Silber damals kaufen? Dafür gibt es keine genauen Vergleichszahlen. Die mongolischen Hausfrauen führten keine Haushaltsbücher, zumindest sind uns keine bekannt geworden. Aber eine Angabe erlaubt eine gewisse Vorstellung vom Wert einer Unze Silber. Als Kaiser Kienlung 1743 das neugegründete Lamakloster Yung Ho-Kung in Peking einweihte, kaufte er für die 200 bis 300 Mönche des Klosters Lebensmittel für 3000 Unzen Silber. Diese sollten für mehrere Jahre reichen. Genauere Zahlen liegen aber für das Ende des 18. Jahrhunderts und das 19. Jahrhundert vor: ein Kamelwallach kostete zwischen 20 und 30 Unzen, ein Pferd 8 bis 12 Unzen, eine Kuh 8 bis 10 Unzen und ein Schaf je nach seinem Zustand nur bis zu einer Unze Silber. Spendete also ein mongolischer Fürst mehrere hundert oder sogar 2000 Unzen Silber, dann war ihm die Aussicht, im Paradies der Lamaisten wiedergeboren zu werden, wirklich etwas wert.

Verzeichnisse der guten Absichten

Weitaus der größte Teil der mongolischen Blockdrucke hat am Schluß ein Nachwort, einen »Kolophon«. Die europäischen Literaturwissenschaftler wären glücklich, wenn es in den europäischen Literaturen immer solche Nachworte gäbe. Hier verzeichnen die mongolischen Autoren, die Übersetzer, Zeit und Beweggründe, sie nennen ihre Auftraggeber und loben deren gute und fromme Absichten. Genau wird verzeichnet, wie generös der fromme Spender war und wieviel Silber er für Übersetzung und Druck gegeben hat. Geschichtliche Nachrichten, die sich in keiner anderen Quelle sonst vorfinden, sind eingestreut und im Zusammenhang mit der Abfassungszeit des Werkes genannt. Oft sind die Angaben der Kolophone auch ein wenig eine Chronique scandaleuse. Da wird berichtet, eine Nonne habe gesündigt und habe das Werk nun als Buße abgeschrieben, dort läßt ein Fürst ein anderes Werk drucken, um ein Vergehen gutzumachen. Aus den Kolophonen verschiedener Werke, die den gleichen Mäzen als Auftraggeber nennen, lassen sich die Namen seiner verschiedenen Gemahlinnen erschließen, kein anderes Dokument hat sie sonst bewahrt. Die meisten dieser Nachworte sind kunstvoll gereimt. Ihre Verfasser bemühten sich oftmals so sehr als Dichter, daß darunter der Sinn dessen litt, was sie mitteilen und für die ferne Nachwelt bewahrt wissen wollten. Viele der Kolophone muß man aber auch als sehr schöne Beispiele der mongolischen Dichtkunst des 17. und 18. Jahrhunderts gelten lassen.

Ein Nachwort in einer ganz alten Handschrift der Königlichen Bibliothek Kopenhagen weist diese als ganz frühes Übersetzungswerk aus der Zeit des sonst von geschichtlichem Dunkel umhüllten Altan Khan, des Patrons der Ausbreitung des Lamaismus, aus.

Die Wiedergeburt des Weltenherrschers,
Die zum Nachkommen Dschingis Khans in der
25. Generation geworden
Hochberühmt als Altan Khan ist und,
Geschmück mit Tugend und Weisheit, nur
an das Wohl der Bewohner dieser Welt denkt
Und wahrhaft wie Esrua allein beabsichtigend
Die Herrschaft der buddhistischen reinen Lehre über alles
zu erheben,
Den Dalai Lama Boddhisattva kommen ließ,
So die Lehre Buddhas ihren Anfang nehmen ließ und
die Mönchsgemeinde im mongolischen Volk begründete,
ordnete, eingedenk des Wohles der Lebenwesen, an:
Schreibt nieder das Goldglanz-Sutra!

Auf diesen Befehl hin, ließ der Altan Khan leiblicher Enkelsohn,
Ilagugsan buyan-u erke Bayagud-un bagatur,
Indem er vor dem ganzen Volk den Anfang machte,
Durch Atschirai guosi, Dschivandan sangbu erkelur
und andere kunstreiche Schreiber
es der Ausgabe wegen niederschreiben
und es sich so verbreiten . . .!

Noch genauer sind die Angaben der meisten Pekinger mongolischen Blockdrucke. Über die Entstehung eines Druckes von 1714 heißt es da:

Da Schuntschi Herrscher geworden war
Durch die Kraft der Verdienste früherer Gebete, ließ
Dieser den hohen erhabenen Dalai Lama kommen.
Als er dann »Was ist das Wesen der indischen und tibetischen heiligen Schriften?« gesagt,
Antwortete in Entgegnung der heilige Lama wie folgt:
»Die von Buddha gelehrten Worte, die 84000 Strophen
Sind Zugänge dafür, das Wohl aller sechs Arten Lebewesen
Stetig zu verbreiten!« und so wurden durch die Kraft,
Daß man so wie gelehrt solches wiederholt abschreiben und rezitieren ließ,
Die fünf Übel und die zehn Hauptsünden vernichtet,
Auf daß man klarsten in den ganzen Geburtsreihen
Dem erhabenen guten Meister (Buddha) begegne.
Es wurde an einem günstigen Tage des
Schaltmonates des Blauen Pferdjahres, des
53. Regierungsjahres des Kaisers Kanghsi (1714)
der großen Tsing-Dynastie zu schreiben begonnen
und wurde an einem günstigen Tag des Herbst-Endmonates des gleichen Jahres beendet.
Der Fu-Dalai genannte, wohnhaft außer-

halb des Tores des gefestigten Friedens,
hat es in Blöcke geschnitten und (im Druck)
herausgegeben!

Es ist klar, daß diese Nachworte von größtem Wert für die literaturhistorische und historische Forschung sind. Als ich vor mehr als einem Jahrzehnt daran ging, die Entstehung der Pekinger lamaistischen Blockdrucke und die dahinter lebendigen Triebkräfte zu untersuchen und in einem Buch darzustellen, war ich vor allem auf die Angaben der Kolophone von mehr als 220 mongolischen Blockdrucken angewiesen. Ich hatte sie aus Bibliotheken und Sammlungen in fast der ganzen Welt zusammengetragen. 399 Namen von tibetischen und mongolischen Lamamönchen, hohen Geistlichen, mongolischen Fürsten und Prinzessinnen waren in ihnen genannt. Ihre Absichten und Beweggründe verwoben sich zu einem kaleidoskopartigen Bild der mongolischen Geistesgeschichte zwischen 1650 und 1911. Es stellte sich heraus: Es waren vor allem die mongolischen Fürsten und besonders ihre Frauen, die die frommen Mönche beim Druck und der Herstellung der heiligen Schriften unterstützten und förderten.

8. Kapitel

Politik in Notizbüchern

»Ästhetische Definitionen und moralische Maximen«

Die Sitte, literarische Notizbücher zu führen, hat es in vergangenen Jahrhunderten immer und überall gegeben. Gelegentlich kann man sie in Europa noch auf dem Bücherkarren kaufen, jene Notizbücher, in denen jemand seine Lesefrüchte aufgeschrieben hat, Gedichte an ›Marianne‹, eine Nachricht über ›Kotzebue's Todt‹ und einen uns heute langatmig anmutenden ›Liebesschwur‹. Nicht immer führen diese Notizbücher aus einer Zeit, in der ein Buch noch eine Kapitalanlage war und die geringen Auflagen es einfach für jedermann unmöglich machten, das Buch zu erwerben, einen Titel. Man schrieb sich eben für den eigenen Gebrauch ab, was beim Lesen gefallen hatte. Aber manchmal heißt ein kleines Heft voller Notizen aus dem Jahre 1776 auch hochtrabend ›Encyclopaedi aesthetischer Definitionen, moralischer Maximen und philosophischer Betrachtungen über Religion, Philosophie, Literatur und Zeitgeist‹. Obwohl 1450 Johann Gensfleisch, den man Gutenberg nannte, die Kunst Schriftliches zu vervielfältigen, einführte, sind noch lange Zeit solche Notizbücher wichtige Quellen für unsere Dichtkunst geblieben. Für die mongolische Dichtung des vergangenen Jahrhunderts und der Jahrhundertwende aber sind diese Sammelnotizbücher fast die einzigen Quellen.

Die Handschrift aus dem Hirtenbanner

Als 1943 mir eines Tages ein junger Mongole aus dem Dschoktschin-Ail des Küriye-Banners ein dickes Manuskript brachte, erkannte ich nicht gleich, daß ich hier eine dieser wichtigen Sammlungen vor mir hatte. Die auf dickes, graubraunes Papier geschriebene Handschrift hatte als Titel ›Buch der Rätsel‹ und so dachte ich zunächst, der junge Manidschab habe mir eine Sammlung mongolischer Rätsel geschenkt. Auch darüber war damals nicht viel bekannt und ich sah bereits im Geiste, wie ich diese Rätsel übersetzen und herausgeben würde.

Manidschab, dem ich das Manuskript verdankte, stammte aus dem Küriye-Banner, einer ostmongolischen Landschaft, die reich an geschichtlicher Überlieferung ist. Schon im 16. Jahrhundert hatte dort Ligdan Khans Großvater seine Residenz. Später baute Ligdan, der skandal- und sagenumwitterte letzte Großkhan der Mongolen, dort Lamaklöster. Die Laienbevölkerung, die er den frommen Mönchen als Hilfs- und Arbeitskräfte gab, stammte aus den Stämmen der Tsachar und Tümet. Darüber ist bis in die jüngste Zeit die Überlieferung lebendig. Das Küriye-Banner bildete seit dem Anfang des 17. Jahrhunderts ein unabhängiges Klosterbanner. Die Dschoktschinar aber, die Bewohner der Siedlung, aus der jener junge Mongole stammte, dem ich die schöne Handschrift verdanke, waren ursprünglich Dienende gewesen, die in der Dschocha, in der Klosterküche, beschäftigt waren. Mit ihren Familien hatten diese für niedere Arbeiten bestimmten Leute rings um Tempel und Kloster gesiedelt. Im Laufe der Jahrzehnte kamen Familien anderer Stämme hinzu, chinesische Händler ließen sich nieder, die Häuser wurden immer stabiler gebaut und so entstand rund um das Kloster ein festes Dorf, ein typisches Beispiel für das Entstehen fester Siedlungen im nomadischen Weideland.

Die Handschrift hatte Manidschab von seinem schon lange verstorbenen Onkel erhalten. Dieser war aus dem Sürüg-Banner gekommen, einer der Keimzellen des mongolischen Nationalismus und antichinesischen Widerstandes. Sürüg bedeutet auf Mongolisch »Herde«. Einst hüteten die Sürüg-Mongolen die Pferde der Mandschu-Kaiser, die diese für die jährlichen Opfer vor den Kaisergräbern bei den Mukden benötigten. Sie taten das über zweihundertfünfzig Jahre lang, seit man ihnen im 17. Jahrhundert diese Aufgabe übertragen hatte. 1902 aber brach in ihre Gebiete die chinesische Siedlung herein. Das ruhige Hirtendasein war damit zu Ende.

Hat Konfuzius gesiegt?

Überall dort in der inneren und östlichen Mongolei, wo die chinesischen Siedler in das mongolische Weideland eingesickert waren, stand die Sache für die Mongolen schlecht. Die chinesischen Siedler engten mit ihren Äckern die Weideflächen ein. Für die mongolische Weidewirtschaft mit großen Herden waren große Weideflächen notwendig. Die chinesischen Siedler bebauten die fruchtbaren Weiden, drängten so die mongolischen Herden in die sandigen, unfruchtbareren Gebiete im Norden und Nordwesten zurück. Das Ergebnis war die zunehmende Verringerung der Viehzahlen. Den so mit den Chinesen in engem Kontakt lebenden und in ihrem Weideraum nun begrenzten Mongolen blieb allmählich nichts anderes übrig, als es den Chinesen gleichzutun und sich auch im Ackerbau zu versuchen. Wahllos angelegte Brachäcker ohne Düngung ergaben aber nur ein weniges von der Ernte, die der chinesische Bauer auf dem gleichen Boden gewann. War der Boden ermüdet, wurde von den Mongolen ein anderes Stück Land bepflanzt, das alte blieb unbearbeitet dem Unkraut überlassen. Im landwirtschaftlichen Wettstreit mit den Chinesen war der Mongole unterlegen. Zunehmende Armut der mongolischen Bevölkerung war die Folge. Der Zwang zum Ackerbau und der Mangel an geeigneten fruchtbaren Weidegebieten brachte es für die bisher mit ihren Herden zwischen Winter- und Sommerweide hin- und herziehenden Mongolen mit sich, daß sie sich auch mit dem Gedanken an das Seßhaftwerden abfinden mußten.

Die Mongolen jedoch, die seßhaft geworden waren, führten ein jämmerliches Dasein. Aus dem runden, transportablen Nomadenzelt entwickelten sich etwas festere Hütten, indem sie die Wände, die früher mit Filz bekleidet gewesen waren, grob mit Lehm verschmierten. Bald danach kam dann eine Lehmhütte im Stile der chinesischen Siedlerhütten mit einem Tonnengewölbedach. Zäune aus Reisern umgaben diese ärmlichen Anwesen. Das Pferd, einst das Tier, dessen große Herden den Reichtum der Mongolen ausgemacht hatte, verschwand rasch. Für Pferdeherden braucht man Raum. Nun hatte der mongolische Siedler einen einzigen Ochsen. Ein paar Ziegen und Schafe, wenige Schweine waren sein Viehbesitz. Infolge ihrer besseren Ackerbaumethoden wurden die Chinesen bald zu den sozial Überlegenen. Der arme Mongole glich sich den Chinesen an, übernahm Teile ihrer Bräuche, Ehen mit Chinesinnen wurden häufig, die Kinder waren zweisprachig; langsam überwog die chinesische Sprache. Und gleichzeitig wuchs in diesen Gebieten, die von der chinesischen Siedlungswelle so überrollt worden waren, der mongolische Nationalismus, wuchs der Haß gegen die Chinesen. Ein Teil der Mongolen ließ alles im Stich und wurde zu Räubern, die, von der chinesischen Polizei gejagt, in den Bergen und in den Steppen herumzogen, aber frei waren und sich durch Überfälle auf die aufblühenden chinesischen Ackerbausiedlungen an ihren Verdrängern rächten.

So war es bald auch im Sürüg-Banner. Hier gelang es Babodschab, einem der legendären Führer des Kampfes gegen die Chinesen, seine berühmten »Dreizehn Kompanien« zu rekrutieren. Diese machten den chinesischen Siedlern schwer zu schaffen. Die chinesische Polizei verfolgte sie als Räuber und Banditen. Für die Mongolen jedoch waren sie Patrioten, denen man half, indem man ihnen nachts Verpflegung brachte und ihnen Hinweise gab. Viele mongolische Balladen erzählen noch heute von Babodschab und seinen dreizehn Kompanien.

Aus dem Sürüg-Gebiet stammte auch Tochtoch taidschi, dem später 1911 der Dschebtsundampa Chutuktu den Titel eines Herzogs der Mongolei verlieh und ihn zum Führer seiner Leibgarde ernannte. In der unruhigen Zeit nach 1902 und nach dem Ende des russisch-japanischen Krieges 1905 sammelte Tochtoch Unzufriedene um sich. Auch er fing als Banditenhäuptling an, der gegen die chinesischen Siedler kämpfte. Seine Bande hatte immer mehr Zulauf von Charatschin-Mongolen, die von den chinesischen Siedlern von Haus und Hof vertrieben worden waren. Tochtoch und seine Krieger wurden für die durch den chinesischen Siedlerstrom verbitterten und beunruhigten Ostmongolen ein Symbol des Widerstandes gegen die Chinesen. Aus der Räuberbande war bald ein Heerhaufe geworden, der den gegen ihn eingesetzten chinesischen Truppen Niederlage auf Niederlage beibrachte.

Das Kupfergeld wurde verteilt,
Dann desertierten viele.
Der Deserteure Zahl war groß
Und Tochtoch taidschi führte sie im Kampf!
Als Silbergulden bezahlt waren,
Da marodierten viele,
Der Marodeure Zahl war groß,
Und Tochtoch taidschi führte sie zum Kampf!
Repetiergewehre wurden verteilt,
Reiche und Arme,
Reiche und Arme trugen sie,
Und sie holten die Kühe vom Pfluge weg . . .

heißt es in einer der vielen Balladen über Tochtoch und seine Kämpfe gegen die Chinesen, die ich selbst in der östlichen Mongolei noch 1943 gehört habe und aufzeichnen konnte.

Das Buch, das die Lippen kräuselt

Die Handschrift aus dem Sürüg-Banner, die Manidschab mir mitgebracht hatte, war unvollständig. Es fehlten, wie dies so oft bei mongolischen Manuskripten der Fall ist, die letzten Seiten. Das leicht zerreißbare Papier ist nichts für die Beanspruchungen des Nomaden- und Hirtendaseins. Bücher mit Seiten aus Leder oder Pergament wären da schon eher geeignet.

Die Handschrift hatte aber ein Vorwort. Dieses nun entsprach so ganz den Gedanken, wie sie die Mongolen der ostmongolischen Gebiete um die Wende des vergangenen Jahrhunderts und in den ersten Jahren nach 1900 beherrschten. Der unbekannte Sammler hatte in einer Zeit, in der alles Alte verloren ging, in seinem Buche »beliebte Gedichte, Lieder und Rätsel von früher und heute« zusammengestellt. Und weil sie das Lachen hervorrufen können, gab er seiner Sammlung den Namen ›Buch, das die Mundwinkel kräuselt‹. Was aber brachte die Mongolen zum Lachen? Da findet sich ein ›Lied vom Erkennen des Fürsten‹, dem sogleich ein ›Lied der Warnung‹ folgt. Nach dem ›Liedchen, das den Habenichts beruhigt‹, findet sich eines, »das die Welt ermahnt«. Ein Gedicht der Sammlung beneidet die Blumen und ein anderes klagt über des Menschen Brauch. Der Branntwein wird in einem Lied gelobt, im anderen getadelt. Und die einzige Prosageschichte, die der anonyme Sammler um 1900 des Aufzeichnens wert fand, erzählt von einem Mönch, der ein Elsternpaar beobachtet. Die Elstern trauen dem Menschen nicht, lassen sich dann aber doch mit ihm in ein Gespräch ein. Als dann das Elsternmännchen eine Reliquie im Reliquienkästchen, das der Mönch um den Hals trägt, verehren will und heranfliegt, erschlägt der Mönch das Elsternmännchen. Deshalb zurechtgewiesen, verteidigt er sich damit, er habe geglaubt, die Elster wolle ihm die Reliquie stehlen. Das sterbende Elsternmännchen aber belehrt die zusammenströmenden Vögel über das rechte Leben. Auch hier im Gewande der frommen Legende Kritik am entarteten Mönchstum. Was der Sammler und Schreiber dieser Geschichten und Lieder des Aufzeichnens wert fand, reflektiert den geistigen Hintergrund der Unzufriedenheit der Mongolen um die Jahrhundertwende, aus dem zuerst der stille und dann der aktive Widerstand gegen Mandschu-Herrschaft und Chinesen erwuchs.

Waren Mongolen und Chinesen immer Feinde?

Chinesen hat es immer in der Mongolei gegeben, ebenso wie durch alle Jahrhunderte der chinesischen Geschichte die chinesische Nordgrenze immer und immer wieder von den »Barbaren« bedroht und oftmals überschritten worden ist. Solche Beziehungen wird es immer dort geben, wo zwei wirtschaftlich ungleiche Völker einander berühren. Die Geschichte des mongolisch-chinesischen Gegensatzes ist in erster Linie die Geschichte des Strebens der Nomaden nach zusätzlichen Ackerbauprodukten und den Luxuserzeugnissen einer höheren Kultur, die die Nomadenwirtschaft selbst nicht produzieren konnte. Hinter den großen militärischen Bewegungen der Vorgänger der Mongolen und der Mongolen selbst gegen China, hinter den vielen kleinen Raubzügen und Grenzüberfällen der Mongolen stand meist als Motiv der Wunsch nach den Zusatznahrungsmitteln, die der chinesische Bauer produzierte, und nach den Luxusgütern, die die Stadtkultur der Chinesen hervorbrachte. Wo Chinesen in größeren oder kleineren Kolonien im mongolischen Weideland siedelten, handelte es sich meistens um Militärkolonien, die dem Schutzwall der Großen Mauer vorgeschoben waren. Nach dem Sieg der Mongolen über China im 13. Jahrhundert wurden Chinesen nach der Mongolei umgesiedelt, um dort für die Mongolen Zusatznahrungsmittel zu produzieren. Auch Kolonien chinesischer Handwerker gab es zur Zeit der mongolischen Herrscher sowohl in Karakorum wie an anderen Plätzen der Mongolei. Während der Mongolenherrschaft waren die Mongolen die Herren, die Chinesen zählten zur untersten Bevölkerungsgruppe des Mongolenreichs. Nach dem Zusammenbruch des Mongolenreichs 1368 waren noch durch viele Jahrzehnte mongolische Tracht, mongolische Namen, mongolisches Brauchtum bei den nun zum Herrschaftsvolk unter der Ming-Dynastie aufgestiegenen Chinesen vorherrschend, und es bedurfte drastischer Verbote und kaiserlicher Erlasse der jungen chinesischen Nationaldynastie der Ming, um die chinesische Bevölkerung von diesem Nachahmen mongolischen Wesens abzubringen.

Tausende von Mongolen aber, die beim Zusammenbruch des Mongolenreichs innerhalb Chinas gelebt hatten und dort garnisoniert gewesen waren, wurden von den Ming in den Dienst der neuen Dynastie übernommen und leisteten dieser loyale Dienste. Der erste Kaiser der Ming-Dynastie, der den Aufstand gegen die Mongolenherrschaft zum Siege geführt hatte, erließ gleich nach dem Zusammenbruch der mongolischen Herrschaft einen Erlaß, daß alle Mongolen, die auf chinesischem Boden lebten und unter den Einfluß chinesischer Zivilisation gekommen waren, seine Untertanen seien und den Chinesen gleich behandelt werden sollten. So sind im Laufe eines Jahrhunderts Zehntausende von Mongolen von den Chinesen assimiliert worden und im chinesischen Volkstum aufgegangen.

Als die Kräfte der Ming-Dynastie im 16. Jahrhundert erschlafften und die Mongolen in der Mongolei unter Altan Khan eine ernste Bedrohung der chinesischen Nordgrenze darstellten, waren es fünfzigtausend chinesische Bauern, unter ihnen zehntausend flüchtige Anhänger der in China verfolgten religiösen »Weißen Lotus«-Sekte, die durch ihren Ackerbau und dessen Produkte die Mongolen des Altan Khan auch wirtschaftlich so stark machten. In all diesen Fällen handelte es sich um Chinesen, die unfreiwillig als Gefangene, als zum Wehrbauerndienst Verpflichtete oder als Flüchtlinge nach der Mongolei gekommen waren. Niemals war es eine bewußte chinesische Expansionsbewegung gewesen, ein freiwilliger Zug nach dem Norden zur Kolonisation des mongolischen Weideraumes. Diese sollten erst in den letzten Jahrzehnten der Mandschu-Herrschaft beginnen. Mit ihr kam der Haß, die bewußte Auseinandersetzung zwischen Mongolen und Chinesen. Trotz der Assimilierung von Zehntausenden von Chinesen in den Armeen Dschingis Khans, von weiteren Zehntausenden im Laufe der nächsten Jahrhunderte als Ackerbauarbeiter der mongolischen Khane, trotz der Assimilierung von Abertausenden von Mongolen während der Mingzeit in den chinesischen Volkskörper waren sich die beiden Völker kulturell und geistig fremd geblieben. Wohl waren Gedanken des Konfuzianismus, der chinesischen Staatsphilosophie, des Taoismus und vor allem seiner mystischen Formen, des Zaubertaoismus, im Laufe der Jahrhunderte von den Mongolen aufgenommen worden, hatten die Wohlhabenderen sich die angenehmen Seiten der chinesischen Wohnkultur zu eigen gemacht – in der geistigen Grundsubstanz blieben sich der nomadisierende Viehzüchter und der seßhafte chinesische Bauer und Städter fremd und im Wesen entgegengesetzt. Der Chinese blickte und blickt voll Verachtung auf den ungeschlachten Mongolen herunter. Das gleiche tut der Mongole, für den die Enge der ummauerten Siedlung, der Stadt, eine unverständliche Beengung der individuellen Freiheit darstellt.

Auch die Anerkennung der Oberherrschaft der Mandschu durch die Mongolen war in der ersten Hälfte des 17. Jahrhunderts nicht reibungslos vor sich gegangen. Gewiß, die östlichen Mongolenstämme waren durch die Maßlosigkeiten Ligdan Khans auf die Seite der Mandschu gedrängt worden, zu denen sie teilweise bereits enge familiäre Bindungen durch Heirat besaßen. Aber Ligdans Traum von einem einigen mongolischen Reich war nicht zu Ende geträumt, als er 1643 starb. Noch seine Enkel versuchten, gegen die Mandschu zu revoltieren, die sich damals bereits mit China identifizierten. Die Ordus-Fürsten mußten mit Waffengewalt in der zweiten Hälfte des 17. Jahrhunderts überwunden werden. Keiner der alten Fürsten wurde von den Mandschus bestätigt; eine neue Schicht mandschufreundlicher Adliger diente als Fürsten der Ordus weiter. Die Aufstandsbewegungen des Ölöten-Fürsten Galdan, seiner Nachfolger Dawatschi und Amursana waren erneute Versuche, die Autonomie der Mongolei zu erkämpfen. Immer und überall in der Mongolei flammte im 18. und frühen 19. Jahrhundert der Widerstand gegen die Mandschu und die Chinesen auf. Nicht nur kulturelle Verschiedenheiten trennten die beiden Völker; die Mongolen lebten im Bewußtsein der Notwendigkeit und Berechtigung eines eigenen mongolischen Staates.

Antichinesische Sendschreiben in Oslo

Norwegische evangelische Missionare, die in der Mongolei gearbeitet haben, brachten die zwei Notizbücher mit, die heute in der Universitätsbibliothek Oslo aufbewahrt werden. In buntes Zeug, in Reste von Kleidern oder Schürzen, sind jedesmal etwas mehr als hundert Blatt Papier zusammengebunden. Die Schriften variieren, es ist nicht immer der gleiche Schreiber gewesen, der hier niederschrieb, was er des Aufbewahrens für wert hielt. Schriften in Tusche, mit Pinsel geschrieben, wechseln mit Eintragungen in der typischen hellvioletten russischen Füllfedertinte.

Beide Notizbücher enthalten kurze Erzählungen, moralistische Sprüche und Lehren. Daneben aber enthält das eine Heft Hirtenbriefe des höchsten lamaistischen Würdenträgers der Chalcha-Mongolei, des 8. Dschebtsundampa Chutuktu. Hirtenbriefe der großen lamaistischen Geistlichen sind nichts Neues. Gerade von den in der Chalcha-Mongolei so einflußreichen Dschebtsundampa Chutuktus sind verschiedene solcher schriftlichen Ermahnungen bekannt. Meist in gereimter Form wenden sich darin die geistlichen Herren an ihre Schäflein und ermahnen sie zur genaueren und besseren Befolgung der Vorschriften der buddhistischen Religion. Auch der 8. Nachfolger auf dem Throne der Dschebtsundampa Chutuktu hat solche episkopischen Sendschreiben erlassen, in denen er gegen die »Exzesse der Chalcha-Mongolen im unehelichen Geschlechtsverkehr, verderblichen Tabaksgenuß und schwarzen Branntwein« wetterte.

Die Hirtenbriefe des Urghaer geistlichen Oberhauptes jedoch, die das Osloer Notizbuch bewahrt hat, sind von ganz anderem Charakter. Sie zeigen nämlich, wie der 8. Dschebtsundampa Chutuktu, der 1911 der erste und zugleich letzte Herrscher der unabhängigen Mongolei werden sollte, die Mongolen in einem der entscheidenden Abschnitte ihrer modernen Geschichte beeinflußte und sie gegen die Chinesen aufwiegelte.

Ein Mann von kindlichem Eigensinn

Der 8. Dschebtsundampa Chutuktu war zwar von Geburt Tibeter, als Sohn eines Beamten des Dalai Lama in Lhasa geboren. Schon mit drei Jahren war er als Wiedergeburt des 7. Dschebtsundampa Chutuktu erkannt, aus seiner tibetischen Heimat 1873 nach Urgha, Sitz der Dschebtusundampa Chutuktus und Hauptstadt der nördlichen Mongolei, gebracht worden. Unter Mongolen wurde er groß und lernte bald wie ein mongolischer Adliger zu denken und zu empfinden. Von seinem siebzehnten Lebensjahr an umgab er sich mit einer Gesellschaft »lustiger« Kerle und führte ein recht wenig heiligenmäßiges Leben. Er trank, rauchte, liebte die Frauen. Einer seiner hervorstechenden Züge war unberechenbare Grausamkeit seinen Untergebenen gegenüber. Er starb 1924 als geschlechtskranker, verblödeter und erblindeter Säufer. Für das Volk der Chalcha-Mongolen war dieser Inhaber der höchsten geistlichen Würde in der nördlichen Mongolei Gegenstand höchster Verehrung und Anbetung, ganz gleich wie schlecht seine persönliche Lebensführung auch war. Alexej Pozdneev, der berühmte russische Mongolist und Mongoleireisende, der den 8. Dschebtsundampa Chutuktu 1892 als zweiundzwanzigjährigen jungen Mann kennenlernte, gibt von ihm diesen Eindruck wieder:

»... er ist von etwas weniger als mittelgroßer Gestalt und hager. Sein Gesicht ist gelblich, ohne den geringsten Anflug von Röte. Noch unangenehmer wirkt er durch den ihm ständig eigenen Ausdruck von kindischem Eigensinn und launenhafter Halsstarrigkeit, aber auch infolge der ungewöhnlich sinnlich gebildeten Lippen.«

Dieser zwielichtige Inhaber der höchsten geistlichen Würde des Lamaismus in der Nordmongolei war schlau genug, um die politische Unruhe in der Mongolei zu erkennen und sich mit ihr zu identifizieren. Mit der Gründung geheimer Klubs gegen die Steuerwillkür der Mandschu, die chinesischen Siedler und ungerechte Adlige hatte es im Ordus-Gebiet begonnen. 1858 war der erste »Dughuilang«, so nannten sich die Geheimbünde im Üschin-Banner des Ordus-Bundes, gegründet worden, in einem der Gebiete, wo es immer weiter gärte, wo später der »Neue-Lama« Öldschei dschirghal bis zu seiner Erschießung 1929 sein Unwesen treiben sollte. Im benachbarten Otok-Gebiet entstand 1861 die erste Geheimgesellschaft gegen chinesische Unterwanderung. In kreisförmiger Anordnung schrieben die Mitglieder der Geheimbünde ihre Namen ein. So konnte man im Fall der Entdeckung niemals den Anführer erkennen, sondern jeder stand für jeden. Die Gefahr der chinesischen Unterwanderung stieg im letzten Drittel des vergangenen Jahrhunderts:

1860 gestattete die chinesische Regierung den Chinesen die Ansiedlung an der östlichen Grenze der Chalcha-Mongolen, im Gebiet von Harbin.

1878 wurde diese Erlaubnis auf das Gebiet der ostmongolischen Fürsten ausgedehnt.

1880 wurde bereits ein amtliches chinesisches Kolonisationsbüro für die mongolischen Gebiete gegründet.

All dies alarmierte auch die Mongolen der nördlichen Mongolei. Man war unzufrieden mit den Fürsten, den Mönchen und mit den Chinesen. Vor allem aber wuchs der Haß gegen die Mandschu, die offiziellen Oberherren über die Mongolei. Die schon schwebende Unruhe wurde noch angefacht durch Nachrichten von den Aufständen der antimandschurischen, sektiererischen Taiping-Rebellen (1870–1871) und später von den Boxerunruhen (1900), deren Wellen bis in die nördliche Mongolei spürbar wurden.

Wer die Chinesen nachahmt, stirbt!

Der 8. Dschebtsundampa Chutuktu war sich dieser Entwicklung wohl bewußt. Obwohl er soff und hurte, war er ein politisch klar denkender Mann. Die Abschriften der Hirtenbriefe aus dem Jahre 1892, die in dem Notizbuch der Osloer Universitätsbibliothek erhalten blieben, lassen erkennen, wie er schlau und heimlich die antimandschurischen und antichinesischen Gefühle ausnutzte.

In einem anderen seiner Sendschreiben aus dem Jahre 1889, oder 1901, das die Königliche Bibliothek Kopenhagen bewahrte, mokiert er sich inmitten frommer, auf das Seelische gerichteter Ermahnungen ganz plötzlich und realistisch über die Mandschu. »Als meine 5. heilige Wiedergeburt (der 1815–1841 lebende Dschebtsundampa Chutuktu) mit vielen Mandschu-Beamten nach Urgha kam und sie da herumstolperten, sagte man voller Berechtigung, daß dies das Benehmen von Fremden sei! Nun aber, was würde das erst sein, wenn ich auf einmal den Wunsch entwickeln wollte, Mandschu-Kleider tragen zu wollen?«

Noch deutlicher, mit Hilfe religiöser Verzierungen und Vorstellungen, hetzte der 8. Dschebtsundampa 1892 gegen die Chinesen. In dem in Oslo erhaltenen Notizbuch erzählt er, daß er in der Nacht des 15. Neujahrsmonats träumte: »Und plötzlich erschien da jemand, der auf fünffarbigen Wolken saß. Er trug die Kleidung einer Person von Stand mit einem Hutknopf, aber der Hut war der Hut der Geistlichkeit. Höflich neigte er sich vor mir im Kotau, preßte die Handflächen aneinander und sagte: ›Khan Hormusta hat mich vom Himmel geschickt und dies befohlen, denn er hatte die Leiden der Mongolen vor seinen Augen . . .!‹«

Bewußt nutzte der Dschebtsundampa den alten Glauben der Mongolen an einen alten Himmelsfürsten Hormusta, der Herr über Himmel und Erde ist. Was von dem kam, war himmlisches Gebot! Als solches galt denn auch, wenn er sagte: »Nun wurde gesagt, daß ein Mongole sterben müsse, wenn er mit weißem Hut und chinesischen Schuhen die Chinesen imitiert. Wenn das alles zu Ende gebracht ist, wird es nie mehr passieren und die gute Zeit der Mongolen hat begonnen.« Alle sonderbaren Ereignisse des Jahres 1892 sind »Zeichen für den Beginn einer neuen Zeit«! Darauf aber folgt als himmlischer Befehl die Weisung »vom 1. des fünften Monats (1892) nach Süden zu reiten und die vielen Chinesen zu vernichten, die den Boden durch ihr Pflügen gelb und trocken machen!«

Die Rechnung geht auf

Niemand ritt 1892 gegen die Chinesen. Aber das Volk wußte, daß sein geistliches Oberhaupt ebenfalls die Chinesen und Mandschu haßte. Im übrigen war man mit seinen Fürsten unzufrieden. 1891 gab es Unruhen gegen den Tüschijetü Khan der Chalcha, 1897 Streit mit baitischen Prinzen, Ärger mit Mönchen in Ulangom; 1900 aber brach der Aufstand der Garnison von Kiachta gegen die Mandschu los. Obwohl er niedergeschlagen wurde, blieb er ein Fanal. Der chinesische Resident Sangdowa, der politische Vertreter des Mandschu-Kaisers in Urgha, begann nun, den Mongolen die Macht der Mandschu-Herrschaft unangenehm zu demonstrieren. 1910 befahl er in Urgha den Bau einer Kaserne für die mandschurischen Wachtruppen. Die mongolischen Nationalisten beschlossen in Geheimsitzungen die Loslösung von China. Im Juni 1911 reisten Vertreter der Chalda und innnermongolische Vertreter nach St. Petersburg, um sich russischer Hilfe zu vergewissern. Als in China die Revolution ausbrach, schlugen auch die mongolischen Nationalisten los. Der chinesische Resident wurde vertrieben, die Unabhängigkeit der äußeren Mongolei mit Hilfe des zaristischen Rußland ausgerufen. Am 9. Oktober 1911 wurde der 8. Dschebtsundampa Chutuktu zum ersten Staatsoberhaupt der Unabhängigen Mongolei ausgerufen. Er war zwar ein erblindeter, verderbter Säufer, aber für die Masse der Mongolen war er zugleich ein Symbol des Unabhängigkeitskampfes. Hatte er doch sogar in seinen Hirtenbriefen zum Kampf gegen die Chinesen aufgerufen. Der Beweis dafür findet sich unter anderem in der Osloer Universitätsbibliothek.

Die Unbelehrbaren

Trotz der Autonomieerklärung der nördlichen Mongolen hielt auch nach 1911, nach dem Sturze des letzten chinesischen Kaisers durch die chinesischen Republikaner, die chinesische Republik zäh an der Auffassung fest, das ganze mongolische Gebiet sei ein integraler Bestandteil Chinas und stünde unter chinesischer Souveränität. Sie behauptete dies auch noch weiter, als 1924 unter der starken Hilfestellung der russischen Roten Armee die Mongolische Volksrepublik entstanden war und auch der letzte chinesische Soldat nordmongolischen Boden verlassen hatte. Bis 1945 war auf chinesischen Landkarten die Mongolische Volksrepublik noch immer als Teil Chinas eingezeichnet, und in ihrer Fassung vom 5. Mai 1936 sprach die Verfassung der Republik China noch immer von der Mongolei ohne Einschränkungen als zum Gebiete Chinas gehörig.

China berief sich dabei auf die Dreier-Vereinbarung vom 7. Juni 1915, die es mit der Äußeren Mongolei und dem zaristischen Rußland geschlossen hatte. Darin waren China und das zaristische Rußland übereingekommen, daß die Äußere Mongolei, das ist das Gebiet der heutigen Mongolischen Volksrepublik, einen Teil Chinas bilden, aber in der Verwaltung seiner inneren Angelegenheiten völlige Autonomie besitzen sollte. China verschloß bewußt die Augen vor der Tatsache, daß damit die Mongolei ein halbunabhängiger Staat unter russischem Schutze geworden war und daß es nach 1924 keinerlei Einflußmöglichkeiten auf dieses russische Protektorat hatte. Die inoffizielle Meinung der Beamten und führenden Kreise der chinesischen Republik war, daß man durch Rußland um die Rechte auf die äußere, nördliche Mongolei betrogen worden sei.

Verblieben waren der Republik China die innermongolischen Gebiete, die Stämme des Yeke Dschu-Bundes im Ordus-Bogen des Hoangho, daran nach Osten anschließend der Ulantschab-Bund und die Tümet von Kueihua, der Schilingol-Bund in Tsachar und dann die Mongolen im westlichen Teil der Mandschurei, meist längs der Wasserscheide des Hsingan-Gebirges in ihren Weidegebieten lebend, bis hoch nach Norden hinauf im Bargha-Gebiet. Alles zusammen waren dies etwa 2000000 Mongolen, doppelt soviel wie die in der Äußeren Mongolei lebenden Mongolen. Man sollte meinen, das sei Grund genug gewesen für die Republik China, sich den Mongolen gegenüber einer klugen Minoritätenpolitik zu befleißigen. Gerade diese inner- und ostmongolischen Gebiete waren es ja gewesen, in denen es zu den erbitterten Kämpfen zwischen vordringenden chinesischen Siedlern und Mongolen gekommen war. Im Ordus-Gebiet waren die ersten Geheimbünde, Dughuilang genannt, gegen die chinesische Unterwanderung entstanden, dort hatte man 1912 versucht, sich der Äußeren Mongolei anzuschließen, was erst durch chinesische »Befriedigungsaktionen« verhindert worden war. Das ganze Bargha-Gebiet und die Chortschin-Banner in der östlichen Mongolei versuchten, sich der Äußeren Mongolei anzuschließen und an deren Unabhängigkeit teilzunehmen. Chinesische Truppen hatten diese Versuche, die Prinz Utai und der lebende Buddha vom Gegensüme führten, zusammengeschlagen. Im Bargha-Gebiet, das der Äußeren Mongolei im Nordosten am nächsten lag, wurde es nie mehr ruhig. 1915 mußte China diesem Mongolengebiet eine zeitweilige Autonomie zuerkennen, die es allerdings 1928 durch ein Dekret des Präsidenten der Republik wieder aufzuheben versuchte. Daraufhin flackerte dort der Aufstand gegen China wieder auf. Im Zusammenhang damit drangen Sowjettruppen nach Bargha ein, wo sie bis 1930 verblieben.

Der chinesische Landraub

In die innermongolischen Gebiete drangen seit der Errichtung der ostchinesischen Eisenbahn und der Bahnlinie von Peking nach Suiyüan jährlich Tausende chinesischer, anspruchsloser Siedler in die mongolischen Weidegebiete vor. Seit 1926 waren dies ungefähr eine Million Chinesen jährlich. In den Jahren 1928/29 kamen nach Fertigstellung der Eisenbahnlinie Taonan-Solun in der westlichen Mandschurei allein im Gebiet von Taonan 40000 chinesischer Neusiedler an. Zwei Drittel des Gebietes aller Mongolenbünde der östlichen Inneren Mongolei waren um 1930 bereits von Chinesen besiedelt, die zahlenmäßig weit unterlegenen Mongolen aus den fruchtbaren Wiesengebieten in die kargeren, zum Teil versteppten Gebiete nach der Grenze zur Äußeren Mongolei hin zurückgedrängt. Ähnlich lagen die Verhältnisse in der südlichen Inneren Mongolei. Der chinesische Bevölkerungsanteil im Ordus-Gebiet stieg auf 70 Prozent. Die Zahl der Chinesen im südöstlichen Tsachar stieg ähnlich hoch an, die Tümet in Suiyüan verloren mehr und mehr ihre nationalen Eigenschaften und wurden sinisiert. Mit Ausnahme des Schilingol-Bundes in Nord-Tsachar waren sämtliche innermongolischen Stammesgebiete in den dreißiger Jahren bereits von chinesischen Siedlern bedrängt und unterwandert. Was Wunder, daß die Unzufriedenheit der Mongolen in den innermongolischen Gebieten anstieg. Verschiedene politische Gruppen standen gegeneinander, deren Triebkräfte aber samt und sonders aus der geminsamen Wurzel der Unzufriedenheit mit der chinesischen Verwaltung und dem Mangel an Autonomie kamen. Die »Jungmongolen« unter Mersai, junge Männer, die ihre Ausbildung an sowjetrussischen oder japanischen Schulen und Hochschulen erhalten hatten, waren für weitreichende Autonomie, die schließlich zum Anschluß an die Mongolische Volksrepublik führen sollte. Um Fürstengruppen in der östlichen und der Inneren Mongolei sammelten sich die mehr nationalistisch denkenden Gruppen, deren Forderung von der völligen politischen Loslösung von China bis zur Kompromißlösung der kulturellen Autonomie reichten. Fäden spannen sich nach Japan, das seine eigenen Pläne der Landgewinnung auf dem asiatischen Festland zäh verfolgte, sie spannen sich nach der Sowjetunion, nach der Mongolischen Volksrepublik, und sie spannen sich nach Nanking, der Hauptstadt der Republik China seit 1927. Es kam aber zu keiner einheitlichen politischen Willensbildung unter den Mongolen der Inneren und östlichen Mongolei.

Minoritätenpolitik à la chinois

Sun Yat-sen, der geistige Vater der chinesischen Republik, hatte in seinen grundsätzlichen Programmpunkten immer von den fünf »einigen und gleichberechtigten« Nationen Chinas gesprochen, deren eine die Mongolen waren. Diese Auffassung hatte in der Verfassung der Republik China ihren Niederschlag gefunden. Was aber in Wirklichkeit geschah, um die Mongolen als gleichberechtigte Mitglieder des chinesischen Staates zu behandeln, war recht wenig. Wohl errichtete die chinesische Nationalregierung Tschiang Kai-Schek ein eigenes Regierungsamt in Nanking, das »Amt für tibetische und mongolische Angelegenheiten«, dessen Präsident und Vizepräsident sogar

Mongolen waren. Aber weder dieses Amt noch irgendeine andere Stelle ging auf die berechtigten Forderungen der Mongolen nach einem Abstoppen der chinesischen Siedlerwelle und nach kultureller Autonomie ein. Im Gegenteil, man sah eine Lösung des Problems der Gebiete außerhalb der chinesischen großen Mauer in der Seßhaftmachung der Mongolen, ihrer Sinisierung und der Öffnung eines zusätzlichen Lebensraumes für den chinesischen Bevölkerungsüberdruck.

Was an Erziehungsmaßnahmen den Mongolen geboten wurde, war von chinesischem Zuschnitt und geeignet, den Mongolen die überragende, sich selbst am höchsten einschätzende chinesische Kultur nahezubringen und sie dafür zu gewinnen. Es hatte sich auch im Denken der von den Ideen der Kuomintang getragenen chinesischen Nationalregierung die Überlegenheit des Konfuzianismus den unerzogenen Barbaren des Nordens gegenüber erhalten. Auf den verschiedentlich abgehaltenen Konferenzen zwischen Vertretern der Mongolen und der Nationalregierung versprach man den Mongolen, was sie forderten, nämlich Einigung der Mongolen und wirtschaftliche und kulturelle Entwicklung der zurückgebliebenen Gebiete der Mongolei. Es wurden ausführliche Programme für diese Entwicklung ausgearbeitet, die Tat aber ließ auf sich warten. Nanking, Nationalchinas Hauptstadt, war von der Mongolei sehr weit entfernt.

Worte als Ventil

Notizbücher mit literarischen Aufzeichnungen haben sich in der Mongolei noch mehrere gefunden. Sie sind fast alle um die Wende des vergangenen Jahrhunderts entstanden. Fast sieht es aus, als ob die Mongolen in diesen Jahrzehnten ihre Zuflucht beim geschriebenen Wort und ihrer etwas hausbackenen Philosophie gesucht hätten. Die Königliche Bibliothek Kopenhagen bewahrt zwei dicke Bücher dieser Art, die von der dänischen

Expedition unter Kaare Grønbech in Tsachar erworben worden sind. Die ungenannt bleibenden Schreiber haben in ihren Notizbüchern vor allem moralische Maximen, Lehrsprüche und Lehrdichtung zusammengetragen. Das meiste davon geht auf einen lamaistischen Mönch als Verfasser zurück und muß den religiösen Traktätchen zugerechnet werden. Ein historisches Werk ist dazwischen eingestreut. Da es bislang unbekannt war, ist es ein bedeutender Fund. Einen ähnlichen Inhalt weist ein anderes Notizbuch aus der Chalcha-Mongolei auf, das sich in der Staatsbibliothek der Mongolischen Volksrepublik in Ulanbator befindet. Aber eingestreut in eines der Notizbücher in Oslo, in verschiedenen einzelnen Abschriften verbreitet und in einem Notizbuch in Ulanbator zusammengefaßt finden sich immer wieder kurze, gereimte Geschichten, die den sonderbaren Titel ›Die Worte‹ führen. Ihr häufiges Auftreten zeigt, daß sie im späten 19. Jahrhundert und um die Jahrhundertwende bei den Mongolen sehr verbreitet und sehr beliebt waren. ›Die Worte der verwaisten Jungantilope‹, ›Die Worte der alten Kuh‹ und ›Die Worte des Steppenmurmeltieres‹ finden sich zusammen in einem der Notizbücher in Ulanbator. Besonders häufig findet man ›Die Worte, die Krähe und Elster miteinander wechselten‹. Eine zerfledderte Handschrift in Kopenhagen erzählt ›Die Worte, die die Maus zum Spaß sagte‹. Hier belehrt die Maus, die einem verfressenen Mönch ein paar Brotkrumen wegnaschte und von dem erzürnten Kleriker gefangen wurde, diesen, daß er als Vertreter der Geistlichkeit nicht töten dürfe, sondern mildtätig sein müsse. Den Tieren werden in diesen »Worten« menschliche Erkenntnisse in den Mund gelegt. Was die von ihren Fürsten ausgepreßten, durch chinesische Siedler verdrängten und chinesischen Händlern verschuldeten Mongolen offen nicht sagen konnten, das kleideten sie hier in literarische Formen ein und umgaben die Satire mit dem Mäntelchen der ihnen seit Jahrhunderten durch den Buddhismus vertrauten Tierparabel. Wer die »Worte« alle schrieb, wer zuerst zu diesem dichterischen Ventil des allgemeinen Unbehagens griff, ist nicht bekannt. Die meisten der »Worte« sind anonymes Volksgut. Einige Verfasser von besonders beliebten »Worten« allerdings kennt man. Zu ihnen zählt Tschisangbuu, der Lama aus Urgha, der ebenso wie Khulitschi Sandag in der zweiten Hälfte des 19. Jahrhunderts seine spöttisch-tiefsinnigen »Worte« reimte. Seine ›Worte eines Wolfs, der in den Kreis der Treibjagd gekommen ist‹ hat unter anderem auch das Osloer Notizbuch bewahrt. Sie drücken aus, was der einfache Mongole in den kritischen letzten Jahrzehnten des vergangenen Jahrhunderts als wehrloses Objekt der Fürstenwillkür empfinden mochte. Kein Spitzel des Fürsten, kein Liebediener konnte ihn dieser Worte wegen anschwärzen, kein Fürst ihn deshalb bestrafen:

Auf der Steppe bin ich geboren,
Ich, der Blauwolf.
Hab vom Vieh der Menschen geraubt und gefressen,
Ging in meine Höhle zurück und
Dachte im Gehen; will doch gleich hier in der Steppe schlafen!
Mit dem Bannerfürsten an der Spitze,
Der gefolgt war von vielen Kriegern aus dem ganzen Banner,
Die auf ihren schnellen guten Pferden ritten,
kamen sie wie der Wirbelwind herangefegt.
Für Bettler, die einen Wanst kriegten,
Für Räuber, die den Mut verloren,
Ist die Hölle der Ort um hinzugehen –
Aber was ist jetzt hier noch zu tun?
Dort ist die Ferne der Berge im Norden,
Hier ist viel Steppe dazwischen.
Sag ich, der Pferde Hinterhandsehnen kreuzen sich,
Sag ich, das falbe Pferd kommt näher schon?
Wie ich so schön umherspähe,
Kommen sie auch schon, mich zu fangen.

Wie ich so schön springe,
Kommen sie auch schon, mich zu fassen,
Dieser Morgen hat keinen Abend.
Was ich mit des Hungers Gier
Gefangen und gefressen,
Verdau ich nicht mehr.
Da ist keine Sache, um selbst davon zu reden,
Da ist kein Glück – nur böses Schicksal,
Da ist kein Erbe, von dem man sprechen kann,
Da ist nichts bei mir – nur böses Schicksal!
Eines von vielen Kindern hat später
Doch das Eidechsentier
Gehäutet, zerschnitten und gegessen. –
So arm wie dieses Tier bin ich!
Auch wenn der Himmel mich beklagt, ist es zu spät.
War ich beim Fressen, wenn ein Tier ich getötet,
Schluckte ich das, was gut mir schmeckte.
Wie ich nun meine Zukunft bedachte,
War da nur eine große Sünde.
Geboren bin ich in der Ebene,
Ich, der schäbige, schlechte Wolf.
Obzwar ich viel Gedanken dachte,
Weiß keine List mehr, um nun zu entfliehen.
Nun mußt du gnädig sein, mein Herr!

Als in den dreißiger Jahren die politische Situation der innermongolischen Stämme, die zum Verbleib bei China gezwungen waren, aussichtslos erschien, die internen Schwierigkeiten der Mongolen mit den Chinesen fast unerträglich waren, faßte der ostmongolische Dichter Muuökin, 1906 geboren, diese Gefühle schon in härtere Worte. In einem seiner Lieder sang er:

Des Banners Fürst ist ein Tiger,
Ein Wolf der böse Regent –
Das Schaf ist Muuökin, der Sänger.

Die Gründung eines Burjaten

Daß viele solcher Werke in westlichen Bibliotheken aufbewahrt werden und vor der Vergessenheit bewahrt wurden, ist Verdienst der europäischen Reisenden, Sammler und Gelehrten. Daß jedoch die Mongolen der Mongolischen Volksrepublik über die größte und umfangreichste Sammlung mongolischer Handschriften und Blockdrucke verfügen, erscheint heute ganz selbstverständlich. Es ist vor allem das Verdienst eines burjätischen Gelehrten, Cyben Zamcaranovic Zamcarano. Er gründete 1921 das Wissenschaftliche Komitee Mongol sinjelekü uqagan-u küriyeleng. Die Russen kürzten den russischen Namen Mongol'skij učenyi Komitet als »Utschkom« ab. 1962, nach vierzig Jahren seines Bestehens, wurde das Wissenschaftliche Komitee in eine Akademie der Wissenschaften umgewandelt.

9. Kapitel

Und wieder reiten die Helden

Die kulturelle Avantgarde

Rund 300000 Mongolen – das ist ungefähr ein Zehntel aller mongolisch sprechenden Menschen – leben in der Burjat-Mongolei, d. h. in der Sozialistischen Burjatischen Autonomen Sowjet-Republik der Sowjetunion. Sie ist um den Baikalsee als Zentrum gebildet. Seit der Vertrag von Nertschinsk zwischen Rußland und China 1689 dieses Gebiet Rußland zusprach, stehen seine mongolischen Bewohner mit den Russen in Kontakt. Früher als irgendwo sonst besuchten die Mongolen dort Schulen. 1816 schon errichteten die Russen die erste Schule für burjatische Kinder. Früh schon trug diese Bemühung der Russen ihre Früchte. Bereits in der ersten Hälfte des vergangenen Jahrhunderts leisteten burjatische Gelehrte wie der frühverstorbene Dordschi Banzarow (1822–1855) und der Lama Galsang Gomboew (1822–1863) wesentliche Beiträge zur Erforschung der Mongolei und ihrer Kultur. Beide wurden in Kazan erzogen, das damals die geistige Vorbereitungsstätte der geistigen und kulturellen Expansion des zaristischen Rußlands nach Osten war. Ihnen sind die Übersetzungen verschiedener mongolischer Dichtungen zu verdanken. Auch das Geschichtswerk ›Goldener Knopf‹ wurde von Gomboew übersetzt. Von der Mitte des vergangenen Jahrhunderts an nahm die Zahl der gebildeten Burjaten sprunghaft zu. Sie kamen mit den Gedankengängen des europäischen Nationalismus und der Selbständigkeit in Berührung. Ein burjatischer Politiker der zwanziger Jahre sagte über die Rolle der Burjaten, daß sie »so die kulturelle Avantgarde unter den mongolischen Stämmen bildeten und die revolutionären Ideen unserer Zeit ein- und anführten«. Die gebildeten Burjaten waren mongolische Nationalisten, die von einer größeren Mongolei träumten – trotzdem dienten sie dem russischen Bestreben, Einfluß zu gewinnen, in der Zarenzeit und in der ersten Periode der Ausdehnung des Kommunismus im Fernen Osten. Immer wieder wiesen Russen stolz auf die kulturellen Leistungen der Burjaten als etwas hin, das mit russischer Hilfe und Unterstützung zustande gekommen war.

Rote Partisanen

Die Loslösung der Äußeren, der Chalcha-Mongolei, im Jahre 1911 von China, war ein Akt der Unzufriedenheit mit China. Es war die Antwort auf Chinas Versuch, die Mongolen zu unterdrücken und zu sinisisieren. Der Einfluß der aus den bei China verbliebenen innermongolischen Gebieten geflüchteten Nationalisten war groß. 1915 rückten wieder die Chinesen in Gestalt des Generals Hsü, den man seines zu kurz geratenen Wuchses wegen den »kleinen Hsü« nannte, in der »Unabhängigen Mongolei« ein. Die Oberherrschaft des Dschebtsundampa Chutuktu wurde immer mehr zur Farce. Immer größer wurde die Gruppe der jungen Mongolen, die mit dem erneuten Fußfassen der Chinesen und mit dem offiziellen Vertreter der mongolischen Unabhängigkeit, dem Dschebtsundampa Chutuktu, gleichermaßen unzufrieden waren. So wie Tschoibalsang, der spätere Ministerpräsident der Mongolischen Volksrepublik, waren sie meist früh mit Russen in Verbindung gekommen, hatten die mongolische Schule besucht, die in der Zarenzeit im russischen Konsulat in Urgha eingerichtet worden war und waren später in Irkutsk von russischen Kommunisten und ihren Ideen beeinflußt worden.

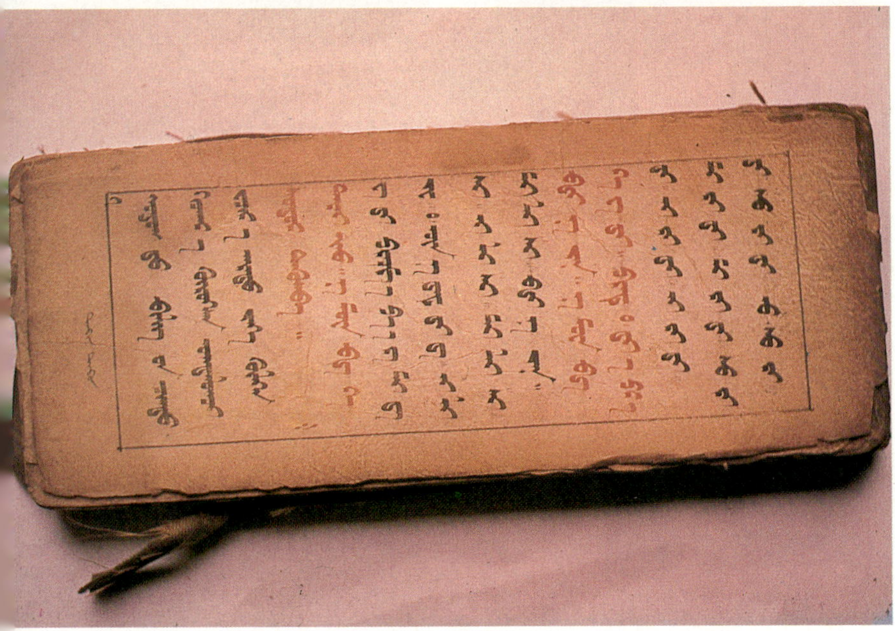

oben: Erdeni Dzuu, Klosterbauten auf dem Boden des alten Charakorum

unten: Mongolische Handschrift des frühen 17. Jahrhunderts (Vajracchedikā, Privatbesitz, Kyoto)

Der 1. Dschebtsundampa Chutuktu (1635–1723)

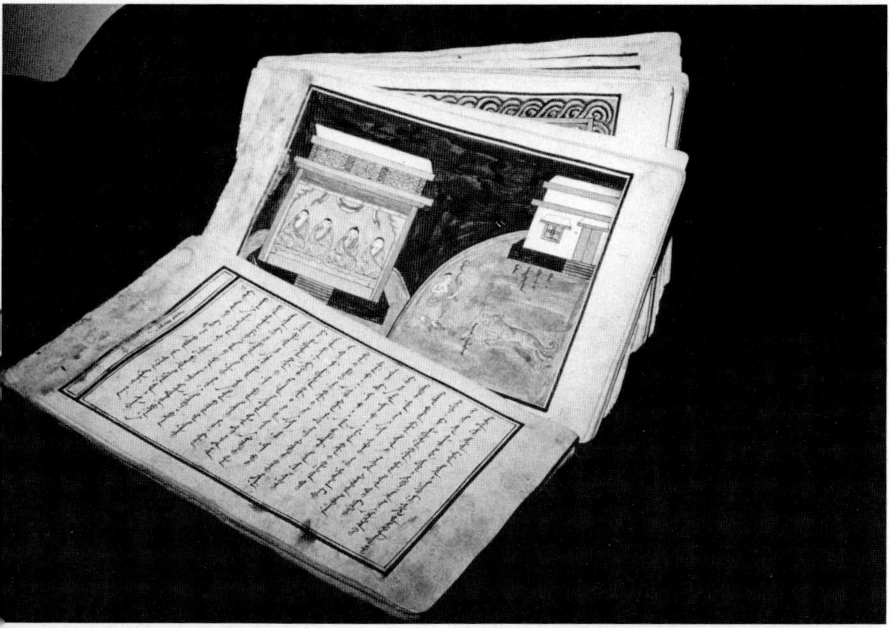

oben: Höllenfahrtsgeschichte, Darstellung der Wiedergeburt als Hund (Kgl. Bibl. Kopenhagen)

unten: Feuerhölle (Kgl. Bibl. Kopenhagen)

Dawatschi Khan (gest. 1759)

Aufruf zur Heuernte aus der Zeit der japanischen Besetzung

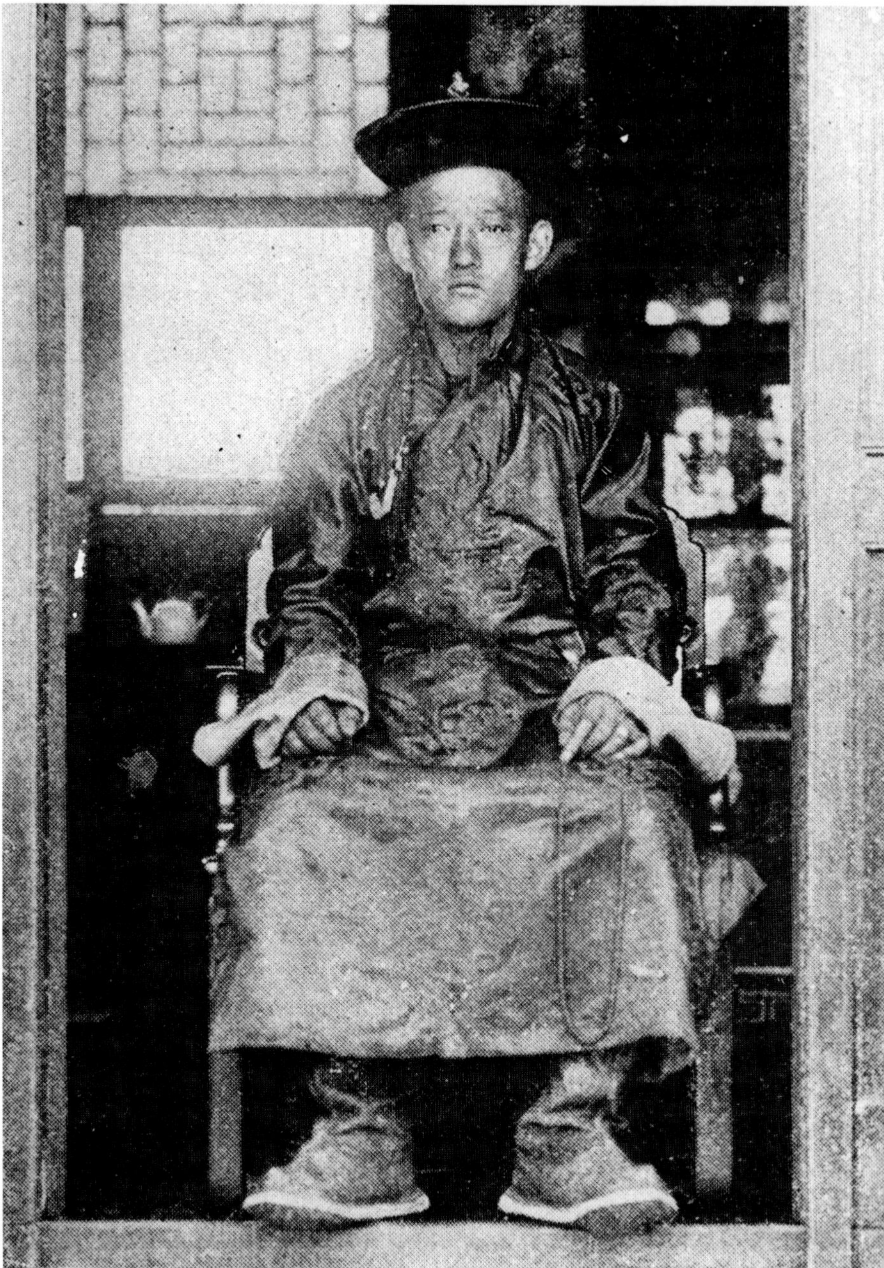

Der 8. Dschebtsundampa im Alter von 22 Jahren

oben: Lamanovizen

unten: Frühgeschichtliche Gräberstätte in der Süd-Changai-Provinz

oben: Höllenfahrtsgeschichte, Darstellung einer Feuerhölle

unten: Begrüßungsszene, Darstellung aus einem illuminierten Höllenfahrtsbuch

Als 1919 die Absichten des »kleinen Hsü«, die Unabhängige Mongolei wieder China einzugliedern, unverkennbar waren, entschloß sich diese Gruppe am Sükebator, den Nationalhelden der Mongolischen Volksrepublik und Tschoibalsang, aktiven Widerstand zu leisten. Beeinflußt war diese Keimzelle der späteren revolutionären mongolischen Bewegung von zwei russischen Agitatoren aus Irkutsk, Kutscherenko und Gembarschewskij.

Der baltische Baron Ungern wird vertrieben

Als »weißrussische« Truppen unter Führung des baltischen Barons Ungern-Sternberg, eines Mitkämpfers des Atamans Semjonow, in die Äußere Mongolei vorstießen, um der in Sibirien die Weißen angreifenden Roten Armee eine Flankierungsbewegung zu verlegen, bildeten Sükebator und Tschoibalsang in der heutigen Stadt Altan bulagh und am Kossogol-See, nahe der russischen Grenze, die ersten mongolischen kommunistischen Partisaneneinheiten. Aus ihnen sollte später die mongolische Volksarmee entstehen. Ungern-Sternberg stürmte am 4. Februar 1921 die Stadt Urgha, den Sitz des Dschebtsundampa Chutuktu. Er vertrieb die chinesischen Truppen des Generals Hsü und setzte eine aus Fürsten und dem Priesterkönig gebildete Regierung ein. Im Grunde seines Herzens spielte der einäugige Balte mit dem Gedanken, selbst Kaiser der Mongolei zu werden.

Gegen diese feudale Regierung und Ungern-Sternberg begannen Tschoibalsang und Sükebator mit einer stets wachsenden Zahl mongolischer Partisanen, von der bereits 1920 gegründeten fernöstlichen Sowjetrepublik aus unterstützt, den Kampf.

Am 1. März 1921 gründeten sie in Kiachta, an der Grenze der Mongolei auf russischem Gebiet, die Mongolische Revolutionäre Volkspartei. Zamcarano verfaßte das Parteiprogramm.

Trotz kommunistischer Verbrämungen war es grundsätzlich nationalistisch-gesamtmongolisch. Punkt 2 besagte: »Angesichts der Tatsache, daß die friedliche Existenz der mongolischen Stämme und ihre Verbindung mit der Kultur und dem Wissen der aufgeklärten Völker, die Bildung eines unabhängigen, sich selbst regierenden mongolischen Nationalstaates erfordern und nicht die Versklavung und Unterdrückung durch fremde Imperialisten, strebt unsere Volkspartei nach dem endgültigen Ziel einer Union aller mongolischen Stämme in einem einzigen autonomen Staate.«

Wenige Tage nach der Annahme des Parteiprogramms wurde am 13. März 1921 in Kiachta auch eine Provisorische Regierung der Äußeren Mongolei ausgerufen. Tschakdurzab war ihr Vorsitzender. Ihr gehörten neben Tschoibalsang und Sükebator noch drei weitere Minister an.

Die provisorische Regierung nun bat die Sowjetregierung um Hilfe gegen die »weiße« Besetzung der Mongolei. Gesichert durch diese völkerrechtlich notwendige Regierungsgründung in Kiachta eroberten am 6. Juli 1921 sowjetische Truppen, unterstützt von mongolischen Partisanen, Urgha. Dort konstituierte sich die Regierung der Mongolischen Volksrepublik.

Liebe zu Sagas und Schamanenhymnen

Burjaten beeinflußten Gesicht und Ziele der neuen Regierung erheblich. Erdeni Batukhan, der Minister für Erziehung, war ein Burjate, ebenso Daschi Sampilon, der mongolische Wirtschaftsminister. Rinchino, ein anderer burjatischer Nationalist, war von 1928 bis 1929 der eigentliche Ministerpräsident der Mongolischen Volksrepublik. Das große politische Ziel, das ihnen vor Augen schwebte, war die Einigung aller Mongolen. Auf dem 3. Parteitag der Mongolischen Revolutionären Volkspartei sagte Rinchino: »Wir müssen auch daran denken, daß

Millionen unserer Rasse, die ›Inneren‹ Mongolen, unter der Unterdrückung Chinas stöhnen.« Im November 1942 rief er der großen Volksversammlung der Mongolischen Volksrepublik zu: »Wir müssen der kulturelle Mittelpunkt unserer Rasse werden, wir müssen die Inneren Mongolen, die Bargha Mongolen usw. zu uns hinziehen!«

Dieser Forderung gab Cyben Zamcarano Gestalt, als er in Ulanbator, der Hauptstadt des neuen mongolischen Staates, 1921 das Wissenschaftskomitee begründete. In einem kleinen Gebäude fing man mit nur 13 Mitarbeitern an. Eine Abteilung sollte sich mit der mongolischen Sprache und Literatur beschäftigen, eine andere Abteilung bildete die Bibliothek. 1924 wurde ein Museum angegliedert.

Zamcarano, 1880 in der Burjat-Mongolei geboren, hatte bereits eine erfolgreiche wissenschaftliche Karriere hinter sich. Auf verschiedenen Expeditionen im russischen Auftrag hatte er die Mongolei bis in das Ordus-Gebiet durchstreift und überall Denkmäler der mongolischen Literatur gesammelt. »Ich begann«, so erzählt er von sich selbst nach 1898, »alles zu sammeln und aufzuzeichnen, das mit Epen und mit Schamanismus zu tun hatte, alles, was mit dem Recht zusammenhing, und fand Freunde und Gefährten, die mir später unbezahlbare Dienste zur Zeit meiner wissenschaftlichen Reisen leisteten.«

Als er 1921 das Wissenschaftliche Komitee in Ulanbator gründete, hatte er bereits wertvolle Werke der mündlichen Überlieferung und Dichtung nicht nur der Burjaten, sondern der Chalcha-Mongolen und der innermongolischen Stämme gesammelt – ein Herder der Mongolen. Was ihn dazu bewog, schilderte er selbst 1914.

»Von früher Kindheit an«, erzählte er, »lernte ich Liebe für das ganze Volk, die Burjaten, zu empfinden, Liebe zum Vaterland und die Heimat, für Sagas und Schamanenhymnen, für die Volksdichtung und Volksreligion. Meine achtzigjährige Urgroßmutter gab Erinnerungen aus ihrer eigenen Kindheit wieder von ›Teufeltricks‹, über die Kämpfe der Schamanen mit den

Lamas, über den großen Geist des Schasan-Gebirges, der so lebendig war, daß er mit den Kindern sprach. Meine Großmutter erzählte die berühmten Taten Gesers, über seine Kämpfe mit den vielköpfigen Ungeheuern (mangus). Mein Großvater sprach von den ukhar (Dämonen) unserer Familie, die dem Glauben der Nomaden zufolge nur verschwinden, wenn sie das Familienmitglied weggeführt haben, das ihnen am besten gefällt. All dies bezauberte uns als Kinder besonders. Es führte unsere Vorstellung in eine fantastische Welt der Helden und Riesen, Schamanen und Werwölfe, zu einem Glauben, der keine Zweifel an ihrer Wirklichkeit zuließ. Manchmal las mein Vater die Trilogie vom Geser Khan, Ardschburdschi Khan und Vikramidschid laut vor, auch indische Allegorien aus dem Buch ›Weißer Lotus‹ und anderes. Dann gab es auch ein Gedicht über die zwei Pferde Dschingis Khans, eine bezaubernde Sache.

Später schrieb ich die epischen Gesänge nieder, die mein Vater sang«, erzählt Zamcarano weiter über die formenden Eindrücke der Jugend, »er war ein guter Sänger und sie sind noch immer die besten von all denen, die ich später unter den Burjaten aufgezeichnet habe.

Und immer stärker fuhr meine Kindheitsliebe für all dieses Volk, für die alten epischen Zeiten und die Welt des Schamanismus fort, mich in ihren Bann zu ziehen!«

Von dieser Begeisterung getragen, brachten Zamcarano und seine Mitarbeiter in wenigen Jahren eine großartige Sammlung mongolischer Handschriften und Blockdrucke zusammen. Schon 1926 mußte der berühmte russische Mongolist B. J. Vladimircov nach seinem Besuch im Wissenschaftskomitee in Ulanbator anerkennend feststellen, daß die »bedeutende Sammlung« mongolischer Handschriften und Xylographen »nur von der in Leningrad übertroffen wird. In der Bibliothek des Mongolischen Wissenschaftlichen Komitees sind Raritäten zu finden, die anderen Sammlungen unbekannt geblieben sind.«

Das Wissenschaftskomitee verschloß seine Schätze nicht. Es

machte sie nicht nur russischen Gelehrten, wie dem heute in Amerika lehrenden Rußlanddeutschen N. Poppe und dem Franzosen Paul Pelliot zugänglich, auch der deutsche Gelehrte und Erschließer der ›Geheimen Geschichte der Mongolen‹, Erich Haenisch, hatte 1936 Zugang zu den Handschriften in Ulanbator. Ein 1937 veröffentlichter Katalog nannte allein 589 Titel historischer Werke und dazu noch viele andere Manuskripte und seltene Werke.

Für und wider den Geist der Vergangenheit

Inzwischen hatte Japan die Mandschurei besetzt. Der russische Kurs in der Mongolei zog an. Tschoibalsang, der alte Partisanenführer des Unabhängigkeitskampfes, wurde zum Marschall ernannt.

1935 sprach der langjährige Ministerpräsident Gendun seine Überzeugung laut aus, das kommunistische Wirtschaftssystem sei in der Mongolei undurchführbar. Sowohl er wie der Verteidigungsminister Demid wurden verdächtigt, Spione und Saboteure im Solde Japans zu sein. Die Anklagerede vor dem Zentralkomitee der Mongolischen Revolutionären Volkspartei hielt gegen die alten Gefährten der neugebackene Marschall Tschoibalsang. Die Wahnsinnsmühle der stalinistischen Säuberungen fing in der Mongolei zu laufen an. Als passenderweise in zwei lamaistischen Klöstern der Gobi eine gegenrevolutionäre Organisation aufgedeckt wurde, stieg die Hysterie. Profilierte Mongolen, darunter die Gelehrten, wurden unter Polizeiaufsicht gestellt oder nach der Sowjetunion ins Exil geschickt. Unter ihnen war auch Zamcarano, der Gründer des Wissenschaftskomitees. Er arbeitete einige Zeit unbelästigt in Leningrad an der Akademie der Wissenschaften. Im August 1937 wurde er verhaftet und verschwand. 1940 war er tot. Er starb vermutlich in einem Konzentrationslager am Weißen Meer.

Im April 1936 hatte die Sowjetunion mit der Mongolischen

Volksrepublik einen Beistandspakt geschlossen. Er richtete sich gegen Japans Ausbreitung in der Mandschurei. Reinigungen des ganzen Landes von »nicht vertrauenswürdigen« Elementen folgten. In den Jahren bis zum Ende des Zweiten Weltkrieges gingen in einer Politik der Vernichtung manche kulturellen Werte der Mongolen verloren. Die Mongolen nennen die Aktionen dieser Zeit »Taten mongolischer Faust und russischen Kopfes«.

Nach Stalins Tod änderten sich auch die Methoden der Kulturpolitik in der Mongolischen Volksrepublik. Die Staatsbibliothek ist heute in einem modernen Gebäude untergebracht, eine der vorbildlichsten Sammlungen mongolischer Literatur. Expeditionen sammeln im ganzen Lande alte Handschriften und Werke der alten Literatur. An der Universität Ulanbator ist die mongolische Literaturgeschichte und Sprachforschung mit eigenen Lehrstühlen vertreten. Das Wissenschaftskomitee ist seit 1962 anläßlich der Vierzigjahrfeier der Mongolischen Volksrepublik zur Akademie der Wissenschaften erhoben worden. Eigene Institute geben Werke der mongolischen Dichtung und Literatur in guten Ausgaben heraus, die sie an Fachgelehrte und Institute der ganzen Welt senden. Man hat einen realistischen Standpunkt auch der Vergangenheit gegenüber gefunden. Selbst der Vorsitzende des Zentralkomitees der Mongolischen Revolutionären Volkspartei, anerkannte im Mai 1963 im Laufe einer Auseinandersetzung über die Methoden der Kultur- und Literaturpolitik, daß auch die alten Werke literarische Leistungen seien.

Gleichzeitig forderte er allerdings, daß der heutige Leser auf die Fallstricke des feudalen, bürgerlichen, reaktionären und religiösen Denkens der Vergangenheit aufmerksam gemacht werden müsse, die in diesen anerkannten Werken der alten mongolischen Dichtung verborgen liegen. Cyben Zamcarano ist tot, aber man hat ihn rehabilitiert als Opfer des Stalinismus und ehrt sein Andenken und seine Leistung.

Schon 1952 beherbergte die Staatsbibliothek Ulanbator

150000 europäische Bücher und mongolische und tibetische Handschriften und Drucke. Die beiden letzten Fünfjahrespläne der Mongolischen Akademie der Wissenschaften sahen verstärkt das systematische Sammeln alter Handschriften und das Aufzeichnen mündlich verbreiteter Volksliteratur vor. Seither ziehen jeden Sommer Forschergruppen durch die Mongolische Volksrepublik. Ihre Ergebnisse sind überwältigend, sowohl was die Qualität der eingesammelten Werke wie auch deren Umfang betrifft. Es erschließt sich eine völlig neue, noch zu großen Teilen unbekannte Literaturlandschaft, deren endgültige Erschließung Jahre intensiver Forscherarbeit benötigen wird. So wachsen die Sammlungen der Staatsbibliothek und des Akademieinstituts für Sprache und Literatur immer weiter. 1976 brachte allein ein Forscher von einer solchen Sammlungsreise, die vom geschickt geförderten Interesse der Bevölkerung profitiert, 3,5 Tonnen alter Handschriften aus dem breiten Lande nach Ulanbator zurück.

Kulturoffensive aus Japan

Seit 1932 war Japan im Vordringen auf dem chinesischen Festland. Zunächst war der größte Teil der mongolischen Bevölkerung der inneren und östlichen mongolischen Gebiete mit den Japanern recht einverstanden. Die Japaner hatten versprochen, das Vordringen größerer, staatlich geförderter Siedlergruppen in das mongolische Weidegebiet zu beenden, und sie hatten vor allem versprochen, etwas gegen die chinesische kulturelle Unterwanderung der Mongolen zu tun, indem sie den mongolischen Bildungsforderungen nachkamen. Besonders aber lief in den ersten Jahren der japanischen Mongolenpolitik die Propaganda gegen die sowjetische Vorherrschaft über die Äußere Mongolei auf hohen Touren. Die Wünsche und Träume der Mongolen von einer Einigung aller Mongolen wurden damit zunächst noch lebendig erhalten.

Aber schon bald nach Besetzung der Inneren Mongolei durch die japanischen Truppen und die Bildung der Mengchiang-Föderation unter dem japanfreundlichen Teh wang, begann der erste Reif auf diese Hoffnungen zu fallen. Die Mongolen hatten nämlich erwartet, daß nunmehr wenigstens die in den vier Hsingan-Provinzen lebenden Mongolen und die neue Innermongolische Föderation zu einem eigenen selbständigen mongolischen Staatsgebilde unter japanischem Schutz zusammengefaßt würden.

Aber nichts geschah in dieser Hinsicht von japanischer Seite; ja man begann sogar die Grenzen zwischen den Mongolen innerhalb Mandschukuos und der Innermongolischen Föderation zu verschließen.

Dann kam 1939 im Sommer der Zwischenfall von Nomonhan an der Grenze zwischen der nördlichen Hsingan-Provinz und der Mongolischen Volksrepublik. Was in Wirklichkeit eine Kraftprobe zwischen den beiden Großmächten Sowjetunion und Japan war, erschien als eine Kraftprobe zwischen den Mongolen der östlichen Stämme und den Chalcha-Mongolen. Auf beiden Seiten kämpften Mongolen. Daß die dort eingesetzten japanischen Divisionen von den Russen dezimiert wurden, beeinträchtigte das japanische Prestige bei den östlichen Mongolen und in der Inneren Mongolei. Der Grenzzwischenfall wurde in einem Einigungsabkommen bald beigelegt. Der japanische Prestigeverlust wurde aber von den durch Japan beherrschten Mongolen nicht so leicht vergessen.

Die nächste große Enttäuschung aber erlebten die mongolischen Nationalisten der Inneren und östlichen Mongolei durch die japanische Erziehungs- und Kulturpolitik. Zweifellos, die Japaner hatten sehr rasch zunächst etwas für den Wunsch der Mongolen nach Erziehung getan. Schon 1940 bestanden in den östlichen Mongolengebieten der Hsingan-Provinzen über 1000 Volksschulen und 16 höhere Schulen. Das Lehrpersonal bestand sowohl aus Japanern wie aus Mongolen. Über 50000 Schüler besuchten diese Schulen. Das gleiche galt für die Innermongolische Föderation.

Seit 1939 hatten sich dort die Schulen und die Schülerzahl vervierfacht, vor allem aber hatten die Japaner erkannt, daß sie einer gebildeten Mittelschicht bedurften, um die Mongolengebiete fest in der Hand zu halten. Sie schufen in Wang-yehmiao, dem heutigen Ulaan-Hot, eine Akademie, die durch einen japanisch-mongolischen Lehrerstab junge, aus allen Bannern des Hsingan-Gebietes ausgewählte Mongolen nach vorwiegend japanischen Gesichtspunkten zu mongolischen Staatsbeamten und Offizieren ausbildete. Ähnlich lagen die Dinge in den japanisch besetzten Gebieten der Inneren Mongolei. Zusätzlich dazu wurden Mongolen nach Japan auf die Universitäten und auf die Staatsuniversität von Mandschukuo geschickt. Zunächst war überall in den japanisch besetzten Gebieten eine starke Unterstützung der mongolischen Tendenzen zur Verringerung des chinesischen Sprach- und Kultureinflusses und zur Verbreitung der mongolischen Sprache und Schrift zu vermerken. Neben den Schulen wurden auch Erwachsenen-Fortbildungskurse durchgeführt. Die vorhandenen kleinen Druckereien mongolischer nationalistischer Kreise, wie der Gruppe im Bökekeschik in Kailu, wurden zum Ausgangspunkt japanischer Propaganda entwickelt. 1941 wurde in der Hauptstadt Mandschukuos in Hsinking unter Leitung des Chortschin-Mongolen Keschingga, der ebenfalls schon früh den ostmongolischen Buchverlag in Mukden geleitet hatte, ein Staatliches Übersetzungsamt für die Mongolen geschaffen. Auch in der Inneren Mongolei gründete zunächst Fürst Teh wang einen Verlag und eine Druckerei für mongolische Werke. Der Innermongolische Verlag, der von einem Sekretär des Fürsten Teh wang, namens Tschogbadarach geleitet wurde, war derjenige dieser Einrichtungen, der am wenigsten unter japanischem Einfluß stand. Tschogbadarach, ein gebürtiger Ostmongole, hat immer panmongolischen Ideen nahe gestanden und soll noch vor 1945 von Teh wang zu Geheimbesprechungen nach der Mongolischen Volksrepublik hinter dem Rücken der Japaner gesandt worden sein. All diese Verlage und Druckereien begannen nun für die, dank des besseren Schulwesens immer größer werdende Schicht der Mongolen, die lesen konnten, Bücher in mongolischer Sprache zu drucken. Neben Werken der politischen japanischen Propaganda erschienen Werke über die mongolische Nationalbewegung, über Verwaltung, Sprachlehre und Werke zur Hygiene.

Vor allem aber überwogen Ausgaben alter mongolischer Geschichtswerke, und gelegentlich druckte man, nachdem die japanischen Buddhisten den japanischen Besetzern die Bedeutung des Buddhismus als Mittel gegen die kommunistische Weltanschauung plausibel gemacht hatten, auch einige alte lamaistische Werke nach. Die Zeitungen, die in den von den Japanern besetzten mongolischen Gebieten erschienen, waren meist Organe der japanischen Propaganda. So martialisch sie 1939 gegen die Mongolische Volksrepublik gewettert hatten, so schnell verlagerten sie ab 1941, dem Jahre, in dem Japan mit Rußland einen Nichtangriffspakt geschlossen hatte, ihr staatlich gesteuertes Interesse von Rußland und seinem mongolischen Satelliten, der Mongolischen Volksrepublik weg auf die »ABC Front«, wie man die amerikanisch-englisch-chinesische Front gegen Japan nannte. Sie wurden damit immer weniger ihren ursprünglichen Aufgaben gerecht, für die sie entstanden waren, nämlich der Verbreitung chinesischer Literatur etwas Eigenes entgegenzusetzen. Überhaupt enttäuschte die japanische Kultur in der Mongolei die Mongolen seit 1938 immer mehr. Seit diesem Jahre begannen fast alle japanischen Stellen auf die Verbreitung des Japanischen als zweiter Sprache hinzuarbeiten. In Mandschukuo wurden im Februar 1944, in der Innermongolischen Förderation schon 1943 damit begonnen, 5000 japanische Worte in die mongolische Sprache zu integrieren. Es ging darum, alle Wortbildungen modernen und vor allem technischen Charakters auf das Japanische zu basieren. So verständlich diese Absichten von seiten der Japaner waren – ihnen ging es darum, die von ihnen besetzte Mongolei in ihre wirtschaftlichen Planungen einzubeziehen, wozu eine Mongolenschicht notwendig war, der man auch technische Aufgaben übertragen konnte – so wenig fand dieses sprachpolitische japanische Unternehmen bei den Mongolen freundliche Aufnahme. Es war überhaupt die wirtschaftliche Ausbeutung, zu der es im Laufe des Zweiten Weltkrieges in den japanisch besetzten Teilen der Mongolei kam, die das japanisch-mongolische Verhältnis immer mehr belasteten. Die Politik der Japaner auf wirtschaftlichem Gebiet war ursprünglich auf eine Entwicklung der natürlichen Bodenschätze der Mongolei gerichtet gewesen. Förderung und Verarbeitung dieser Bodenschätze im Lande mit mongolischen Arbeitskräften und Modernisierung und Verbesserung der wirtschaftlichen Hauptquelle, der mongolischen Viehzucht, waren ursprünglich die Ziele der staatlichen Stellen sowie vieler mit vorwiegend japanischem Kapital gegründeten Wirtschaftsunternehmen gewesen. Je weiter sich im Zweiten Weltkrieg Japan auf dem ostasiatischen Kontinent isolierte, desto mehr ließ man die Pläne eines wirtschaftlichen Aufbaus fallen. Die vorhandenen Bestände der Landwirtschaft und insbesondere der mongolischen Viehzucht wurden rücksichtslos zur Erhaltung der japanischen Armeen in Nordchina und Mandschukuo verwendet. Der wirtschaftliche Zustand der Mongolen verschlimmerte sich im Zweiten Weltkrieg von Jahr zu Jahr. Die Zahl der Herden wurde immer kleiner. Stoffe für Kleider, Leder für die Herstellung der traditionellen mongolischen Stiefel, ja sogar die einfachsten Gebrauchsgüter fehlten. Selbst die von den Mongolen als Zusatznahrung gebrauchte Hirse wurde rationiert, von der Unmöglichkeit, Reis oder weißes Mehl zu bekommen, gar nicht zu sprechen. Was nützt es also, daß Japan den Mongolen in den besetzten Gebieten einen gut funktionierenden Verwaltungsapparat aufgebaut hatte? Daß es eine Schicht wohl ausgebildeter, allen Fragen der modernen Politik aufgeschlossener, junger mongolischer Beamter und Intellektueller herangezogen hatte? Das sahen gerade die Angehörigen dieser Intellektuellenschicht, deren Väter bereits von China die kulturelle Autonomie und die Verbesserung der

Erziehungsmittel gefordert hatten, als selbstverständlich an. Auch die monumentalen Verwaltungsbauten in Hsinking, Wang-yeh-miao und Kalgan, der Hauptstadt der Meng-chiang-Föderation, überzeugten dann nicht mehr, wenn die einfachsten Forderungen des Volkes nach Nahrung nicht befriedigt werden konnten. Die Japaner bedeuteten für diese Schicht junger Mongolen die Mittler zur modernen Entwicklung der Technik, Industrialisierung und verkehrsmäßigen Erschließung ihres Landes; diese jungen, zum größten Teile in Japan erzogenen Mongolen, hofften mit ihrer Hilfe den Anschluß ihres Landes an die Neuzeit herbeizuführen. Sonst aber waren sie in keiner Weise von Japan als einer Führungsmacht Asiens überzeugt und standen der japanischen Propaganda ziemlich kritisch gegenüber. Sie waren gegen Rußland eingestellt, weil sie die Anwesenheit der Sowjets in der Mongolischen Volksrepublik als ein Hindernis für den Zusammenschluß der Mongolischen Volksrepublik mit den übrigen Teilen der japanisch besetzten Mongolei ansahen. Ihre Frontstellung gegen den Kommunismus war daher nicht Frage einer Weltanschauung oder philosophischen Erkenntnis, sondern von rein politischen und Nützlichkeitserwägungen bestimmt. Je mehr sich Japans Politik auf dem chinesischen Festland als verfehlt erwies, desto mehr junge Mongolen waren bereit, sich nach einem anderen Schutzpatron gegen erneutes chinesisches Fußfassen in der Mongolei umzusehen.

Die andere Kraft

Diese andere Möglichkeit boten die Kommunisten. Die Kommunisten knüpften dabei bewußt an die Tradition der alten mongolischen Geheimbünde des späten 19. Jahrhunderts und der Jahrhundertwende gegen die Herrschaft der Mandschu und gegen die chinesische Unterwanderung, die sogenannten Dughuilang, an. Rein kommunistische Propaganda unterblieb.

Der Kampf galt lediglich den japanischen Besatzern. Die chinesische Nationalregierung duldete in zunehmendem Maße die Agitationstätigkeit der mongolischen Widerstandsbewegung, weil sie selber keine Möglichkeiten des Widerstandes gegen die Japaner in dem von diesen besetzten Gebieten der Mongolei hatte.

Der Aufbau der ersten Partisanengruppen in der östlichen Mongolei von 1932 bis 1933 geschah mit Unterstützung der 8. chinesisch-kommunistischen Armee und war vor allem das Werk eines jungen Tümet-Mongolen aus Kökehot, Ulanchu, der später in der innermongolischen Politik noch zu hohen Ehren aufrücken sollte. Der Werdegang des Ulanchu ist bezeichnend für die Schicht der jungen Mongolen, die sich dem Kommunismus zugewandt hatten. Ulanchu ist ein langjähriges Mitglied der chinesischen Kommunistischen Partei. Er wurde 1905 als Sohn einer einfachen Familie der schon zu dieser Zeit meist seßhaften und ackerbautreibenden Tümet-Mongolen der chinesischen Provinz Suiyuan geboren. Er besuchte zunächst die Volksschule im heimatlichen Gebiet, um dann als einer der Begabten ausgewählt zu werden, die ihre weitere Erziehung an der tibetisch-mongolischen Schule in Peking erhalten sollten. Schon im Februar 1924, als die Russen den ersten Versuch der kommunistischen Durchdringung Chinas unter Borodin machten, trat er der kommunistischen Jugendunion bei. Bald hatte er sich zu ihrem Sekretär emporgearbeitet. Er beteiligte sich in Peking an revolutionären Studentenumtrieben und wirkte als kommunistischer Agitator. Als Zwanzigjähriger war er 1925 einer der Delegierten auf der ersten Sitzung der Mongolischen Revolutionären Volkspartei der Inneren Mongolei, die in Kalgan abgehalten wurde. Die Beschlüsse dieser ersten Parteisitzung waren für das weitere Leben Ulanchus bestimmend. Es wurde damals in Kalgan beschlossen:

die Schaffung einer territorialen Verwaltungsautonomie für die Innere Mongolei:

die Liquidation der Gesellschaftskultur;

die Herstellung einer engen Verbindung zwischen der nationalen Befreiungsbewegung der Inneren Mongolei und der national-revolutionären, späteren kommunistischen Bewegung.

Der letzte Gesichtspunkt war es besonders, nach dem nun durch Ulanchu die Widerstands- und Partisanentätigkeit gegen die Japaner in der östlichen und Inneren Mongolei aufgebaut wurde. Ulanchu verdiente sich die ersten Sporen als Partisan in den örtlichen Aufstandsbewegungen der dreißiger Jahre, die von nationalchinesischen Truppen noch heftig unterdrückt wurden. Es gelang damals Ulanchu, sich vor der Verfolgung durch Nationalchinesen nach Moskau abzusetzen. In der Moskauer Emigration erhielt er seine letzte kommunistische Schulung. 1930 kehrte er dann in die Innere Mongolei zurück, um von dort aus mit Unterstützung der 8. chinesisch-kommunistischen Armee den Widerstand, zunächst in der östlichen Mongolei gegen die Japaner, zu organisieren. Die Nationalregierung, die hoffte, mit diesem Beelzebub den japanischen Teufel, wenn schon nicht auszutreiben, so doch wenigstens zu beunruhigen, hinderte ihn nicht daran. Ulanchus Tätigkeit galt zunächst der Aufstellung der Instruktorengruppen in Kalgan und Umgebung. Sehr bald operierten mongolische Partisanen sowohl in der Provinz Jehol wie in Tsachar und in Suiyuan. Als 1935 die Japaner versuchten, auch in Tsachar und auf die nationalen Mongolengruppen Teh wangs Einfluß zu gewinnen, machte sich starke mongolische Partisanentätigkeit unter Führung von Fulinga bemerkbar. In der Provinz Suiyuan operierten zu dieser Zeit bereits über 2000 mongolische Partisanen. Die Tätigkeit der Partisanen umfaßte sowohl bewaffnete Überfälle wie passiven Widerstand gegen die japanischen Verwaltungsmaßnahmen. Beides führte zur zunehmenden Unzufriedenheit der mongolischen Bevölkerung, aus der sich in immer größerem Maße die Widerstandskämpfer rekrutierten. Die mongolischen Partisanen sorgten auch für eine Unterwanderung der mongolischen projapanischen Truppenteile und erreichten unter anderem, daß Teile der in der östlichen Mongolei aufgestellten Hsingan-Kavallerietruppe 1939 bei den Kämpfen von Nomonhan nicht voll einsatzfähig waren. Im Laufe des Zweiten Weltkrieges und mit der zunehmenden Unzufriedenheit der mongolischen Bevölkerung wegen der von den Japanern nicht eingehaltenen Versprechen, vor allem aber infolge der sich immer mehr verschlechternden Ernährungslage, stieg die Zahl der Widerstandskämpfer und der mongolischen Partisanen in der östlichen und Inneren Mongolei rasch an. Man wird die Zahlen, die genannt werden, mit großer Vorsicht betrachten müssen, aber fest steht, daß nach 1941 in diesen mongolischen Gebieten mehrere tausend Mann antijapanischer Partisanen operierten. Obwohl die japanische Abwehr immer härter und rücksichtsloser wurde, kämpften Partisaneneinheiten in den ersten Jahren des Zweiten Weltkrieges in der östlichen Mongolei, in Jehol, in Suiyuan, in Tsachar, im Gebiet der Ulandschab, so daß praktisch eine Beunruhigung des ganzen Gebietes stattfand. Aus gelegentlichen Überfällen bewaffneter Banden entwickelten sich langsam organisierte Kampfhandlungen von größeren Partisanenverbänden gegen japanische Armee-Einheiten und die Truppen der nordchinesischen projapanischen Armeen, wobei die Verluste der Japaner verhältnismäßig hoch waren. Allein in den Jahren 1938 bis 1941 sollen im Gebiet von Suiyuan die Japaner über 2000 Offiziere und Mannschaften verloren haben. Die antijapanische Partisanentätigkeit der Mongolen hatte in der zweiten Hälfte des Krieges immerhin den Erfolg, daß sich vor allem in der Inneren Mongolei die japanischen Sicherungstruppen vorwiegend längs der Hauptverkehrswege hielten und diese schützten, während das übrige Land dem Zugriff der Partisanen offen lag. So waren selbst die Straßenverbindungen von Kalgan nach Peiling-miao, dem Sitze der autonomen Regierung Teh wangs, nur im Schutze von militärischen Konvois zu erreichen und sonst durch Partisanen unterbrochen. Auch in der östlichen Mongolei waren manche Wegstrecken, vor allem in Jehol, bei Nacht wegen »Räuber« – wie man schamhaft sagte – schlecht oder gar nicht passierbar. Das brutale Vorgehen der japanischen Militärpolizei und der nordchinesischen antijapanischen Einheiten gegen die mongolischen Partisanen schuf aus ihnen nationale Märtyrer. So wurde Rinchenhorlo, der Führer einer mongolischen Partisanengruppe im Muumingan-Gebiet, der den Japanern 1942 in die Hände gefallen und während der Verhöre gestorben war, für die Mongolen zu einer legendären Heldengestalt, deren Tod die Gemüter noch weiter gegen die Japaner aufbrachte. Die Japaner griffen gegen alles ein, was sie als Widerstand gegen ihre Oberherrschaft und Politik auslegten, wobei mongolischer Nationalismus immer mehr mit Bejahung der radikalrevolutionären Ideen der 8. chinesischen kommunistischen Armee gleichgesetzt wurde. Das japanische Mißtrauen wandte sich schließlich nicht nur gegen aktive Partisanentätigkeit, sondern griff auch auf die Gruppen derjenigen nationalistischen Mongolen über, die ursprünglich die japanische Einflußnahme in der Mongolei als Mittel zum Erreichen der nationalen Ziele erreicht und begrüßt hatte.

Die Japaner verhafteten unter anderem auch Bökekeschik, der Leiter eines mongolischen Buchverlages war und zu einer Gruppe von Mongolen gehörte, die urspünglich als Studenten und Lehrer an der Pekinger Staatsuniversität tätig gewesen waren. Bökekeschik hatte seinen Verlag »zum Zwecke der Erhaltung der mongolischen Kultur und Nation« jahrelang mit Unterstützung der Japaner in der östlichen Mongolei weitergeführt. Nun aber warf man ihm vor, er habe die japanischen Bestrebungen aus nationalistischen Beweggründen nicht unterstützt und sabotiert. Die mongolischen Tageszeitungen meldeten 1943 den plötzlichen Tod dieses Förderers der mongolischen Literatur. Aus amerikanischen Veröffentlichungen nach dem Krieg ergab sich, daß die Japaner damals Bökekeschik zum Tode verurteilt hatten.

Der geistige Widerstand und die geistige Sabotage, die den Mongolen möglich waren, erstreckten sich von einer gewissen obstinaten Unberührbarkeit durch japanische Propaganda bis zum Nichtausführen japanischer Befehle, vor allem auf dem kulturellen Gebiet und in der Propaganda. Es muß als ein Beispiel hohen Mutes aufgefaßt werden, wenn die mongolische staatliche Übersetzungsstelle der Regierung von Mandschukuo in diesen Jahren die sozialkritischen bissigen Gedichte des Tsachar-Mönches Ischidandschinwangdschil im Druck herausbrachte, die dieser 1902 gegen die chinesische Unterwanderung und die Übergriffe der Fürsten geschrieben hatte. Sie schienen den Mongolen nun aber wieder zeitgemäß, denn in ihnen sagte der Dichter manches, was die östlichen Mongolen auf ihr Schicksal in den Jahren 1942 bis 1945 anwenden durften, wenn sie da zum Beispiel lasen:

> Schande ist's, des armen Sklaven Frösteln nicht zu wissen,
> Während man sich mit Fuchs- und Lamm(pelzen) wärmt;
> Schande ist's, des hungrigen Sklaven Hungermattigkeit nicht zu bemerken,
> Während man Rosinen und Zucker, Fleisch und Butter als Ehrengeschenke überreichen läßt;
> Schande ist's, vom Brechen der Knochen und des Fleisches nicht zu wissen,
> Während man zum Strafen und Prügeln Kraft und Willen hat;
> Schande ist's, die Erschöpfung des armen Knechtes nicht zu erkennen,
> Während man auf gutem Pferde oder Wagen rasch dahintrabt;
> Schande ist's, seine Untertanen Dienstleute draußen (Dienst) tun zu lassen,
> Während man selbst inmitten sich anschmiegender Gattinnen und Mädchen weilt . . .

Den japanischen Kontrollbehörden ist der Grund für das Beliebtsein dieser Ausgabe bis Kriegsende wohl nicht klar geworden, sonst hätten sie eine erneute Auflage, die in der Inneren

Mongolei kurz vor Kriegsende erschien, nicht zugelassen. Die Zugehörigkeit zur Widerstandsbewegung und zu den Partisanen war nun längst nicht mehr Angelegenheit der kleinen radikalen revolutionären Gruppen. Angehörige des Adels und der Intelligenz gehörten genauso dazu wie Hirten und Bauern, und viele der jungen Mongolen, die die Japaner erzogen hatten, waren trotz ihrer offiziellen Anstellung in der Verwaltung der projapanischen Staatsgebilde Mitglieder des antijapanischen Widerstandes. So mancher Bauer oder mongolische Hirte, der tagsüber friedlich arbeitete, vertauschte nachts Pflug oder Melkschemel mit dem Gewehr, um als Partisan zu kämpfen. Auch mongolische Frauen beteiligten sich an diesen antijapanischen Kämpfen. So waren sowohl die Frau des Fürsten der Westurat wie eine Frau im östlichen Urat-Banner bekannte Führerinnen von Partisanengruppen, die im japanisch besetzten innermongolischen Gebiet tätig waren. Die Situation glich 1944 ungefähr jener der italienischen Partisanengruppen gegen die Deutschen oder der französischen Widerstandsbewegung des Maquis. Die Kommunisten hatten durch die Organisation des Widerstandes und der Partisanengruppen das Vertrauen der unzufriedenen Bevölkerung gewonnen. So galten sie immer mehr als die Vertreter der nationalen Sache der Mongolen und der von den Japanern ebenso enttäuschten Forderung nach mongolischer Unabhängigkeit. Die Mongolen der Inneren und der östlichen Mongolei erhofften nunmehr diese Unabhängigkeit nach Kriegsende durch einen Anschluß an die Mongolische Volksrepublik zu erreichen. Träger dieser Unabhängigkeitsforderungen waren die von den Kommunisten geführten und gelenkten Partisanengruppen. Das Ziel, das man 1925 auf der ersten Sitzung der Mongolischen Revolutionären Volkspartei Ulanchu und anderen von russischen Agitatoren gesetzt hatte, eine Verbindung zwischen der mongolischen nationalen Befreiungsbewegung und den nationalrevolutionären Kräften Chinas herbeizuführen, war zu einem großen Teil erfüllt. Der Boden für die weitere Entwicklung war vorbereitet.

Das Geschenk von Jalta

Inzwischen war bei der Geheimkonferenz der Staatsoberhäupter der Alliierten auf dem sonnigen Hügel der Krim in Jalta im Frühjahr 1945 ein Beschluß gefaßt worden, der auf lange Sicht die Trennung der verschiedenen Teile der Mongolei besiegeln sollte. In dem mit dem 11. Februar 1945 gezeichneten Protokoll, das die Unterschriften Josef W. Stalins, Franklin D. Roosevelts und Winston Churchills trägt, heißt es: »Die führenden Staatsmänner der drei Großmächte – die Sowjetunion, die Vereinigten Staaten von Amerika und Großbritannien – sind übereingekommen, daß zwei bis drei Monate, nachdem sich Deutschland ergeben hat und der Krieg in Europa beendet ist, die Sowjetunion an der Seite der Alliierten unter folgenden Bedingungen am Kriege gegen Japan teilnehmen soll: 1. Der Status quo in der Äußeren Mongolei (Mongolische Volksrepublik) bleibt erhalten . . .«

Dieses hatte die Sowjetunion zur Sicherung ihres gegebenen Einflußgebietes der Mongolischen Volksrepublik, vom Westen und vom nationalen China verlangt, und dieser Forderung gab man nach. Die Sowjetunion forderte nun nach Festlegung dieser Verpflichtung des Westens, die Mongolische Volksrepublik solle auf seiten der Sowjetunion gegen Japan eingreifen. Und zwar sollte sie in die japanisch besetzten Gebiete der Inneren Mongolei und der Mandschurei einrücken.

Die Mongolische Volksrepublik griff erst nach offiziellem Notenwechsel mit dem Sowjetaußenminister in den Krieg gegen Japan ein. Diese offizielle Darstellung des Zustandekommens der mongolischen Beteiligung am Zweiten Weltkriege auf seiten der UdSSR ist bezeichnend für den »unabhängigen« Status der Mongolischen Volksrepublik, den die Sowjetunion immer wieder betont hat.

Am 10. August 1945 erklärte die Mongolische Volksrepublik Japan den Krieg, einen Tag nachdem die Sowjetunion Japan den Krieg erklärt hatte.

Einheiten der Mongolischen Volksarmee in einer Stärke von 80000 Mann, unterstützt durch sowjetrussische Truppen, stießen durch die Gobi und über den Hsingan-Kamm hinweg nach Kalgan, Dolonor und in die Provinz Jehol vor. Von dort drangen die gemischten mongolisch-russischen Verbände weiter gegen den Liaotung-Golf vor.

Nach dem Erreichen von Dolonor wandte sich eine mongolisch-russische Marschgruppe gegen den Eisenbahnknotenpunkt Cheng-te in Jehol. Dieser hatte besondere Bedeutung für die Verbindung nach Dolonor, Wei-chang und Peking, es war der strategisch wichtigste Punkt nordöstlich von Ku-pei-Kou-Paß.

Zu gleicher Zeit mit dem Vorstoß nach dem Liaotung-Golf brachen sowjetische Infanterie- und Schützenverbände durch den großen Hsingan und besetzten die mandschurische Bekkenlandschaft.

Andere Einheiten der mongolischen Armee drehten nach dem Durchzug durch die Gobi nach Süden und besetzten Kalgan. Mit dieser Bewegung wurde die Verbindung zwischen der Mandschurei und den japanisch besetzten Teilen Nordchinas zwischen der Kwantung-Armee und der Nordchina-Armee unterbrochen.

Die japanische Führung hatte ein mongolisches Eingreifen nicht erwartet. Sie war dabei von der Annahme ausgegangen, daß die Gobi und der Hsingan-Kamm unüberwindliche Hindernisse boten. Der Hsingan als auch die ihm parallel laufenden Höhenzüge waren von den Japanern befestigt worden. Ebenso war dies mit den Höhenzügen rings um Kalgan der Fall. Diese Befestigungen wurden von den sowjetrussisch-mongolischen Truppen genommen. Die mongolische Kavallerie und die mechanisierten Einheiten wurden durch die Bodenschwierigkeiten nicht aufgehalten. Schwierigkeiten entstanden durch Mangel an Siedlungen, an Futter und Wasserstellen und Brunnen. Die mongolische Kavallerie bewältigte täglich Marschleistungen bis zu 50 Kilometer. Die mechanisierten Einheiten fuhren insgesamt 950 Kilometer im Einsatz aus ihren Bereitstellungsräumen an der Grenze der Mongolischen Volksrepublik. Große Teile der ihnen entgegengestellten mongolischen Armee des Fürsten Teh wang wie auch die mongolischen Einheiten der Mandschukuo-Armee, die Hsingan-Kavallerie, kämpften nicht und leisteten keinen Widerstand, sondern schickten Parlamentäre, um Übergabeverhandlungen zu führen. Zum Teil wurden die Einheiten von ihren Kommandeuren kampflos und intakt übergeben. In Wang-yeh-miao, dem Verwaltungszentrum der vier Hsingan-Provinzen Mandschukuos und Sitz der Offiziersschule der Hsingan-Kavallerie und auch in einer Reihe anderer Orte, nahmen mongolische Offiziere und Soldaten ihre japanischen Vorgesetzten und Instrukteure fest. Alle in den Händen der östlichen und innermongolischen Einheiten befindlichen Waffen wurden sofort eingezogen. Gegen die bis zum Einmarsch geltende alte Ordnung und daran erinnernde Bauten wurde systematisch vorgegangen. Beamte aus der Zeit der japanischen Okkupation, Großgrundbesitzer, Landeigentümer und höhere Lamapriester wurden vor Volksgerichtshöfe gestellt.

Bei dem größten Teil der ostmongolischen Bevölkerung waren die Armeegruppen der Mongolischen Volksrepublik nicht als Feinde aufgenommen worden. Die Mongolen erhofften sich auf beiden Seiten eine Eingliederung der nun von den Japanern befreiten ost- und innermongolischen Gebiete in die Mongolische Volksrepublik. Hemmungen wie sie etwa ursprünglich von den besitzenden Fürstenfamilien zu erwarten gewesen waren, bestanden kaum mehr. Der Raubbau der japanischen Wirtschaftspolitik in der Mongolei hatte zu erheblichen Besitzverminderungen geführt. Vor allem aber fürchteten die Mongolen eine Rückgliederung der östlichen und innermongolischen Gebiete in die chinesische Provinzverwaltung. Das hätte bedeutet, daß die bisher kulturautonomen Gebiete der Hsingan-Provinzen, Jehol, Tsachar und Schilinghol von neuem den chinesischen Siedlern erschlossen worden wären und die Sinisierung der Mongolen dieser Gebiete von neuem begonnen hätte. So hoffte der größte Teil der Bevölkerung dieser Gebiete auf den Anschluß an die Mongolische Volksrepublik. Aber kurz nach dem Abschluß des Feldzuges wurden die Truppen der Mongolischen Volksrepublik aus der Inneren und östlichen Mongolei gemeinsam mit den russischen Truppen wieder abgezogen. In die von ihnen eroberten Gebiete rückten im Osten chinesische kommunistische Einheiten ein, während nach Tsachar und Schilinghol aus Ninghsia und Ordus kommende Truppen der chinesischen Nationalregierung Tschiang Kai-schek einrückten. Beim Abmarsch der mongolischen und sowjetrussischen Truppeneinheiten wurden aus den ost- und innermongolischen Gebieten große Teile des Viehbestandes und der beweglichen Habe mit abtransportiert. Spätere Beobachter sprachen von einem systematischen Abbau, wie er in anderer Form auch von den Russen in den Industriegebieten der Mandschurei durchgeführt worden war.

Die Truppen der Mongolischen Volksrepublik nahmen aber auch eine Reihe von Mongolen aus der östlichen und Inneren Mongolei als Geiseln und zur Umerziehung mit. Unter den Geiseln befanden sich auch die Frau und die Kinder des ehemaligen mongolischen Regierungschefs der japanisch besetzten Inneren Mongolei, Teh wang, der sich selbst auf die Seite der chinesischen Nationalregierung hatte retten können. Unter den Umzuerziehenden aber befand sich auch der ehemalige Kommandeur der 9. mongolischen Division, Öldschi Odzer mit 200 Mann seiner engeren Begleitung, der bald wieder als einer der Schlüsselfiguren in der östlichen Mongolei auftauchen sollte. Daß die Truppen der Mongolischen Volksrepublik Mongolen zur Umerziehung nach der Mongolischen Volksrepublik mitnahmen,war ein Beweis dafür, daß man den Gedanken an eine Eingliederung der ost- und innermongolischen Gebiete in die Mongolische Volksrepublik weiterhin verfolgte.

Dazu aber sollte es nicht kommen. Nach dem Abschluß des Feldzuges nach der Inneren und östlichen Mongolei wurden die

Truppen der Mongolischen Volksrepublik in russischen und in mongolischen Heeresberichten in Ansprachen Stalins und des mongolischen Staatschefs Tschoibalsang, in Zeitungsartikeln und Erlassen des Obersten Sowjets als diszipliniert und tapfer gefeiert. Marschall Tschoibalsang, der mongolische Regierungschef, erhielt den russischen Suworow-Orden 1. Klasse, mongolische Generale und andere mongolische Offiziere andere russische Auszeichnungen.

Kein Wort aber fiel über das Schicksal der Mongolen in den östlichen und innermongolischen Gebieten. Was war geschehen? Hier war den mongolischen Einigungswünschen das Abkommen von Jalta in die Quere gekommen. Am 24. August 1945 hatte Tschiang Kai-schek, das Oberhaupt der chinesischen Nationalregierung, auf einer Sitzung des Obersten Rates der nationalen Verteidigung und des zentralen Exekutivkomitees der Kuomingtang eine Rede gehalten, in der es hieß:

». . . wir sind auch im Innern des Landes bestrebt, allen rassischen Volksgruppen eine Selbstverwaltung zu geben; besonders gilt dies für Tümet und die Äußere Mongolei. Im Jahre 1924 hat die letztere ein Begrüßungsschreiben an die Kuomintang gerichtet. Wir haben die Mongolen niemals unterdrückt, wie das die Regierung von Peking getan hat. Im Jahre 1922 erklärte sich die Äußere Mongolei für unabhängig. Im gegenwärtigen Zeitpunkt ist eine gute Gelegenheit, die alte Freundschaft wieder aufzurichten. Getreu den Prinzipien der Kuomintang anerkennen wir die Unabhängigkeit der Äußeren Mongolei . . .«

Und nur zwei Tage darauf überreichte der nationalchinesische Außenminister Wang Shia-chieh eine Note an Molotow, die noch nähere Angaben zu diesem nach außenhin so überraschenden Schritt der chinesischen Nationalregierung enthielt. Herr Wang teilte Molotow mit, daß in Anbetracht des Verlangens nach Unabhängigkeit, dem das Volk der Äußeren Mongolei wiederholt Ausdruck gegeben habe, die chinesische Regierung erkläre, daß sie – nach Japans Niederlage und falls ein

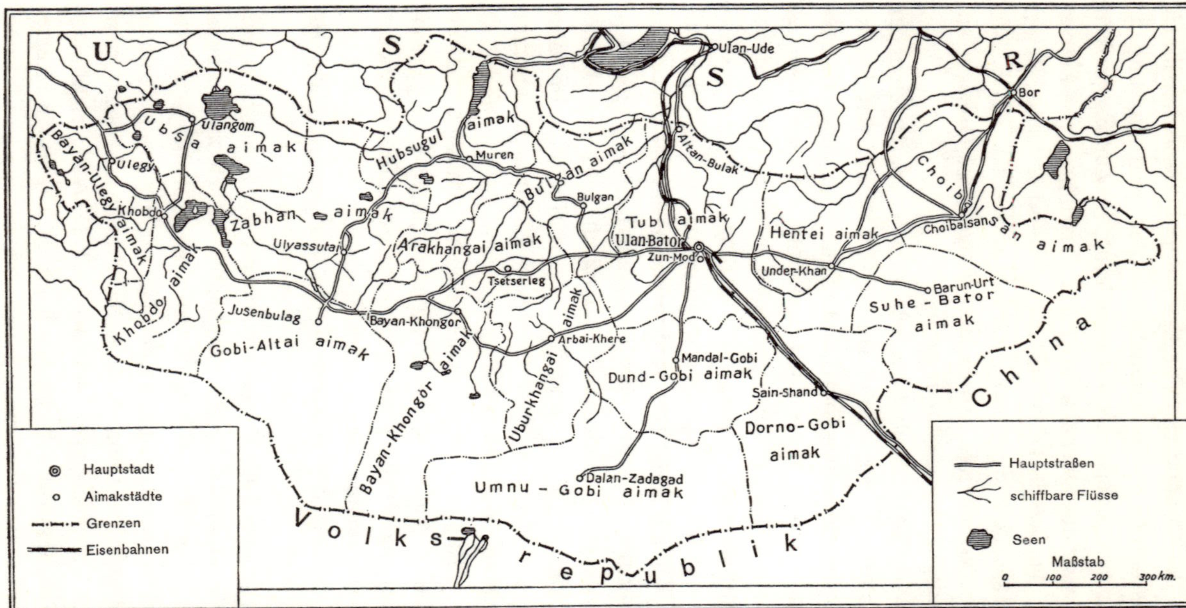

Die Mongolische Volksrepublik

Plebiszit der Bevölkerung der Äußeren Mongolei dieses Verlangen bestätige – die Unabhängigkeit der Äußeren Mongolei innerhalb der bestehenden Grenzen anerkennen werde. Diese Feststellung wird nach der Ratifizierung des am 14. August 1945 zwischen China und der UdSSR unterzeichneten Freundschafts- und Bündnisvertrages bindend. Nach diesem Angebot konnte von mongolischer Seite jede weitere Einflußnahme auf chinesisches Gebiet zugunsten mongolischer Einigungsbestrebungen nicht mehr durchgeführt werden. Es steht nicht fest, ob Tschiang Kai-schek die Erfüllung des Beschlusses von Jalta nur vierzehn Tage nach der Besetzung der Inneren und östlichen Mongolei durch Truppen der Äußeren Mongolei als geschickten Schachzug gegen deren Verbleiben zugestanden hat. Fest steht aber auf jeden Fall, daß er damit allen mongolischen Einigungs- und Annektionsgedanken zunächst einen Riegel vorschob.

Ein Anschluß der ost- und innermongolischen Gebiete an die Mongolische Volksrepublik wäre schwierig von seiten der Chinesen zu verhindern gewesen, solange nach offizieller Auffassung auch die Mongolische Volksrepublik noch ein »integraler« Bestandteil der Republik China gewesen wäre. So aber blieb den Mongolen nichts anderes übrig, als sich hinter ihre Grenze zurückzuziehen. Eiligst wurde die Volksabstimmung in der Mongolischen Volksrepublik vorbereitet und am 20. Oktober 1945 im Beisein chinesischer Beobachter durchgeführt. Bei einer 100prozentigen Stimmenabgabe wurden 487409 Stimmen gezählt. Alle waren sie für die staatliche Unabhängigkeit der Mongolischen Volksrepublik von China.

China gab damit einen allerdings nur mehr nominellen Anspruch auf das Gebiet der Mongolischen Volksrepublik auf, an den es sich seit 1911 noch festgeklammert hatte. Für die Mongolen aber war zunächst die Hoffnung auf einen Zusammenschluß der nördlich-östlichen und innermongolischen Gebiete zu einer größeren Mongolei verhindert; sie hatten damit die völkerrechtliche Anerkennung der Mongolischen Volksrepublik bezahlt.

Man erzählt sich, daß die sowjetischen Panzereinheiten, die an der Seite der mongolischen Truppen den Blitzfeldzug in die Innere und östliche Mongolei mitgemacht hatten, nur bis an die Grenze der Mongolischen Volksrepublik abgezogen wurden. Dort blieben sie zunächst stationiert, um eventuelle Annektionsgedanken der nördlichen Mongolen im Keime zu erstikken. In den von den Japanern »befreiten« innermongolischen Gebieten aber, wurden die chinesischen Kommunisten oder besser die Mongolische Volksrevolutionäre Partei unter Führung von Ulanchu aktiv. 1951 war nach dem Sieg der Kommunisten in China auch der größte Teil der Inneren Mongolei in rotchinesischen Händen. Mit der in ganz Rotchina durchgeführten Landreform wurden damals Teile der Inneren Mongolei gewonnen.

Aber ein großer Teil der Herdenbesitzer war nicht mit dieser Entwicklung einverstanden. Ein Ansatzpunkt eines Widerstandes gegen die Herrschaft der Kommunisten in der Inneren Mongolei bildete sich um Teh wang, den ehemaligen Staatschef der projapanischen innermongolischen Regierung der Jahre 1939 bis 1945. Ihm war es beim Zusammenbruch der national-chinesischen Herrschaft in China zu guter Letzt gelungen, rechtzeitig vor der Einnahme Pekings durch die chinesischen Kommunisten zu entkommen und sich in die Innere Mongolei durchzuschlagen. Von seinem Rückhalt in Ting-yuan-yin im Alaschan-Gebirge versuchte er eine antikommunistische mongolische Gegenregierung aufzubauen. Es strömten ihm große Massen ehemaliger Anhänger, Soldaten und mit der Herrschaft der Kommunisten unzufriedene Gruppen zu, so daß er bald über eine größere Streitmacht verfügte. Zwischen dieser und den kommunistischen Mongolen und chinesischen Einheiten kam es durch mehrere Jahre zu erheblichen Gefechten, sie stellten eine Beunruhigung der inneren Sichterheit der Inneren Mongolei dar. Überhaupt waren die mongolischen Kavallerieverbände und die Sicherheitstruppen der Inneren Mongolei stark mit der Suche nach Gegnern des kommunistischen Regimes beschäftigt. Die politische Kontrolle wurde ausgebaut. Jede Siedlung bekam einen eigenen Sicherheitsoffizier, jedes Banner ein eigenes Sicherheitsbüro.

Jeder Mongole oder Chinese erhielt eine Identitätskarte, die er immer bei sich zu führen hatte. Ehemalige Mitglieder der nationalchinesischen Einheiten oder der nationalchinesischen Verwaltung wurden unter besondere Überwachung gestellt. Trotzdem war die innere Sicherheit durch Sabotageakte und antikommunistische Widerstandsgruppen oftmals gefährdet. Die mongolisch-kommunistischen Truppen führten gegen diese antikommunistischen Gruppen große Verfolgungsaktionen durch.

In der modernen Literatur der roten Inneren Mongolei hat dieser Kampf besonderen Niederschlag gefunden. Die Darstellungen wurden zu propagandistischen Zwecken weit verbreitet. Im Stil weichen sie nur wenig von den alten Heldenepen ab. Die Säbel blitzen, die Pferde traben und Heldentum und Tapferkeit triumphieren. Die Gefangennahme eines antikommunistischen »Banditenführers« findet folgende Darstellung:

»Die wilde Jagd dauerte noch für 4000 oder 5000 Meter weiter an, bis das Pferd mit den weißen Fesseln stolperte und dann endgültig zu Boden fiel. Die Gestalt in dem schwarzen Wollmantel sprang rasch ab und landete fest auf den Beinen. Der Banditenveteran stellte in aller Ruhe seine Füße auseinander, ohne daß er das geringste Zeichen von Nervosität zeigte, als er sah, wie Harko und der Junge sich mit der Wut und der Geschwindigkeit eines Wirbelwindes auf ihn warfen. Mit tödlicher Ruhe hob er seinen Karabiner gegen den kleinen Li. Aber rascher, als das Auge folgen konnte, peitschte Harko sein Pferd, drehte es und war bei dem Mann angelangt. Mit aller Kraft, die er besaß, hieb er mit der silbrigen Klinge auf den schwarzen Filzhut. Der Mann stieß einen wilden Schrei aus und warf seine beiden Arme in die Luft, als der Stahl des Säbels in seine linke Schulter eindrang. Langsam fiel er zu Boden. Aber in der nächsten Sekunde faßte seine gesunde Hand in die Manteltasche nach seiner Pistole.

Mit einem weiten Kopfsprung warf sich Harko von der rechten Seite seiner großen schwarzen Stute auf seinen Feind. ›Bewege dich nicht‹, brüllte er und stellte seinen genagelten Stiefel fest auf die Brust des Mannes. Rasch nahmen Harko und der kleine Li den Karabiner des Banditen und die amerikanische automatische Pistole auf, dann zwangen sie ihn durch Tritte zum Aufstehen. Der Kerl blutete jetzt und sein Blut verschmierte den schwarzen wollenen Mantel. Der kleine Li verband die Wunde des Gefangenen, und dann führten sie ihn den Hügel hinauf, dorthin, wo Bator gestürzt war. ›Du bist einer von den Leibwachen des Banditen, nicht wahr?‹ fragte Harko, der mit sich sehr zufrieden war.

Der Kerl zog den Rand seines schwarzen Filzhutes über seine Nase, um sein mit Pusteln bedecktes, dunkles, fleischiges Gesicht zu verbergen. ›Oh nein! Nicht eine Wache, euer gehorsamer Diener ist nur ein gewöhnlicher Soldat.‹

›Wenn du keine Leibwache bist, mußt du zumindest ein Stabsoffizier sein. Nach deinem Aussehen, deinem Pferd und deinen Waffen bist du kein gewöhnlicher Bandit. Das glaubt doch keiner, der klar im Kopf ist‹, sagte der kleine Li. Der Kerl blieb auf einmal stehen, und über sein Gesicht zog ein verschlagenes Grinsen: ›Eure Augen sind scharf, liebe Brüder, sie haben euch nicht betrogen, ich bin ein Leibwächter des Oberkommandierenden Pao, und liebe Brüder, wenn ihr mir's erlaubt, dann will ich gerne ein paar Worte zu euch sagen, darf ich?‹

›Was für einen verdammten Trick hast du jetzt?‹ fragte Harko, der mit Mühe seine aufsteigende Wut unterdrückte.

Der Kerl fischte aus einer Tasche des Wollsweaters, den er unter seinem Mantel trug, eine goldene Uhr. Dann trat er einen Schritt nach vorne: ›Wir sind Mongolen, wir alle! Wir sind alle Chortschin . . . und wenn du nichts auf die Bande des Blutes gibst, die uns verbinden, dann Bruder, laß mich wenigstens frei wegen des gemeinsamen Geburtsortes! Laß mich frei! Ich werde dir niemals vergessen, daß du ein Freund warst in diesem Augenblick des Unglücks. Und der Tag kommt sicher, an dem ich wieder in der Lage bin, dir deine edle Großzügigkeit voll zurückzuzahlen. Hier ist außer uns drei nicht eine Seele, niemand auf der Welt wird etwas wissen – nur diese Uhr . . . sie ist ein sehr unwürdiges und bescheidenes Geschenk . . .!‹

›Wer will denn deine stinkende Uhr schon‹, fuhr ihm der kleine Li in die Rede.

›Oh . . . ist es nicht genug?‹ Der Kerl trat einen Schritt nach vorne. ›Du kannst auch noch zwei Goldringe haben.‹

›Gib es her!‹ Harko riß dem anderen die Uhr aus den Fingern und warf sie ihm wütend ins Gesicht. ›Hier!‹, schrie er, ›nimm sie zur Hölle mit!‹

Alle Einheiten der Kompanie waren nun am Hang versammelt. Auf der einen Seite standen ermattet und zusammengefallen die Gefangenen und die eingefangenen Pferde.

Harko und der kleine Li kamen auf ihren Pferden heran und trieben einen Mann vor sich her. Laute Schreie kamen aus den Reihen der Männer, als der Abstand kürzer wurde: ›Vielleicht ist das doch Pao Tsun-feng? . . . Es ist Pao Tsun-feng!‹

Da war kein Zweifel. Die Gefangenen bestätigten bald, daß der Mann in dem schwarzen Wollmantel niemand anders war als der Oberkommandierende Pao.«

Auch ein anderes Werk der zeitgenössischen innermongolischen Literatur, das weite Verbreitung fand, und sogar dramatisiert wurde, die Novelle ›Auf dem Chortschin-Grasland‹ des innermongolischen Dichters Maltschinhu, schildert in ähnlicher Weise die Unschädlichmachung eines Gegenrevolutionärs und Saboteurs durch eine junge Mongolin:

»Sarin verfolgte den Gegenrevolutionär. Wild tobte der Sturm über dem Grasland, Donnerschläge und Blitze erweckten bei den Menschen das Gefühl, das Ende der Welt sei nahe. Vor Sarin erstreckte sich wilde leere Wildnis. Sie konnte die Richtung und die Gegend nur ahnen und war nur geleitet durch die Jahre ihrer Erfahrung als Kuhhirtin. Aber im Regen ist es im Grasland schwer, auch nur ein paar Zentimeter weiterzukommen, denn überall ist eine Unmenge Matsch. Gelegentlich rutschte das Pferd, und dann fielen Reiterin und Pferd gemeinsam in das lehmige Wasser. Aber Sarin verlor deshalb nicht den Mut. Nach jedem Sturz kletterte sie wieder aufs Pferd und setzte die Verfolgung fort. Wenn ihre Brandwunden mit dem Wasser in Berührung kamen, wurden die Schmerzen zum Umfallen stark. ›Wie weit werde ich ihn zu verfolgen haben auf dieser weiten Ebene?‹, wunderte sie sich. Gerade da machte ein Blitz es möglich, daß sie im Lehm einige Fußstapfen sehen konnte und das gab ihr den Mut, weiterzureiten. Sie dachte: ›Im Westen ist der Scharamöringhol. Wegen des starken Regens wird er über die Ufer getreten sein. Dorthin wird er nicht gehen. Nach Norden zu ist die einzige Möglichkeit.‹ Sie konnte ganz schwach vor sich einen kleinen Hügel mit einigen jungen Ulmen sehen. Dorthin hatte Sarin öfter in vergangener Zeit ihre Rinder gebracht, und dort war es auch, auf diesem Hügel, daß Sambu ihr seinen ersten Antrag gemacht hatte. Auf dem Hügel wuchsen verschiedene Arten von Blumen, und sie erinnerte sich, wie ihr Sambu zwei Blüten in den Kopfschmuck gesteckt hatte . . . In ihren Gedanken sah sie Sambus schönen Mund und sein lustiges Lächeln, und sie vergaß für einen Augenblick alles in der Erinnerung an ihre Liebe.

Auf einmal hörte man kurzes Bellen vom Hügel, und Sarins Herz setzte einen Augenblick zu schlagen aus. Ob vor Freude oder vor Furcht, konnte sie selbst nicht sagen.

›Galu muß den Saboteur gefunden haben‹, dachte sie. Sie bemühte sich, das Pferd langsam und leise gehen zu lassen, während sie den Hügel hinaufritt, und sie versuchte die Finsternis mit ihren Augen zu durchdringen. Sie hoffte, daß ihr Galu ein anderes Zeichen geben würde, aber der Hund war still.

›Ha! Jetzt kannst du noch einmal beißen, verdammter Hund!‹ Triumphierend klang vom Hang, sieben oder acht Meter entfernt, eine tiefe Männerstimme. Angestrengt sah Sarin hin und konnte eine schwarze Figur den Hügel hinaufsteigen sehen. Hinter ihr lag ein anderes schwarzes Bündel auf dem Boden.

›Der Gauner muß Galu erschlagen haben‹, dachte sie und ritt, vom Zorn gepackt, darauf los und schoß. Der schwarze Schatten lief wie der Wind davon. ›Er hat kein Gewehr‹, dachte sie. ›Ich darf ihn nicht töten; besser ist es, ihn lebendig zu fangen.‹ Sie holte ihn ein und schlug ihn mit dem Gewehrkolben nieder. Er stürzte zu Boden und stieß einen Schrei aus. Den Finger am Abzug schrie Sarin: ›Keine Bewegung!‹ Sie erinnerte sich, daß die Soldaten so irgend etwas riefen. Die schwarze Gestalt sprach nicht und bewegte sich nicht.

›Ich hab ihn wahrscheinlich bewußtlos geschlagen‹, dachte sie. Sie sprang vom Pferd herunter und wollte zu ihm hinlaufen, um ihn zu fesseln, als sie die Sicherung eines Gewehrs hinter sich klicken hörte und dann den Ruf: ›Halt! Keine Bewegung oder ich schieße!‹

Alles an Sarin zitterte. Sie dachte: ›Jetzt ist alles aus. Ich bin in einen Hinterhalt gelaufen und sie haben mich umzingelt! Aber ich muß eine gute Mongolin sein und darf keine Furcht zeigen!‹

›Wer bist du? Wenn du näher kommst, werde ich schießen‹, schrie sie so laut, wie sie konnte, zurück.

›Eh! Ist das Sarin?‹ Das war die Stimme des Mannes, den Sarin kannte und liebte. Dann glitt das helle Licht einer elektrischen Taschenlampe über ihre lehmbeschmierte Gestalt.

›Das bist wirklich du, Sarin, liebes Kind!‹ rief Amugulang, vom Pferd herunterspringend. Andere waren hinter ihm.

›Großvater, Amugulang, Sambu!‹ Niemals hatten diese Namen so wundervoll für Sarin geklungen. Mit Tränen in ihren Augen lief sie auf sie zu und umarmte Amugulang liebevoll.

›Gutes Mädchen! Aber warte einen Augenblick. Sag, hast du jetzt gerade geschossen?‹

›Ja, ich habe dem Saboteur das Gewehr abgenommen, und jetzt habe ich ihn damit bewußtlos geschlagen.‹

Sarin umarmte auch Sambu, dann nahm sie seine Stablampe, um auf die leblose schwarze Gestalt zu leuchten. Sie sahen in der Richtung des Lichtstrahls, wie sich ein Mann mit einem Gesicht voller Pockennarben aufraffte und davonlaufen wollte.

›Du willst wohl davonlaufen, du Miststück? Halt!‹

Amugulang schritt zu dem verängstigten Gauner hinüber und fragte: ›Wer bist du, was machst du hier?‹

›Ich – bin ein gewöhnlicher Bürger!‹ Goldzähne leuchteten auf, als er sprach.

›Och, dich kenn ich. Du bist der Unterführer Bujan aus dem Aruchortschin-Banner!‹

›Das ist nicht wahr, ich bin aus dem Chortschin-Banner.‹

›Du denkst wohl, du kannst dich rausreden? Dann denk noch einmal!‹

›Das ist dieser Gauner, der die nördliche Weide angezündet hat‹, sagte Sarin unmutig.

Bujan rollte die Augen und sagte nichts.

›Kein weiteres Herumstreiten mit einem Gegenrevolutionär‹, sagte Amugulang zu den Milizionären. ›Fesselt ihn und führt ihn fort.‹

Der Anblick, wie der Feind gefesselt wurde, machte Sarin unaussprechlich glücklich. Dann kam Sambu zu ihr und drückte ihre Hand und sagte: ›Sarin, du hast eine harte Zeit gehabt!‹

›Nein, das war meine Pflicht.‹ Sie lachten. ›Sarin hat schon recht: das ist die Pflicht eines jeden Mongolen.‹«

So ist die Stimme der offiziellen modernen Literatur der in Rotchina lebenden Mongolen.

Was sie wirklich denken, werden vielleicht in einigen Jahrzehnten Notizbücher mit Gedichten, Liedern und Geschichten erzählen.

10. Kapitel

Theater in der Jurte

Die Legende vom Mondkuckuck

Ich erzählte schon, daß ich in Peking im Tempel Sung-chu-szu noch 1945 mehr als 80 mongolische Blockdrucke der Mandschu-Zeit von den dort noch erhaltenen Druckplatten abziehen lassen konnte. Es waren fast nur lamaistische Gebete, Hymnen, Ritualanweisungen. Ein ganz kleiner Rest waren Erzählungen. Aber auch sie zeigten starke Spuren buddhistischer Beeinflussung und Milieu-Färbung.

Bei einem der Werke zog mich der Titel besonders an. Er lautete: ›Geschichte des Mondkuckucks mit der blauen Kehle, der ein Bodhisattva war, genannt Ohrenschmuck derjenigen, die wissen, daß die Welt ohne Gehalt ist.‹

Es war, wie sich beim Lesen herausstellte, kein mongolisches Originalwerk, sondern eine Übersetzung aus dem Tibetischen. Diese allerdings war ein Kunstwerk. Das Nachwort erklärte dies denn auch. Es war die Arbeit eines der bekanntesten und berühmtesten Übersetzer des 18. Jahrhunderts.

Dai guoschi Nawangdambil, ein gelehrter Mönch vom Stamm der Nordabaghanar, einer der innermongolischen Völkerschaften, übersetzte 1770 dieses Werk aus dem Tibetischen ins Mongolische. Obwohl er schon einundsiebzig Jahre alt war, unterzog er sich dieser beschwerlichen Arbeit. Kein Geringerer als der höchste lamaistische Würdenträger am Mandschu-Hof, der Tschangtschia Chutuktu Rolpaidordsche, hatte ihn gebeten, »die Geschichte, wie sich jemand in den Leib des Kuckucks begab und zum Kuckuck wurde«, zu übersetzen.

War das wieder eines der frommen, erbaulichen buddhistischen Erzählwerke, mit deren Hilfe die lamaistischen Kleriker des 18. Jahrhunderts die üppig wuchernde Phantasie der mongolischen Märchenerzähler und Heldensänger unterdrücken und vertreiben wollten? Gerade der Tschangtschia Chutuktu war bekannt dafür, daß er den Kampf gegen das heidnische Heldenepos mit besonderer Anteilnahme geführt hatte. Das Epos vom Geser Khan hatte er einmal mit dem »üblen Krächzen der Raben« verglichen.

Ich ging also mit einer gewissen Voreingenommenheit an die Lektüre des ›Mondkuckucks‹ heran.

Bald aber fesselte mich die Geschichte. Sie war gar nicht so erbaulich, wie ich gefürchtet hatte, sondern in ihrem Stoff steckte wahre Dramatik.

Es wurde in ihr das seltsame Schicksal eines indischen Königssohnes erzählt. Der junge Prinz wuchs in der Obhut seiner frommen Mutter auf. Auf Wunsch des Vaters gesellte diese ihm den Sohn eines Ministers, namens Lagayana, als Spielgefährten bei, obzwar sowohl Sohn wie Mutter das unbestimmbare Gefühl hatten, sie könnten Lagayana nicht vertrauen.

Die beiden Jungen wurden also gemeinsam erzogen. Einer ihrer Lehrer war ein zauberkundiger Brahmane. Von diesem lernten sie die Kunst, einen Leichnam mit der eigenen Seele zu beleben und in der Gestalt des Toten zu erscheinen.

Auch in dieser Geschichte wollte der Königssohn in den Mönchsstand treten und der Welt entsagen. Es ist dies einer der Züge, der in fast jeder buddhistischen Erzählung auftritt. Hier aber verbot der Vater, der die Thronfolge in der Familie dadurch gefährdet sah, den Eintritt ins Kloster. Statt dessen verheiratete er den jungen Prinzen mit Altan, der schönen Tochter des Nachbarkönigs. Sie war nicht nur schön, sondern auch klug. Verständnisvoll ging sie auf den religiösen Zug im Wesen ihres

Gatten ein. Die beiden fanden aneinander Gefallen bei der Auslegung und Übung der buddhistischen Religion. Altan fesselte den jungen Prinzen so fest an sich, daß sich eine der Nebenfrauen über Gebühr vernachlässigt fühlte. Die Eifersucht überwältigte sie. Von dieser getrieben, beredete sie Lagayana, den Spielgefährten des Prinzen, diesen zu beseitigen und sich an dessen Stelle zu setzen.

Zunächst einmal widerstand Lagayana mannhaft den Einflüsterungen der schönen Versucherin. Aber schließlich siegte auch hier die Versucherin, und der Spielgefährte des Prinzen willigte in ihren bösen Plan ein.

Als er mit dem Prinzen und dem ganzen Hofstaat zu einem schönen Garten vor den Toren der Stadt unterwegs war, stieß die Gesellschaft auf die Leichen zweier toter Kuckucke. Man fand an den Vögeln kein Zeichen von Gewaltanwendung. Beim Anblick der Vögel formte sich in Lagayanas Gehirn der Plan, wie er den Prinzen beseitigen konnte. Jenseits des Flusses lag ein schöner Wald, der noch keinem anderen Fürsten gehörte. Lagayana überredete den Prinzen, diesen Wald mit ihm zu entdecken und zu erforschen. Dies aber, so flüsterte er ihm ein, müsse in anderer Gestalt geschehen, um ein Verbot von seiten des königlichen Vaters zu umgehen. Wofür hätten sie denn die Kunst gelernt, andere Gestalt anzunehmen? Es sei doch für sie ein Leichtes, sich der beiden Kuckucksleichen zu bedienen.

Wie von Lagayana vorgeschlagen, belebten die beiden Jungen die Kuckucksbälge. Ihre eigenen nun entseelten Körper ließen sie am Ufer des großen Flusses zurück.

Sie selber flogen über den Fluß in den großen Wald. Dort verlor sich der Prinz in Staunen über die seltenen Früchte und Blumen, über Vogelgesang und Farben.

Der betrügerische Lagayana aber flog inzwischen wieder über den Fluß zurück, verließ dort seinen Kuckucksleib und belebte den dort am Ufer zurückgelassenen Leib des Prinzen mit seiner Seele. Seinen eigenen nun entseelten Leib warf er mit der Kuckucksleiche in den Fluß. Dann ging er jammernd zum

Hofstaat zurück und erzählte, sein geliebter Gefährte Lagayana sei in den Fluß gestürzt und ertrunken.

Die Höflinge, die ihn für den Prinzen hielten, glaubten ihm. Nur Altan, die Lieblingsgemahlin des Prinzen, zweifelte an der Echtheit des Zurückgekehrten. Dieser zeigte ganz im Gegensatz zum wirklichen Prinzen kein Interesse am Buddhismus und führte keine religiösen Übungen und Gebete durch. Der falsche Prinz verstieß sie daher bald. Er wandte seine Aufmerksamkeit der Nebenfrau zu, die ihn seinerzeit zum Verrat am wahren Prinzen angestiftet hatte.

Auf der andern Seite des Flusses war der Prinz in der Gestalt des Kuckucks geblieben. Zuerst glaubte er, seinem Freund Lagayana sei etwas zugestoßen. Dann aber erschien ihm Buddha und klärte ihn über den Verrat des Freundes auf. Voller Mitleid nahm Buddha dann auch die Gestalt eines Kuckucks an und leistete dem verlassenen Prinzen in Vogelgestalt im Walde Gesellschaft. Er sagte diesem als Zukunft voraus, daß er so lange als blaukehliger Kuckuck unter den Vögeln leben müsse, bis ein berühmter Lamamönch, Tsogtu genannt, erscheinen und ihn belehren werde. So lebte nun der arme Prinz als Kuckuck unter den Vögeln. Er predigte diesen den Buddhismus.

Geschickt wird hier in die spannende Verwandlungs- und Betrugsgeschichte das Motiv einer alten indischen Buddhalegende von der Predigt Buddhas vor den Vögeln eingeschoben.

Das Erscheinen der Gestalt des Lama Tsogtu läßt dann den bislang geschickt verborgenen Bekehrungs- und Erbauungscharakter des Werkes hervortreten. Hier bot sich dem Autor die Gelegenheit zur Einschaltung zahlreicher Geschichtchen und langatmiger Belehrungen. Alles Geschehen wird im Sinne des buddhistischen Dogmas als Folge früherer böser oder guter Handlungen hingestellt. Auch das verräterische Verhalten des Lagayana seinem fürstlichen Freund gegenüber wird aus der Tatsache erklärt, daß die beiden in einer früheren Existenz zwei einander feindlich gesinnte Nachbarkönige gewesen seien.

Zum Schluß gelingt es dem Prinzen, seine Eltern, die Gattin

und die Freunde den an ihm geübten Verrat erkennen zu lassen. Aber seinem Lose getreu bleibt er bis ans Ende seiner Existenz als Kuckuck bei den Vögeln und predigt diesen die wahre Lehre.

Das Ganze war eine erstaunlich kompakte und spannend erzählte Geschichte, wenn man von den erbaulichen Stellen absah. Aber schließlich ist auch die ›Geschichte vom Dr. Faustus‹ ursprünglich ein Erbauungsstück für Schüleraufführungen mittelalterlicher Klosterschulen gewesen.

In der Geschichte vom ›Mondkuckuck‹ folgten Rede und Gegenrede in so lebendiger Folge, daß ich mitunter den Eindruck hatte, das Textbuch eines Theaterstückes zu lesen.

Aber Theater in der Mongolei im 18. Jahrhundert? Gab es das? Nun, so ganz ausgeschlossen schien dies nicht zu sein.

Der Schamanismus wird vernichtet

Als die lamaistischen Missionare und Glaubenseifrigen um die Wende des 16. Jahrhunderts die Mongolen erneut zum Buddhismus bekehrten, verboten sie den Mongolen ihre alte Volksreligion, den Schamanismus. In dieser Religion galt alles, galt jeder Stein und jeder Berg als von Geistern der guten und der bösen Ahnen belebt. Die eifrigen lamaistischen Missionare sammelten die Götterfigürchen aus Filz, Holz und Fell ein und verbrannten sie.

Eine einzige solche Sammelaktion im Gebiet der östlichen Mongolenstämme, besonders bei den Chortschin, brachte um 1650 einen Haufen von alten Ahnenfiguren, so groß wie ein mongolisches Rundzelt von vier Scherengitter Umfang, zusammen, der dann verbrannt wurde. Das entspricht einem etwa drei Meter hohen Scheiterhaufen von etwa sechs Metern Durchmesser.

Die buddhistischen Proselytenmacher begnügten sich damit nicht. In strenger Befolgung ihres dem Nichts und der Verneinung alles Lebens zugewandten Glaubens verfolgten sie auch alle anderen Äußerungen des Lebens des mongolischen Volkes, die durch die Jahrhunderte übernommen waren. Alles, was nicht buddhistisch war, sollte verschwinden. Lieder, Hochzeitsbräuche, Glück- und Segenswünsche wurden ebenso als irrgläubig verbannt und verfolgt wie die Tänze und andere alte Formen des mongolischen Brauchtums. Als Ersatz dafür erfanden die Lamamönche neue Gebete. Sie fütterten die Mongolen mit dem reichen und vielfältigen Schatz der indo-tibetischen buddhistischen Erzählungen, Lebensregeln und Höllenfahrtgeschichten.

Trotzdem hatten die lamaistischen Missionare mit ihren Verboten keinen lange währenden und tiefgehenden Erfolg. Die Volksreligion und die alten mongolischen Überlieferungen erwiesen sich als stärker. Mit Vorstellungen aus dem lamaistischen Gedankengut angereichert, mit buddhistischen Phrasen getarnt, lebte die Volksreligion bis in die heutige Zeit weiter. Noch ein weiterer Einfluß kam mit den tibetischen lamaistischen Missionaren des 16. und 17. Jahrhunderts ins Land: der pantomimische Maskentanz. Alljährlich führte man zu einer bestimmten Zeit in den bekanntesten Klöstern solche Maskentänze religiösen Inhaltes auf. Diese nannte man Tscham.

Die Idee, die diesen auf propagandistische Massenwirkung abgestellten Vorführungen und Schaustellungen zugrunde lag, war die mimische Darstellung der furchtbaren, schreckenserregenden Schutzgötter des Buddhismus und ihres Kampfes gegen die Feinde der Religion. In bunte, grellfarbige Gewänder von bizarrem Schnitt gekleidet, tanzten die einzelnen Personifizierungen der Götter und Dämonen im Takt einer durchdringenden, rhythmischen Musik im Kreis herum. Vor dem Gesicht trugen sie kunstvoll geschnitzte oder aus Papiermachee geformte Masken. Diese hatten meist ein wildes, schreckenerregendes Aussehen: Totenköpfe, entstellte Tierschädel mit Rüsseln, hervorquellenden Augen, gewaltigen Hauern, wutverzerrte Tier- und Menschengesichter mit Hörnern und seltsamen Verzierungen. So schilderte sie 1925 der russische Mongolist und Buddhologe Boris J. Vladimircov. Zahlreiche Exemplare dieser Tanzmasken finden sich in den europäischen Museen. Dort, wo der Lamaismus noch frei ist von staatlichen Beschränkungen, wie in Nepal, Bhutan und Sikkim, an Indiens Nordgrenze, dort finden diese kultischen Maskentänze auch heute noch statt. Auch heute noch fertigen dort die Lamamönche neue Tanzmasken, wenn die alten abgenützt und brüchig geworden sind.

In Tibet fing man schon im späten 17. Jahrhundert an, in den Pantomimentanz Gestalten aus nicht rein religiösen Erzählungen aufzunehmen. Zur Zeit des 6. Dalai Lama (1683–1706), eines mehr den diesseitigen Dingen als dem Jenseitigen zugewandten jungen Mannes, der mehr durch seine in tibetischer Sprache abgefaßten Liebeslieder bekannt geworden ist als durch religiöse Traktate, war dies schon in der Übung.

Allmählich entwickelte sich so aus den religiösen Pantomimentänzen ein pseudoreligiöses Theater. Die Figuren begannen zu sprechen, einander zu antworten. Die eigentliche Tscham-Tanzaufführung trat immer mehr in den Hintergrund, bis schließlich ein richtiges Theaterstück an seiner Stelle aufgeführt wurde. Besonders beliebt wurden die Darstellungen aus dem Leben des berühmten tibetischen Asketen und Wanderers Milaraspa (1040 bis 1123). Diesen hat man einen tibetischen Franz von Assisi genannt. Seine Lieder zählten zu den größten literarischen Schöpfungen Asiens.

Singspiele in der Jurte

Es dauerte nicht lange, dann eroberte sich die neue Sitte des halbreligiösen Theaters auch die weiten Steppen der Mongolei. Die Mongolen waren besonders aufnahmebereit für solche Darbietungen, denn seit langem kannten sie an den Fürstenhöfen und im engen Bereich der Jurtenfamilien in den langen

Winternächten noch ein ähnliches Vergnügen: den theaterähnlichen Wechselgesang mehrerer Personen.

Diese kleinen Singspiele waren überaus weltlichen Inhalts. Es waren meist dramatische Lieder, die der allmächtigen Liebe galten, die vor nichts haltmachte und vor nichts zurückscheute. Es wurde in ihnen etwa von der Liebe eines mächtigen Fürsten zu einem armen Hirtenmädchen gesungen. Eines der Lieder hieß ›Fürstliches Vergnügen‹, ein anderes wieder, das sich vom südmongolischen Tsachar-Gebiet aus gleichmäßig nach dem Südosten und dem Norden der Mongolei verbreitet hatte, besang die verbotene Liebe des Bedsching Lama, eines Lamamönchs aus der Hauptstadt Peking, zu der schönen Mongolin Dschiujar und spottete über den liebestollen Geistlichen. Dschiujar teilt in dem Lied ihre Liebe zwischen dem Lama und dem mongolischen Prinzen Samiya. Zum Schlusse entscheidet sie sich für den Prinzen. Dem verschmähten Lama bleibt nur der Spott.

Was Wunder also, daß die mächtige und einflußreiche Priesterschicht der lamaistischen Klöster der Mongolei dieses und andere weltliche Singspiele unter den Bann stellte. Die Mongolen konnten bald ihrer Vorliebe für diese Art einer mongolischen »Operette« nur im geheimen nachgehen.

Um so mehr bot ihnen dann das pseudoreligiöse Theater Möglichkeiten, ein wenig von jenem Darstellungsdrang zu verwirklichen, der dem Menschen mehr oder weniger angeboren ist und den die lamaistische Kirche nur zu ihrem Ruhme dulden wollte. Hauptsache dabei war, daß das Thema des Theaterstückes aus jenen Erzählungen stammte, die im Gefolge der buddhistischen Mission aus Tibet und Indien nach der Mongolei gekommen waren.

So formten die Mongolen auch das indisch-tibetische Märchen von der Himmelsfee Manuhari, die von einem Fischer am Ufer eines Sees beim Bade gefangen und später die Gemahlin des Prinzen Manibadara wird, zu einem Theaterstück um.

1781 schickte Baron von Asch, der Oberste Arzt der russischen Armee und Korrespondent der Göttinger gelehrten Gesellschaft, schon eine westmongolische Handschrift dieser Geschichte mit folgender Bezeichnung nach Göttingen: »Soll ein Lustspiel seyn. Über die Betrübnis des Luin Chan, nämlich war des Königs, wie er genötigt, Zilma erdeni dem Jäger Tusat abzugeben. Er hat die Macht des Anziehens, vermöge welcher er des Chans Ginar Tochter, die schöne Manicharja bekommen.«

Diese Bemerkung des Barons von Asch ist nur die Übersetzung der russischen Erklärung dieser Handschrift, wie sie der russische Sammler auf die Titelseite geschrieben hat. Aber nichts mehr ist davon bekannt, wie die Mongolen 1781 und wohl auch noch später diese zentralasiatische Version des Märchens ›Vom Fischer und siner Fru‹ aufgeführt haben. Denn Theater spielten die Mongolen im 18. und auch noch im 19. Jahrhundert. Immer wieder finden sich Hinweise, daß sie die Episoden aus dem Leben des tibetischen Eremiten und Dichters Milaraspa in den Klöstern zur Aufführung brachten.

Frau Tschoidschid reist in die Hölle

Besondere Vorliebe genoß auch die Geschichte von der Höllenfahrt der edlen Frau Tschoidschid. Auch dieses Stück ging auf ein tibetisches religiöses Drama zurück. Die Mongolen bereicherten seinen Dialog aus anderen beliebten mongolischen Höllenfahrtsbüchern.

Die edle Frau Tschoidschid träumt während einer schweren Krankheit von ihrem Sterben. Sie erlebt ihren Abstieg ins Reich des Höllenfürsten, vor dessen Gericht sie erscheint. Nachdem der Höllenfürst in den Archiven hat nachsehen lassen, in denen Buch geführt wird über jeden Menschen und seine Taten, wird der Frau Tschoidschid bedeutet, daß für sie die Zeit für Tod und Sündenbuße noch nicht gekommen sei. Ehe sie in das Reich der Lebenden auf die Erde zurückkehren darf, erlebt sie aber noch die Beurteilung der Sünden und guten

Taten von Verstorbenen aller Stände vor dem Thron des Höllenfürsten. Wie in einem mittelalterlichen Totentanz treten Laien und Mönche, Reiche und Arme, Männer und Weiber vor den Höllenrichter und verantworten, verteidigen und beschönigen ihren Lebenswandel. Zu ihren Angehörigen auf die Erde zurückgekehrt, berichtet die Dame Tschoidschid von diesen Erlebnissen und ermahnt alle Zuhörer zu einem tugendsamen und verdienstvollen Leben.

Gerade von diesem religiösen Drama haben sich in Ulanbator und Kopenhagen einige Handschriften erhalten. Sie sind alle mehr oder weniger nur Paraphrasen eines ursprünglichen Textes. Man muß daher annehmen, daß die einzelnen Darsteller die Worte ihrer Rolle nach Können, Wollen und Gedächtnis verlängerten, verkürzten oder verbesserten.

In Urgha, wie die heutige Hauptstadt der Mongolischen Volksrepublik, Ulanbator, früher hieß, wurde dieses Stück sogar auch als Blockdruck im vergangenen Jahrhundert gedruckt. Noch in den ersten Jahrzehnten unseres Jahrhunderts war es sehr beliebt. Die jungen Mongolen, die sich von 1923 bis 1928 in Berlin zur Ausbildung oder als Mitglieder einer Sondergesandtschaft der Mongolischen Volksrepublik aufhielten, konnten fast alle noch Teile daraus auswendig hersagen, so wie wir heute eine Stelle aus der ›Dreigroschenoper‹ oder aus ›My Fair Lady‹, die uns besonders gut gefallen hat, auswendig kennen.

Noch in jenen Jahren wurde in verschiedenen Klöstern der nördlichen Mongolei, der heutigen Mongolischen Volksrepublik, besonders in der südlichen Wüste Gobi und auch in der Inneren Mongolei ein Stück über den ›Mondkuckuck‹ aufgeführt. Nur hatten die Gelehrten nichts davon erfahren. Das Theater der Mongolen war noch kein literarwissenschaftliches Problem. Als es ein solches wurde, als man erkannt hatte, wie interessant die Frage religiösen Theaters bei Nomaden ist, da war es für eine Erforschung fast schon zu spät.

Veränderungen in der Sozialstruktur

1924 starb der letzte Dschebtsundampa Chutuktu, der höchste lamaistische Würdenträger der Mongolei, den man zum Staatsoberhaupt der seit 1911 von China unabhängigen Mongolei gemacht hatte. Mit ihm endete die Theokratie, die Herrschaft des Klerus in der Mongolei.

An seiner Stelle übernahm die Mongolische Revolutionäre Volkspartei, die von Rußland gesteuerte mongolische Abart der kommunistischen Partei, in der Mongolei die Herrschaft. Die Mongolische Volksrepublik wurde immer enger an Sowjetrußland gebunden; sie wurde zu ihrem ersten Satellitenstaat. Ihre innere Entwicklung spielte sich in starker Anlehnung an das sowjetische Vorbild ab. Immer mehr wurde das Land vom Ausland abgeschlossen.

In den Jahren 1929 bis 1938 wurde die gesamte Sozialstruktur umgeformt. Die bis dahin führenden und die besitzenden Gruppen wurden beseitigt oder ihres Einflusses beraubt. Mit der nun herrschenden kommunistischen Doktrin war der Buddhismus oder Lamaismus nicht vereinbar. Er wurde als rückständig angesehen. Dem Klerus gehörte ein großer Teil des Volksvermögens. Ihm wurde der Kampf angesagt. Die Klöster wurden enteignet, zerstört oder geschlossen, in Museen, Klubs und Kinderheime umgewandelt. Die Mönche wurden in das Privatleben zurückgeführt. Der Besitz der Klöster wurde konfisziert.

Wie die Materialien des siebten Großen Churals, der Volksversammlung von 1935, zeigen, betrug der Besitz der lamaistischen Klöster 1932 noch zwei Millionen Tuchrik. Der Tuchrik ist die mongolische Geldeinheit. Innerhalb von drei Jahren sank dieser Kirchenbesitz auf eine Million Tuchrik.

Der Buddhismus hörte auf, offizielle Staatsreligion zu sein. Mit den Klöstern schwand auch die Verwendung der Tanzmasken, verschwand das religiöse Pantomimenspiel, das religiöse Theater und verschwanden die Textbücher der gespielten Stücke.

In der Inneren Mongolei wiederum brachte die starke wirtschaftliche Not, der die Mongolen während der japanischen Besatzung ausgeliefert waren, vieles von ihrer Kultur zum Verschwinden. Als ich Anfang der vierziger Jahre in der östlichen Mongolei nach religiösen Theateraufführungen fragte, wußte man nichts mehr davon. Nur gewöhnliche Maskentänzer ritualistischer Form wurden um die Jahreswende abgehalten. Anders soll es nach Angaben mongolischer Gewährsleute um diese Zeit noch im Tsachar-Gebiet der Inneren Mongolei gewesen sein. Aber davon erfuhr der durchreisende Fremde nichts. Die Mongolen waren in jener Zeit mißtrauisch gegen jeden Fremden. So blieb der Blockdruck vom ›Mondkuckuck‹, den ich in Peking gefunden hatte, zunächst nur ein vager Hinweis, daß irgendwann einmal bei den Mongolen religiöses Theater gespielt worden war.

Ein unvollständiges Textbuch?

Eines schönen Tages im Sommer 1959 erfaßte den Professor für mongolische Literaturgeschichte an der Universität Ulanbator, Damdinsürüng, die Lust zum Spazierengehen.

Er schlug, wie so viele Male vorher schon, den Weg nach dem Gandang-Tempel ein, jener einzigen lamaistischen Kultstätte, die seit einigen Jahren wieder in der Mongolischen Volksrepublik eröffnet ist. In ihr lebt und betet eine kleine Zahl meist schon betagter Lamamönche unter starker Anteilnahme der Bevölkerung. Der Abt des Klosters, Gombodo, spielte neben seinem Amt auch noch eine aktive Rolle in der Internationalen Friedensbewegung, die von Moskau gelenkt ist. Er war ein gebildeter und in den Fragen seiner Religion wohlbewanderter Mann.

Als Professor Damdinsürüng, der außer seiner Lehr- und Forschertätigkeit auf dem Gebiete der mongolischen Literaturgeschichte auch einer der bedeutendsten modernen Lyriker und Kurzgeschichten-Autor der Mongolei ist, diesmal die Bibliothek des Gandang-Klosters betrat, fielen ihm unter den dort aufbewahrten Manuskripten und Drucken religiöser Werke ungefähr zehn dünne, großformatige Manuskripthefte auf.

Der Titel allerdings dämpfte seine Erwartungen wieder. Dieser lautete ›Lebensgeschichte des Mondkuckucks‹. Damdinsürüng dachte, eine der vielen in der Mongolei umlaufenden Abschriften jenes Blockdruckes aus dem Jahre 1770 in der Hand zu halten, den auch ich schon in Peking hatte erwerben können.

Ich kann die Empfindungen Professor Damdinsürüngs gut verstehen. Mir sind ebenfalls immer wieder beim Durcharbeiten der Sammlungen in Oslo, Kopenhagen und in den deutschen Bibliotheken solche Abschriften alter Blockdrucke in die Hände gekommen. Sie besitzen keinen besonderen literarischen oder literaturgeschichtlichen Wert. Interessant sind solche Abschriften nur in jenen seltenen Fällen, wo kein Exemplar des ursprünglichen Druckes mehr bekannt ist und man nun aus dem Nachwort der Abschrift erfährt, daß solch ein Werk vor hundert oder zweihundert Jahren im Blockdruck verbreitet gewesen ist. Erfährt man dann noch, wie es mir einmal mit einem völlig verschmutzten und zerrissenen Manuskript in Kopenhagen geschah, daß sich der Preis für Papier, Tusche und Abziehen der Blöcke in der Mitte des 18. Jahrhunderts auf 5 Hundertstel einer Silberunze für ungefähr 15 Blatt belief, dann ist man besonders dankbar, denn über Bücherpreise in der Mongolei in vergangenen Zeiten weiß man recht wenig bis heute.

Meist aber legt man so eine Abschrift, die man mit klopfendem Herzen und gespannter Erwartung in die Hände genommen hat, enttäuscht als uninteressant in die Fächer der Büchergestelle zurück.

Damdinsürüng tat das aber nicht gleich. Er blätterte noch ein wenig in den Heftchen mit dem wohlbekannten Titel ›Lebensgeschichte des Mondkuckucks‹. Es war die bekannte Geschichte – und sie war es doch wiederum nicht. Es gab Rede und Gegenrede, aber keine fortlaufende Erzählung. Das Ganze erwies sich dann als ein Textbuch eines Theaterstückes über den ›Mondkuckuck‹, das sich vom Pekinger Blockdruck von 1770 und der darin erzählten Geschichte unterschied.

Beim Weiterlesen stieß Damdinsürüng auf den Namen des Verfassers. Es war Rabdschai, der fünfte Noyan Chutuktu, einer der hohen lamaistischen Würdenträger der nördlichen Mongolei.

Ein Mönch als Theaterdichter

Damit stand fest, daß der Zufall hier zu einem literarischen Fund ersten Ranges geführt hatte.

Der fünfte Noyan Chutuktu Rabdschai war einer der großen mongolischen Dichter des vergangenen Jahrhunderts. Schon immer hatten Gerüchte davon wissen wollen, daß er auch ein Theaterstück verfaßt habe. Aber es war bisher nirgendwo aufzufinden gewesen.

Keine Freude über einen Fund ist ungetrübt. Auch hier waren nur Teile des Textbuches vorhanden. Heft eins, drei und fünf fanden sich, ja sie waren unter den zehn dünnen Manuskriptheften sogar mehrmals vorhanden. Der Rest des Textes aber fehlte.

Alles, was Damdinsürüng zunächst einmal in Erfahrung bringen konnte, war, daß ein Mann aus dem Ghobi-Gebiet, ein gewisser Sayabadar, diese Heftchen mit dem Text des Dramas dem Abt des Gandang-Klosters gebracht hatte.

Damdinsürüngs Gefühle in diesem Augenblick dürften ungefähr jenen zu vergleichen sein, die ein Germanist heutzutage haben würde, wenn er nahe bei Stuttgart zwei Akte eines noch unbekannten Dramas von Schiller in der Originalhandschrift Schillers gefunden hätte und die bisherigen Besitzer dieser Handschrift ihm auf die Frage nach dem Woher antworteten, ein Herr Maier irgendwo aus der Rauhen Alb hätte die Papiere irgendwann einmal mitgebracht.

Rabdschai, oder wie er mit seinem vollen Namen hieß: Dangdschinrabdschai, war ein hoher lamaistischer Geistlicher. Trotzdem fehlt seinen Werken fast jeder frömmelnde Zug. Sie zeichnen sich vielmehr durch besondere Lebendigkeit und tiefes Empfinden aus.

Rabdschais Leben, wie es sich aus seiner Biographie, den Erinnerungen von Zeitgenossen und Anekdoten über ihn erschließen läßt, ist bezeichnend für den Werdegang vieler bedeutender Dichter und Persönlichkeiten der Mongolei.

Muster einer Dichterbiographie

Damdinsürüng hat alle Nachrichten über Rabdschai mit großem Eifer und Spürsinn zusammengetragen.

Rabdschai war 1803 im Nord-Sünit-Gebiet der Inneren Mongolei als der Sohn eines armen Hirten zur Welt gekommen. Die Mutter starb, als er noch ein Säugling war. Der Vater zog den Jungen fast allein ohne fremde Hilfe auf. Zwischen den beiden muß ein sehr inniges Verhältnis bestanden haben. Oftmals gedenkt Rabdschai in seinen Gedichten seines Vaters, der ihm die Mutter ersetzte. Ein Zelt und ein Pferd war alles, was Duluitu, der Vater, besaß. Als Rabdschai fünf Jahre alt war, zwang eine der fürchterlichen Trockenheiten, die die Mongolei immer wieder überfallen, Vater und Sohn zum Verlassen des Heimatgebietes.

Das Kind ritt auf dem einzigen Pferd, das auch die wenige Habe der beiden trug. Der Vater führte das Pferd. So zogen sie auf der Suche nach Wasser und Eßbarem durch das vertrocknete Land. Als sie den Ongki-Fluß erreicht hatten, eine Wasserader auf dem Gebiet der heutigen Mongolischen Volksrepublik, geschah ein Unglück, das beider Schicksal entscheidend beeinflußte. In der Nacht fraß der Wolf das einzige Pferd, das einzige Transportmittel der kleinen Familie. Der verzweifelte Vater wußte nicht, wie er ohne Pferd mit dem kleinen Jungen weiterziehen sollte. Um das Kind zu retten, gab er es an das nächste Kloster und bestimmte es für den Mönchsstand. Allein, so hoffte er, würde er schon durchkommen.

Der kleine Novize gedieh in der Obhut des Klosters. Früh kam hier schon die dichterische Begabung zum Ausdruck. Bereits mit sieben Jahren begann Rabdschai die ersten von den fünfzig Liedern und nahezu dreißig Gedichten zu verfassen, die ihm zugeschrieben werden und im Volk verbreitet sind.

Auch andere der mongolischen Dichter und Sänger haben in ihrer Jugend das gleiche Schicksal gehabt, ungefragt und wohl meist gegen ihren Willen Mönch werden zu müssen. Ischidangdschinwangdschil (1854–1907), ein Tsachar-Mongole, dem das satirisch-sozialkritische Gedicht ›Ermahnungen des Erleuchteten vom Herzogs-Tempel‹ zuzuschreiben ist, das die tiefgehende innere Unrast der mongolischen Bevölkerung um die Jahrhundertwende widerspiegelt, kam schon als Siebenjähriger ins Kloster.

Padschai, der 1960 gestorbene innermongolische Rhapsode und Sänger von Heldenliedern, wurde um 1907 vom Dscharut-Fürsten, dessen Leibeigener er war, gegen den Willen seiner Eltern ins Kloster gesteckt, wo er alsbald anfing, zu dichten und zu singen.

Auch der später dem Kloster wieder entsprungene, wandernde Bettelmönch Schagdar, der im Volksmund den Beinamen »der Verrückte«, erhalten hat, war von den besitzlosen Eltern 1875 in seinem siebten Lebensjahr in ein Kloster im Bagharin-Gebiet gesteckt worden. Um diese Eulenspiegelfigur hat der mongolische Volksmund eine Anzahl von Schelmengeschichten gereiht, die nicht von ihm kamen. Aber der größte Teil der von ihm erzählten Schwänke, in welchen er die Mißwirtschaft der Fürsten, die zügellosen lamaistischen Mönche und ihr Treiben geißelt, beruht auf Erlebtem, und die meisten der ihm zugeschriebenen Spottreime wurden von ihm gedichtet.

Für die Söhne armer Viehzüchter, leibeigener und dem Fürstendienst unterworfener Hirten, bedeutete die Aufnahme in die Gemeinschaft der lamaistischen Mönche den Erwerb von Bildung und Erziehung, Schreiben- und Lesenlernen. Vor allem aber bedeutete es Befreiung von Steuerpflichten und den drückenden Dienstleistungen für den Bannerfürsten. Hier spielte sich am Anfang unserers Jahrhunderts in der Mongolei derselbe Vorgang ab, der im Frühmittelalter in Europa zur Bildung einer Literatenschicht geführt hat. Manche der Mönche wider Willen trug das Schicksal innerhalb der lamaistischen Kirchenhierarchie zu höheren Stellen und zu großer Freiheit empor.

Einer davon war Rabdschai. Ob es seine schon im jungen Alter einsetzende Fruchtbarkeit als Dichter war oder andere Gründe dafür bestimmend gewesen sind, weiß man heute nicht mehr. Auf jeden Fall wurde Rabdschai, jener aus der Verlegenheit des auf der Reise gestrandeten Vaters ans Kloster gegebene Junge, plötzlich als Wiedergeburt des vierten Noyan Chutuktu erkannt.

Sein Vorgänger war bei einem Gottesdienst in Erdeni dschuu, dem Hauptkloster der Chalcha-Mongolen, von einem betrunkenen Mönch erstochen worden. Abgesandte des Klosters und des Gefolges des ermordeten buddhistischen Würdenträgers zogen im Chalcha-Gebiet herum. Sie suchten nach einem Nachfolger. In dem kleinen, lustigen Achtjährigen, der da schöne Lieder erfand und Gedichte machte, erkannten sie die Wiedergeburt des toten Noyan Chutuktu.

Rabdschais Leben änderte sich mit einem Schlage. Von nun an gehörte er zu den Privilegierten der lamaistischen Kirche Zentralasiens. Er war ein Heiliger geworden. Im mongolischen Lamaismus herrschte nämlich seit dem späten 16. Jahrhundert, seit der Zeit des dritten Dalai Lama, ebenso wie in Tibet, der Glaube, daß bedeutende Geistliche der lamaistischen Kirche Gestaltwerdungen von Gottheiten waren und immer wieder in einem Nachfolger wiedergeboren wurden.

Hatte sich dieses Inkarnationsdogma ursprünglich nur auf die höchsten kirchlichen Würdenträger erstreckt, so vergrößerte sich im Laufe der nächsten Jahrhunderte die Zahl der frommen Wiedergeburten. Jedes Kloster wollte seinen lebenden Buddha besitzen. Machtstreben, Geltungssucht und Amtsgier machten auch vor dieser frommen Einrichtung nicht halt.

Im 18. Jahrhundert war die Wiedergeburtslehre bereits so entartet und die Zahl der Wiedergeburten in der Mongolei und in Tibet so groß, daß der Mandschu-Kaiser Kienlung sein Ministerium der Grenzmarken, das Li-Fan-Yüan, anweisen mußte, Regeln für das Erkennen und die Anerkennung der nach diesen Regeln aufgefundenen geistlichen Wiedergeburten herauszugeben. Von nun an entschied in Peking das Los zwischen den von den Klöstern benannten Kandidaten auf Anerkennung als Wiedergeburt.

Mit der Todesstunde des Vorgängers übereinstimmende Zeit der Geburt, die Geburt 49 Tage nach dem Tode des Vorgängers, bestimmte Muttermale, das Anfassen von Gegenständen oder Personen aus dem Haushalte des Verstorbenen galten als sichere Erkennungszeichen einer Wiedergeburt.

Oftmals gaben noch die sterbenden Vorgänger Hinweise, wo sie wiedergeboren werden würden. Ehrgeizige Familien oder Machtcliquen legten manchmal solche Aussprüche und Voraussagen den Sterbenden in den Mund. Kurz, es gab viele Möglichkeiten, daß ein Kind als Wiedergeburt erkannt werden konnte. Bei dem klugen, dichterisch begabten, aber armen Rabdschai scheint man in seinem Kloster schon früh die Möglichkeiten erkannt zu haben, die in der Begabung dieses Knaben gegeben waren. Deshalb wohl erkannte man in ihm die Wiedergeburt des vierten, ermordeten Noyan Chutuktu.

Seine Heiligkeit gründet das erste Theater

Die Erhöhung in die Wiedergeburt eines lamaistischen hohen Geistlichen bedeutete für Rabdschai nicht die Abtötung aller weltlichen Interessen. Er hatte Glück. Sein Vorgänger war ein Mönch der roten, nichtreformierten, alten lamaistischen Sekte gewesen. Diese kennt nicht Zölibat und fleischliche Abtötung. So konnte Rabdschai auch heiraten. Er nahm gleich zwei Frauen.

Nachdem er die Weihen empfangen hatte, gründete er mehrere Klöster in der nördlichen Ghobi. Die meiste Zeit aber zog er, von seinen Frauen und seinem Haushalt begleitet, von Kloster zu Kloster, von Fürstensitz zu Fürstensitz, mehr dem Heute mit einer lebensfrohen und etwas wehmütigen Weisheit zugewandt als religiöser Entsagung.

In rascher Folge entstanden seine Werke, die sich bald im Volk verbreiteten. Die Leute mochten seine Lieder. Rabdschai schlug einen Ton an, den sie verstanden. Sie fanden Gefallen an der gedämpften, fast zweiflerischen Weisheit geistlicher Belehrung in der ›Geschichte des Papierdrachens‹, die Rabdschai 1833 geschrieben hatte.

Die Lehren des Noyan Chutuktu findet man in zahlreichen Abschriften aus allen Teilen der Mongolei. Sein Gedicht ›Vier Jahreszeiten‹ ist heute noch in aller Leute Mund:

> Wenn des Herbstes Winde wehen,
> Welken die Blumen, ihre Farben vergehn . . .

Es ist nur eines von seinen vielen Gedichten und Liedern, zu denen er meist auch selbst die Musik erfand.

Auf seinen Reisen im Gebiet des nördlichen Ghobi, im Grenzgebiet zwischen der nördlichen Chalcha-Mongolei und dem Gebiet der Tsachar und Sünit, sah er oftmals die prächtigen Tscham-Tänze und Aufführungen halbreligiöser Dramen in den Klöstern dieses Gebietes. Dies regte ihn dazu an, selbst das Theaterstück vom ›Mondkuckuck‹ nach dem Vorwurf des Pekinger Blockdruckes von 1770 zu schreiben. Das geschah um das Jahr 1831.

Von seiner ersten Aufführung an, die der Noyan Chutuktu Rabdschai selbst leitete, wurde das Stück vom Mondkuckuck fast neunzig Jahre lang immer wieder in vielen Klöstern des Ostghobi-Gebietes und Tsachar aufgeführt. In zunehmendem Maße übernahmen Laien, Männer und Frauen, die Rollen des Stückes.

Erst in den unruhigen Jahren der Staatswerdung der Mongolischen Volksrepublik wurde das Spiel vergessen, bis nur mehr Gerüchte vom einstigen Vorhandensein solch eines Werkes des Noyan Chutuktu Rabdschai erzählten.

Mit diesem Spiel vom Mondkuckuck aber hatte sich unbemerkt der Durchbruch zum Nationaltheater vollzogen. Um die Jahrhundertwende und danach bildeten sich immer wieder Gruppen von Theaterliebhabern, von Laien, die eigene Stücke und aus dem alten Singspiel weiterentwickelte Spiele inszenierten. Sie machten überall Anleihen, vor allem beim chinesischen Theater und bei der spektakulären Szenerie der chinesischen Oper. Aber sehr bald fand man seinen eigenen Stil. Stücke wie ›Der Held Temüdschin‹, ein Dschingis-Khan-Drama, ›Maral Schara, die gelbe Hirschkuh‹ und andere entstanden.

1930 entstand daraus in Ulanbator, der mongolischen Hauptstadt, das erste professionelle Theater der Mongolei. Heute ist das Mongolische Staatstheater ein großer, imponierender Bau, in dem Schauspiel und Oper gepflegt werden. Shakespeares ›Othello‹ in mongolischer Sprache gehört ebenso zum Repertoire wie die Stücke von Goldoni.

Das Schwergewicht der Entwicklung liegt aber auf Theaterstücken und Opern mongolischer Autoren und Musiker. Der Stoff ist oftmals aus der mongolischen Vergangenheit genommen. Dichterischer Ausdruck und Melodien lehnen sich an die alten Dichtungsformen und an das Volkslied an. Die Schelmengeschichten des Balansengge, die in jeder mongolischen

Jurte bekannt sind, formte der mongolische Dichter T. Oyidow in eine vielgespielte Komödie um. Das Textbuch der vielgespielten Oper ›Die drei zauberischen Hügel‹, das der verstorbene Dichter Natsagdordsch geschrieben hat, zeigt Anklänge an alte mongolische Märchenmotive, vor allem an das Märchen vom ›Jägersmann und seiner schönen Frau‹.

Suche über 101 000 Quadratkilometer

Damdinsürüng war sich der Bedeutung seines Fundes, den er im Sommer 1959 mit den Teilen des Textbuches zum ›Mondkuckuck‹ gemacht hatte, klar bewußt. Aber alle weiteren Nachforschungen in Ulanbator waren ergebnislos. Wenn jemand noch etwas über das Theaterstück und seine Aufführung wissen konnte, waren dies die ganz alten Leute im Ostgobi-Distrikt. Dort bestand die Möglichkeit, daß irgend jemand vielleicht auch die restlichen Manuskripthefte besaß.

Alles, was Damdinsürüng schließlich von Einwohnern der Stadt Ulanbator erfragen konnte, war eine Liste mit den Namen von zehn, zwanzig ihrer Bekannten in der südlichen und östlichen Gobi, die vielleicht etwas wußten. Vielleicht!

Der Ostgobi-Distrikt der Mongolischen Volksrepublik ist 101 000 Quadratkilometer groß. Dieses Gebiet, etwa so groß wie Bayern und Baden-Württemberg zusammen, ist von nur 20 000 Menschen bewohnt. Damdinsürüng wartete daher mit seiner Nachsuche nach dem restlichen Manuskript des Rabdschai, bis ihm im April 1960 ein russischer Jeep zur Verfügung stand. In dieser Jahreszeit war auch das Winterwetter vorüber. Seine Chancen standen nach eigenem Ausspruch etwa so wie die eines Mannes, der eine Perle finden will, die in der Steppe verlorengegangen ist.

Zunächst suchte Damdinsürüng im alten Wohngebiet des Noyan Chutuktu, im Ostgobi-Distrikt, nach alten Leuten, die noch irgendeine Erinnerung an Aufführungen des Theaterstücks vom ›Mondkuckuck‹ hatten.

Ein siebenundsechzigjähriger Mönch des Gandang-Klosters in Ulanbator hatte ihn auf diese Spur gebracht. Er hatte Damdinsürüng erzählt, daß er mit achtzehn oder neunzehn Jahren zweimal am Wohnsitz Raschijant des Mergenwang Noyan die ›Lebensgeschichte des Mondkuckucks‹ erlebt habe.

Das Mergenwang-Gebiet entspricht dem heutigen Ostgobi-Distrikt. Es mußte um 1911 gewesen sein, daß der alte Rindschendordsch diese Aufführungen gesehen hatte. Damdinsürüng stieß bald auf andere Siebzigjährige, die diese Angaben bestätigten. Aber auch ein ehemaliger Mönch, schon weit über achtzig Jahre alt, entsann sich, als Zehnjähriger eine Aufführung des ›Mondkuckucks‹ gesehen zu haben. Ihm hatten damals besonders die Späße gefallen, die zwischen den einzelnen Akten von Spaßmachern getrieben wurden.

Ein anderer wieder entsann sich einer besonders beliebten Darstellerin, der Rolle der Matimahani, die er heute weit im Norden der Mongolei noch am Leben glaubte. Ein Dritter wiederum wußte von der bühnenähnlichen Plattform vor dem Kökenidün-Kloster zu berichten, auf der damals das Stück gespielt worden sei. Und einer entsann sich sogar der Kleider, die die Darsteller getragen hatten, und konnte noch ein paar Takte eines Liedes aus dem Schauspiel vor sich hinsummen.

Aber Textbücher? Textbücher besaß keiner. Bis dann endlich der Moment kam, da einer der Arbeiter der Ölquelle in Dschunbayan ein Heft anbrachte. Es war die Abschrift des dritten Aktes. Wiederum verging einige Zeit mit vergeblichem Suchen, mit vergeblichem Befragen alter Leute.

Dann wieder ein Fund. Diesmal war es ein Volksschullehrer, der Damdinsürüng ein weiteres Heftchen übergab, in dem ein Teil des zweiten Kapitels mit einem Dialog zwischen dem Prinzen und einem seiner Würdenträger aufgezeichnet war.

Eines Tages erzählte jemand Damdinsürüng, ein gewisser Awangdschundui besäße einen anderen Teil des Schauspiels.

Nun galt es, diesen Mann ausfindig zu machen. Er sollte in einem Orte Schara dubu – »Gelber Hügel« – wohnen. Bald jedoch stellte sich heraus, daß Awangdschundui schon vor mehreren Jahren gestorben war.

Wo aber waren dann seine Bücher hingekommen? Ja, erzählten die Leute in Schara dubu bereitwillig, ein Jahr vor seinem Tode habe der alte Awangdschundui zwei Kisten mit seinen Büchern in die Sandwüste bei Schara dubu gebracht und dort vergraben.

Wußte jemand, an welchem Orte er die Bücher vergraben hatte? Ja doch, hieß es, damals habe ihm ein Mädchen, genannt Tsetsek, »die Blume«, beim Vergraben geholfen.

Nun suchte Damdinsürüng nach jener Tsetsek. Er fand sie schließlich und konnte sie ausfragen. Es stellte sich heraus, daß die damals dreizehnjährige Tsetsek vor drei Jahren beim Viehhüten gewesen war, als der alte Awangdschundui mit seinen zwei Kisten ankam und sie bat, ihm zu helfen. Außer ihr wisse kein anderer Mensch den Ort.

Damdinsürüng suchte sogleich den Direktor der Petroleum-Quelle auf und bat ihn um einen Lastwagen, der stark genug war, den schlechten Weg durch die Sandsteppe zu überwinden. Auf diesen lud er, vom eifrig an der Manuskriptsuche mitarbeitenden Lehrer des Dorfes, Dschanabadschar, begleitet, eine Reihe von Schülern und Helfern und die im Mittelpunkte des Interesses stehende Tsetsek. Dann ging es los, nach der Sandwüste zu, gespannt und voller Erwartung.

»Über den schlechten Weg fuhren wir holpernd an die siebzig Kilometer in die Wüste nach Schara dubu hinein«, berichtet Damdinsürüng. »Um drei Uhr erreichten wir dann Schara dubu. Hier sei nun das Gebiet, wo die Bücher vergraben seien, sagte Tsetsek, und sie bezeichnete zwischen zwei Stauden einen

Platz von drei mal vier Metern. Wir griffen nach den Schaufeln und fingen an, den Sand aufzugraben. Da uns noch Schaufeln und Werkzeug fehlten, arbeiteten wir in drei Schichten und gruben so schichtweise immer für fünf Minuten ...

... bis neun Uhr abends gruben wir. Ein gewisser Schiguigan, der in der Nähe wohnte, bereitete uns ununterbrochen Tee zur Stärkung. Am nächsten Morgen gruben wir von sechs Uhr bis eins. Wir waren sehr erschöpft. Zwar hatten wir ein Loch, so groß wie ein Rundzelt und zwei Meter tief, ausgeworfen, aber auch gar nichts gefunden. Unsere Begeisterung ging zu Ende und wir hörten auf.«

Enttäuscht kehrte Damdinsürüng nach Ulanbator zurück.

Als das Frühlingswetter dann wärmer geworden war, versuchte es der Volksschullehrer Dschanabadschar mit einigen seiner Schüler auf eigene Faust, die beiden Truhen mit Handschriften zu suchen. Ein alter Mann begleitete ihn. Obwohl der Alte noch nie vorher in dem Gebiet gewesen war, hatte er den Erfolg, der Damdinsürüng und Dschanabadschar beim ersten Suchen versagt geblieben war.

Der Alte verließ sich nicht auf das Graben. Er machte sich aus einem langen Stahldraht eine Sonde. Mit ihr stach er überall in den Sand. An der Stelle, an der Damdinsürüng vorher gegraben hatte, war der Sand hart und die Sonde drang nicht tief ein. Aber gleich neben der umgegrabenen Stelle glitt die Stahlsonde leicht und tief in den Sand, bis sie auf etwas Hartes stieß.

Als man dort nachgrub, fand man die zwei Truhen. Sie waren bis an den Rand mit seltenen, alten mongolischen Werken gefüllt, die nun dem Untergang im Wüstensand entrissen waren. Nur war kein Manuskript von Rabdschais ›Mondkuckuck‹-Spiel dabei.

Es gab noch mehrere solcher Fehlschläge. Dann aber hörte Damdinsürüng, daß ein alter Viehzüchter, der im Westen der Erdölquelle Dschun bayan wohnte, eine Handschrift des Spiels vom ›Mondkuckuck‹ besitzen sollte. War das wieder falscher Alarm?

Damdinsürüng fuhr zu ihm hin. Diesmal stimmte die Information. Der alte Darchanbalbar hatte wirklich drei Hefte des Spiels vom ›Mondkuckuck‹ gefunden. Es waren die fehlenden Hefte eins, drei und fünf. Damdinsürüng konnte die Hütte des alten Viehzüchters zufrieden verlassen. Nach langer Suche und vielen Irrwegen waren alle neun Hefte des Manuskriptes des ersten weltlichen Theaterstücks der Mongolen in seiner Hand. Damit war es möglich geworden, das erste Schauspiel des mongolischen Nationaltheaters fast hundert Jahre nach dem Tode des Verfassers wiederherzustellen.

Mit den Kisten des alten Awangdschundui, die zwar keine Handschriften des Theaterstückes von Rabdschai enthielten, wohl aber viele andere alte und seltene Manuskripte, wurde wieder einmal bestätigt, daß noch an vielen unbekannten Orten der Mongolei Handschriften versteckt sind. Manche von ihnen wurden erst vor wenigen Jahren versteckt. Andere liegen dort seit 1937 und den darauffolgenden Jahren der stalinistischen Säuberungen, in denen viel altes mongolisches Kulturgut vernichtet wurde.

Andere liegen dort schon versteckt, seit sie vor Jahrhunderten beim Herannahen von Feinden in Sicherheit gebracht wurden. Man sollte keinen Versuch scheuen, sie wiederzufinden. Das Beispiel des Spiels vom ›Mondkuckuck‹ zeigt, daß es gelingt und daß es sich lohnt.

11. Kapitel

Die Erdherren verboten es

Funde der Archäologen

Es muß noch von der Archäologie und ihren Ausgrabungsergebnissen in der Mongolei gesprochen werden. Zwangsläufig stellt sich ja die Frage, ob denn bei archäologischen Grabungen in der Mongolei keine Literarturdenkmäler der Mongolen gefunden worden sind.

Die archäologische Erschließung der Mongolei stieß bis vor wenigen Jahrzehnten auf große Schwierigkeiten. Schuld daran war die durch die Lamamönche begünstigte abergläubische Haltung der Bevölkerung. Diese glaubte – und glaubt es zum Teil auch heute noch –, daß durch jedes Graben im Boden die Geister der Erde, die sogenannten »Erdherren«, die genii loci oder Ortsgottheiten, in ihrer Ruhe gestört würden. Aus ihrer Beschaulichkeit aufgescheucht, würden die erzürnten Erdherren nun Unglück und Krankheit über die Bewohner des betreffenden Gebietes bringen, sie mit Viehsterben und Trockenheit strafen.

Baute sich ein reicher und mächtiger Fürst – und nur ein solcher konnte dies in den vergangenen Jahrhunderten wagen – ein festes Haus und mußte der Boden für die Grundmauern aufgerissen werden, dann besänftigten und beruhigten die lamaistischen Priester die gestörten und aufgebrachten »Erdherren« durch Gebete und Opfer, bannten die bösen Geister des

Ortes und machten sie gefügig. Es ist verständlich, daß unter solchen Voraussetzungen eine systematische archäologische Erforschung der Mongolei auf erhebliche Schwierigkeiten stieß. Jeder Versuch, den Boden aufzugraben, führte bald zum Einschreiten der Lamageistlichkeit oder der beunruhigten Bewohner. Der deutsche Geophysiker Wilhelm Filchner berichtete von seiner großen geophysikalischen Reise durch das mongolisch-tibetische Grenzgebiet, die er 1934 bis 1936 unternahm, daß er nicht einmal die für die erdmagnetischen Messungen notwendigen festen Punkte durch Steine fixieren konnte, da diese sofort von der abergläubischen Bevölkerung wieder aus dem Boden gerissen und weggetragen wurden.

So haben großangelegte Grabungen und Erschließungen von Gräberfeldern in der Mongolei so lange zurückgestellt werden müssen, bis der Einfluß des Lamaismus als Religion zurückgedrängt war. Erst in den letzten zwei Jahrzehnten haben russische und in zunehmenden Maße auch mongolische Gelehrte in der nördlichen Mongolei, vor allem auf dem Gebiet der Mongolischen Volksrepublik, begonnen, alte Städte und Siedlungen auszugraben.

Vernichtung der Archive durch die Volkswut?

Lange Zeit dachte man, daß von den literarischen Erzeugnissen wie auch von dem Inhalt der Archive der Mongolenzeit im 13. und 14. Jahrhundert rein gar nichts erhalten geblieben sei. Eine Gruppe von Gelehrten vertrat die Meinung, die Volkswut der von den Mongolen durch fast hundertfünfzig Jahre ihrer Oberherrschaft so schlecht behandelten Chinesen sei daran schuld gewesen. Nachdem 1368 die nationale Unabhängigkeitsbewegung der Chinesen zum Zusammenbruch der mongolischen Herrschaft geführt hatte und die Chinesen unter der Führung eines ehemaligen buddhistischen Mönches eine nationale chinesische Dynastie, die Ming-Dynastie, auf Chinas Thron gesetzt hatten, soll die Rachsucht der so lange Unterdrückten jedes Zeugnis der mongolischen Herrschaft vernichtet haben. Diesem Ausbruch der Gefühle sei auch das mongolische Schrifttum dieser Zeit zum Opfer gefallen. Aber schien es wirklich glaubhaft, daß aus einer Herrschafts- und Wirkungszeit eines Volkes von 162 Jahren – wenn man die Zeit von 1206, da Dschingis Khan die Mongolen geeint hatte, bis 1368, da die Chinesen den letzten Mongolenkaiser Toghon temür aus Peking verjagt hatten, rechnet – alles Geschriebene vernichtet und verschwunden sein sollte? Die Geschichte der ›Geheimen Geschichte‹ allein spricht dagegen, wie unser I. Kapitel zeigt.

Ja, meinte eine andere Schule, die barbarischen, halbwilden Mongolen seien so sehr von der hohen Kultur der Chinesen überwältigt worden, daß sie rasch, schon in wenigen Jahrzehnten, die chinesische Schrift und Sprache angenommen hätten. So sei überhaupt kein mongolisches Schrifttum in jenen beiden Jahrhunderten entstanden.

Wie sich dann herausstellte, hatte keine der beiden Meinungen recht.

Was zunächst aus der Zeit Dschingis Khans und seiner nächsten Nachfolger bekannt war an Zeugnissen in mongolischer Sprache und Schrift, stammte alles aus den entlegenen Provinzen und Randgebieten der mongolischen Macht im Mittelalter. Es waren vor allem Münzen aus dem Gebiet der Goldenen Horde in Rußland, aus Persien, Ost-Turkestan und Sibirien. Dazu kamen einige Schreiben der mongolischen Herrscher aus Persien, Arghun und Öldscheitü, die diese 1289 und 1305 an den französischen König Philipp den Schönen gerichtet hatten. In Rußland hatte man dann auch noch einige Befehlsschreiben der mongolischen Herrscher der Goldenen Horde in den Archiven aufgefunden. Aber all diese Schriftdenkmäler warfen nur einiges Licht auf die Verwaltung der mongolischen Teilreiche und auf ihre politischen Beziehungen zum Abendland. Aus dem eigentlichen Land der Mongolen stammte dabei nichts. Keiner der aufgefundenen Briefe und Befehle, die man alle schon zu Beginn der vergangenen Jahrhunderte kannte, wirft ein Licht auf die Dichtung und Literatur der Mongolen.

Noch eine weitere Meinung tauchte auf. Sie besagte, daß man wohl aus dem Kerngebiet des Mongolenreichs, das heißt, aus der heutigen Mongolei und China, keine oder nur wenige Dokumentenfunde in alter mongolischer Schrift erwarten dürfe. Kaiser Khubilai, Dschingis Khans Enkel, hatte nämlich 1294 von seinem Berater in religiösen und kulturellen Dingen, dem tibetischen buddhistischen Mönch Phagspa, eine Schrift erfinden lassen, die er als Reichsschrift einführte.

Nach der Auffassung der dritten Gelehrtengruppe nun soll diese neue Reichsschrift Khubilais die alte uiguro-mongolische Schrift im ganzen mongolischen Zentralreich verdrängt haben. War dies vielleicht der Grund, weshalb man bis zum Ende des vergangenen Jahrhunderts fast keine Dokumente in der uighuro-mongolischen Schrift gefunden hatte?

Funde in Ost-Turkestans Oasen

Um 1900 stieß in den Oasen Ost-Turkestans in Tunhuang der britische Forschungsreisende ungarischer Abkunft, Sir Aurel Stein, auf eine in einem Nebengelaß eines buddhistischen Höhlentempels versteckte Bibliothek von Tausenden von Schriftrollen und Manuskriptblättern in chinesischer, uighurischer, tibetischer und soghdischer Schrift aus dem 7. nachchristlichen Jahrhundert.

Ehrfurcht vor dem Geschriebenen hatte die gläubigen Buddhisten dazu gebracht, unscheinbar oder unvollständig gewordene Handschriften nicht wegzuwerfen oder zu verbrennen, sondern sie mit anderen ebenso fragmentarischen Manuskriptblättern heiliger Schriften zusammenzubündeln und an irgendeinem entlegenen, aber sicheren Orte des Tempels aufzustapeln, wo sie nunmehr für alle Ewigkeit unbenützt schlummern sollten. Diese Art des ehrenvollen Begräbnisses für unvollständige Handschriften hat sich über die Jahrhunderte erhalten. Fast jedes lamaistische Kloster in der Mongolei und in Tibet hatte ein kleines Kapellchen, Bungchang genannt, in dem die unbrauchbar gewordenen Handschriften aufgehoben wurden. Für unsere Forschungen haben sich solche Handschriftenfriedhöfe als wertvolle Fundstätten erwiesen.

In Ost-Turkestan und seinen Oasen setzte nach der ersten Expedition Sir Aurel Steins eine Invasion westlicher Gelehrter ein. P. Pelliot, der berühmte französische Orientalist, brachte reiche Handschriftenfunde nach Paris. Von 1902 an arbeitete die erste und bis 1907 die zweite und dritte Preußische Turfan-Expedition in den Wüstenoasen des nördlichen Ost-Turkestans rings um die Senke von Turfan. Unter der Leitung von Albert von LeCoq und A. Grünwedel wurden neben den heute im Museum für Völkerkunde in Berlin-Dahlem aufbewahrten und ausgestellten wunderbaren Wandgemälden aus den verlassenen Höhlentempeln viele Hunderte von Handschriftenfragmenten und Bruchstücken in uighurischer, syrischer, tibetischer, chinesischer und türkischer Schrift mit Werken aus dem buddhistischen Bereich entdeckt.

Als man dann in Berlin ans Sichten ging, stellte sich heraus, daß schon 1904 gewisse Manuskripte in einer Abart der syrischen Schrift in der Turfan-Oase gefunden worden waren, die F. W. K. Müller, der vielseitige Sprachwissenschaftler des Berliner Museums für Völkerkunde, als Reste der verschollenen Literatur der Manichäer, der Nachfolger des im westlichen Zentralasiens beheimateten Religionsstifters Mani, erkannt hatte. Aus anderen der vielen Manuskriptfetzen ließen sich buddhistische Werke in Sanskrit und Chinesisch ebenso wieder zusammenstellen und rekonstruieren, wie andere Fragmente Einblick gaben in die unbekannte Literatur der Uighuren.

Neben buddhistischen Texten in der schwer zu entziffernden soghdischen Schrift fanden sich auch nestorianisch-christliche Traktate. Ein glückliches Ergebnis der Entzifferung der Fragmente war die Wiederauffindung einer vollkommen verschollenen, einst weit verbreiteten iranischen Literatursprache, nämlich des Soghdischen, der Sprache der Bewohner der alten Landschaft Soghd oder Soghdiana, deren Hauptstädte das alte Samarkand und das reiche, alte, berühmte Buchara waren.

Die Sichtung der Handschriften nahm viele Jahrzehnte in Anspruch. Die Vorarbeiten wurden noch von den beiden Entdeckern, LeCoq und Grünwedel, und dem Orientalisten F. W. K. Müller durchgeführt. »Oft saßen wir«, so berichtet LeCoq, »Essen und Trinken vergessend, bis 7 Uhr abends über den Texten. Nie werde ich diese schönen, arbeitsvollen und erfolgreichen Tage vergessen . . . Jeder Tag brachte Neues und Wichtiges.«

Die Bearbeitung dieser umfangreichen Handschriftenfunde, die über die Religionen und Kulturen des frühmittelalterlichen Zentralasien Auskunft geben, ist heute noch im Gange. Sie ist noch lange nicht abgeschlossen. Sie ergab auch einiges Neue für die Mongolistik.

Unter jenen vielen Handschriftenfragmenten und bedruckten Papierfetzchen, die die Preußischen Turfan-Expeditionen dem Lößsande entrissen hatte, fanden sich nämlich auch fünfundzwanzig Bruchstücke von mongolischen Handschriften und Drucken des 14. Jahrhunderts. Die Theorie von der Vernichtung durch die Wut der Chinesen wurde damit teilweise widerlegt. Zuerst wurden die mongolischen Handschriftenfragmente nicht als solche erkannt. Die uighurische Schrift auf den vielen aufgefundenen uighurischen Dokumenten und die uighuromongolische Schrift der Fragmente ähneln einander sehr. Das Verdienst, die mongolischen Fragmente aus den vielen Tausenden von uighurischen Fragmenten ausgesondert zu haben, kann der einstige Berliner Sinologe Erich Haenisch für sich in Anspruch nehmen. Außer für die Erschließung der ›Geheimen Geschichte‹ der Mongolen in einer lesbaren deutschen Übersetzung ist ihm auch dafür zu danken.

Unter den Handschriftenfetzchen fand man einen Brief des Öldscheitemür und einiger anderer örtlicher mongolischer

Herrscher. Unter den Bruchstücken der Drucke aus dem 14. Jahrhundert waren buddhistische Hymnen, Gebete und als wichtigste einige Seiten einer mongolischen Übersetzung eines Kommentars zu einem belehrenden Sanskritwerk, dem sogenannten ›Boddhicaryāvatāra‹.

Dieser Kommentar zu jener Anleitung, wie man ein Leben führen solle, das die Wiedergeburt als buddhaähnlicher Boddhisattva bringen würde, hatte sogar ein Datum aufzuweisen. Es war als Werk des berühmten Übersetzers seiner Zeit, Tschosgi odser, eines Tibeters im Dienste der Mongolenkaiser, 1312 in Peking in Druckplatten geschnitten und gedruckt worden.

Auch eine Hymne an einen Schutzgott des Lamaismus, vom gleichen Tschosgi odser verfaßt, fand sich unter den Druckfragmenten. Von dem ›Boddhicaryāvatāra‹-Fragment lag zwar nur der Schluß vor; es waren nur einige längliche Seiten im Hochformat. Aber aus ihnen konnte man beweisen, was man bisher nur aus Erwähnungen in den Nachbemerkungen von Ausgaben des gleichen Werkes aus dem frühen 18. Jahrhundert gewußt hatte: daß es tatsächlich schon im 14. Jahrhundert mongolische Druckwerke gegeben hatte. Alle diese Erkenntnisse wurden freilich erst im Laufe der letzten zwanzig Jahre gewonnen. Dann erst fingen die Gelehrten an, sich mit den fünfundzwanzig mongolischen Fragmenten aus Idikutschähri bei Turfan zu befassen, die LeCoq schon im Winter 1902/03 dort gefunden hatte.

Die Mongolen sangen von Alexander dem Großen

Unter anderem hatte sich auch ein kleines Bündelchen unter den Manuskriptfragmenten gefunden. Anfang und Ende waren abgerissen oder fehlten zum Teil ganz. Auch waren die ersten Seiten in türkischer Sprache geschrieben, so daß man zuerst glauben konnte, ein weiteres der vielen Notizbücher mit wirtschaftlichen Aufzeichnungen aus dem Uighuren-Gebiet des 9.

Jahrhunderts vor sich zu haben. Dann aber fand Nikolaus Poppe, heute der Vertreter der mongolischen Studien an der Universität von Washington in Seattle, heraus, daß die weiteren Seiten ein umfangreiches Bruchstück eines Heldenliedes enthielten. Der Held des Liedes hieß hier Sulkharnai. Das ist der arabische Name des großen Alexander. Das Lied begann:

Es lebte in uralten Zeiten im Osten
In der Stadt genannt Misir
Ein Mann namens Sulkharnai.
Ein Alter von tausend Jahren erreichend . . .

Und es endete so:

»Es ist zu Ende gegangen, ist beendigt, beendigt!«
so sprach er.
»Greise, seid glücklich, es nützt nicht, wenn man stirbt und
zu Ende geht!
Es ist beendigt. Seid glücklich.
Wenn man stirbt und zu Ende geht, nützt es nicht!
Man möge glücklich sein!
Es möge Wohlstand kommen!«
So sprach er. »Es ist beendigt!« sagte er.

Das Lied schildert die Abenteuer des großen Alexander. Er will dreitausend Jahre alt werden, geht über eine lange Brücke des Lebens, steigt auf einen hohen Berg, steigt auf den Meeresgrund hinab, immer auf der Suche nach dem Abenteuer und der Langlebigkeit. Nachdem er das Land der Finsternis durchschritten, tränkt er einen Baum mit Lebenswasser, worauf der Baum für immer grünt. Am Ende aller Abenteuer versammelt er seine Gefährten und teilt ihnen mit, daß er der einzige König dieser Erde sei, dem eine dreitausend Jahre lange Lebensdauer beschieden sei. Dann gibt er Anordnungen für sein Begräbnis, wenn er einmal sterben sollte.

Ein des Schreibens kundiger Mongole hatte dieses Lied von den Abenteuern des großen Griechenkönigs, ein Stück aus dem persischen Alexanderroman, irgendwo am Feuer einer Karawanserei gehört und dann für sich in mongolischer Sprache niedergeschrieben.

Sechshundert Jahre später war nun dieser Beweis unabhängiger mongolischer Dichtung des 13. Jahrhunderts dem Lößsand entrissen worden, der ihn so lange bewahrt hatte. Der Rest des Heftchens enthielt eine buddhistische Lehrdichtung. Aber auch sie zeigte, daß sie ein originales mongolisches Werk war und keine Übersetzung.

Die Manuskripte mußten im Zweiten Weltkrieg ausgelagert werden. Erst ein halbes Jahrhundert nach ihrer Auffindung wurden sie von den Mongolisten Haenisch, Poppe und Claeves erkannt und übersetzt.

In den Ruinen von Charachoto

Im ersten Jahrzehnt unseres Jahrhundert schien es, als ob das goldene Zeitalter der Erforschung und Entdeckung Zentralasiens begonnen hätte. Eine große Expedition folgte auf die andere.

1907 bis 1909 reiste der russische Forscher Kozlow durch die Mongolei und das tibetisch-mongolische Grenzgebiet Amdo zu den Ruinen der alten Hauptstadt des 1226–1227 von Dschingis Khan unterworfenen Tanguten-Reiches. Es war eine Expedition der Russischen Geographischen Gesellschaft, die sich die Erforschung von Charachoto, der »Schwarzen Stadt«, wie man die Ruinenstätte nannte, zum Ziel gesetzt hatte. Die Ruinen, ein quadratisches, mächtiges Wallgeviert von etwa 450 Meter Seitenlänge, liegen inmitten des Sandmeeres der Wüste Gobi nahe am Edsinghol (41° 45′ 4″ nördlicher Breite; 101° 5′ 15″ östlicher Länge).

»Schon auf halbem Wege konnten wir Spuren einstiger Kul-

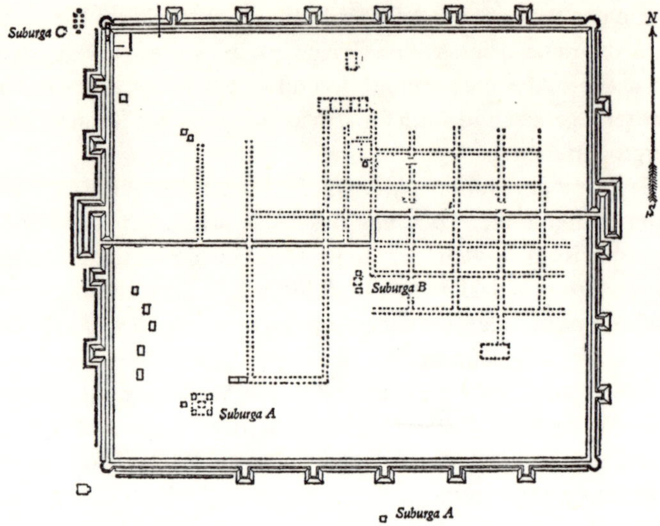

Plan von Charachoto (nach P. K. Kozlow)

tur, die an Charachoto erinnerten, feststellen«, schreibt P. Kozlow in seinem Reisebericht. »Wir fanden Mühlsteine, Reste von Kanalisationsanlagen, Scherben von Ton- und Porzellangeschirr usw. Weitaus das größte Staunen lösten aber die Ruinen der Torbauten und die Pagoden der Grabdenkmäler aus, die einzeln, zu zweit und fünf hintereinander gleichsam den Weg umsäumten, der nach der verschütteten Stadt hinführte.«

Über Sanddünen und ausgetrocknete Flußbetten bahnte sich die Expedition den Weg weiter nach der Ruinenstadt. Auf einer niedrigen Terrasse aus grobkörnigem Sandstein lagen die Ruinen der mauerumgebenen alten Tangutenstadt. Rechtwinkelige Straßen durchschnitten die bebaute Fläche. Tempel und viele andere Gebäude waren bis auf das Fundament zerstört und lagen in Schuttmassen, die aus Sand, Steinen, Scherben, Geschirresten und einigen, vornehmlich gußeisernen, zuweilen kupfernen und seltener silbernen Metallgegenständen bestan-

Tangutische Schrift

den. Hier sollte einer der wichtigsten Funde weiterer mongolischer Dokumente und Drucke des 14. Jahrhunderts glücken.

Charachoto war die Hauptstadt des blühenden Tangutenreiches, das zwischen China und dem eigentlichen Tibet lag. Als Dschingis Kahn immer mächtiger und der wirkliche Herr Innerasiens geworden war, hatte der Herrscher der Tanguten nominell die Oberherrschaft des Mongolen anerkannt. Die Mongolen aber waren damals mit Feldzügen nach den blühenden Stadtstaaten Zentralasiens und der Eroberung ihrer Reichtümer beschäftigt. So waren die Konsequenzen der nominellen Anerkennung und die damit verbundenen Tributzahlungen für den Tangutenstaat geringfügig.

Die Tanguten waren ein seßhaftes Volk von hoher Kultur. Gläubige Buddhisten, Händler, Kaufleute, besaßen sie eine ausgeprägte, reiche Literatur in einer bis heute noch nicht völlig entzifferten Schrift. Nur soweit zweisprachige Wörterbücher und Texte erhalten sind, in denen neben den tangutischen Schriftzeichen die chinesische Erklärung steht, wissen wir, was die tangutischen Schriftzeichen der Hsihsia-Schrift bedeuten. Sonst geben die Schriftdenkmäler der Tanguten auch heute noch Rätsel auf.

Als Dschingis Khan, von der Unterwerfung Mittelasiens zurückgekehrt, zum entscheidenden Schlag gegen China rüstete, verlangte er auch von den Tanguten die Entsendung von Hilfstruppen. Dies war eine unabdingbare Verpflichtung für ein Volk, das sich der mongolischen Oberherrschaft unterworfen hatte. Die tangutischen Truppen aber fehlten, als die Mongolen gegen Nordchina zogen. Dschingis Khan nahm in einer grausamen Strafexpedition Rache für diesen Treuebruch der tangutischen Verbündeten. Der König der Tanguten wurde getötet. Die mongolische Überlieferung will wissen, daß er von Dschingis Khan im Zweikampf überwältigt worden ist, obgleich er mit vielen Zaubereien und Teufelskunststücken arbeitete.

Die ›Geheime Geschichte‹ der Mongolen berichtet lakonisch: »Nachdem er das Tanguten-Volk zu Sklaven, den Iluchu Burchan zu Schidurgu gemacht und ihn dann getötet hatte, ließ er von dem Tanguten-Volk die Mütter und Väter und die ganze Volksgemeinschaft bis in die letzten Glieder ausrotten.«

Unter den zerstörten Städten und Siedlungen der Tanguten war auch Charachoto mit seinen Tempeln und Bauten, Handelshäusern und Karawansereien. Das unterworfene Land der Tanguten wurde in das Verwaltungssystem des großen Mongolenreiches eingegliedert.

Zur Zeit von Dschingis Khans Enkel Khubilai war im Tangutenreich wieder geregeltes Leben. Die alte Schrift wurde weiter gepflegt. In den vielen Tempeln beteten Tausende tangutischer Mönche zu Buddha. Der venezianische Reisende Marco Polo, der siebzehn Jahre im Dienste des Mongolenkaisers Khubilai stand, berichtete ausführlich über Leben und Treiben im Tangutenlande.

Auch Charachoto blühte nochmals auf. Ab 1286 ist es eine mongolische Garnisonsstadt gewesen, bis es, wohl erst nach dem Ende der Mongolenherrschaft über China nach 1368, aufgegeben wurde und langsam verfiel. Wann das geschah, ist nicht genau bekannt. Wassermangel, infolge der zunehmenden

Aus einem Handbuch für Schulterknochen-Weissagungen (Scapulamantik)

Austrocknung des Gobibeckens, dürfte wohl dafür den Ausschlag gegeben haben.

Die westmongolischen Torghuten, Verwandte der Wolga-Kalmücken, die am Edsinghol mit ihren Herden wohnen, hatten Charachoto seit vielen Generationen als verlassene Ruinenstätte gekannt und ängstlich darüber gewacht, daß niemand die tote Stadt und ihre Geister in ihrer Ruhe störte. Manchmal war ein ganz beherzter Torghute in das Ruinenviereck vorgedrungen und hatte in einer Raubgrabung nach verborgenen Schätzen gesucht, von denen die örtliche Überlieferung immer wieder zu berichten wußte.

Als Kozlow im März 1907 schon einige Tage in Charachoto gegraben hatte, mußte er dem Fürsten der Torghuten einen Besuch machen. Der Torghuten Beile empfing den russischen Gelehrten sehr freundlich. Am Schluß der Audienz erklärte er sich bereit, wie dies die Mongolen seit Jahrhunderten von Jahren schon tun, aus den Rissen eines im Feuer angekohlten Schafschulterknochens wahrzusagen. Diese Art des Wahrsagens war eine hochgeachtete Kunst. Es existieren heute in den westlichen Bibliotheken Handschriften mit Regeln für diese Weissagung. Als mein englischer Kollege und Freund Charles Bawden vor einigen Jahren diese Handschriften untersuchte, verbrannte er – um die Regeln anzuwenden – im offenen Kamin seines Hauses in England vieler solcher Hammelschulterblätter, was bei seiner Familie allmählich auf Widerstand stieß. Erstens hatten sie es satt, wochenlang nur Hammelbraten zu essen. Außerdem soll der Gestank der im Feuer schwelenden Knochen selbst die Geduld einer Gelehrtenfamilie überfordert haben.

Aus den Rissen eines solchen im Feuer ausgeglühten Schulterblattknochens sagte 1907 der Torghutenfürst dem russischen Archäologen Kozlow folgendes voraus: »Morgen erwarten den Führer der Expedition zwei freudige Ereignisse. Das erste wird sehr große Freude auslösen. Das andere wird nur bescheidenere Freude bringen, wird aber doch sehr willkommen sein. Und zwar wird die große Freude durch einen sehr reichen und sehr wichtigen Fund bei den Ausgrabungsarbeiten hervorgerufen . . .«

Am nächsten Tag fand Kozlow tatsächlich auf dem Trümmerfeld von Charachoto eine Reihe von Handschriften in allen möglichen innerasiatischen Sprachen.

Gefunden und wieder verloren

Der große Handschriftenfund von Charachoto glückte Kozlow jedoch erst im April 1909, als er auf der Rückreise aus Amdo nochmals im Auftrag der Russischen Akademie der Wissenschaften die Ruinenstadt Charachoto zu weiteren Grabungen aufsuchte. Diesmal waren die Arbeiten beschwerlicher. Der Sommer nahte und es wurde heiß. »Gegen Mittag stieg die Temperatur meist auf plus 35 °Celsius, während sich die Erde bis auf 60 °Celsius erwärmte.« Die ungeheuren Staubmassen belasteten das Durchhaltevermögen der Ausgräber stark. Außerdem waren anfänglich die Funde kaum nennenswert. Kozlow entschloß sich daher, an einer Pagode außerhalb der Festung zu graben.

Der Wechsel der Grabungsstelle lohnte sich. »Hier fanden wir«, berichtet Kozlow, »ein ganzes, großes Lager von Altertümern, die seit grauen Zeiten unberührt geblieben waren. So förderten wir eine ganze Bibliothek zu Tage, unzählige Papierrollen und Manuskripte, außerdem etwa dreihundert buddhistische Götzenbilder auf Leinwand, Seide und Papier, ferner Statuen, Holzbüsten, Modelle von Suburghanen und vieles dergleichen. Diese Gegenstände waren sämtlich unversehrt, was auf die dauernde Trockenheit zurückzuführen ist. Die meisten Funde machten, obgleich sie jahrhundertelang unter der Erde gelegen hatten, einen durchaus frischen Eindruck.«

Als die Expedition Kozlow nach ihrer Rückkehr nach Rußland an das Sichten ihrer Funde ging, stellte sich heraus, daß sie aus Charachoto siebzehn mongolische Dokumente mitgebracht hatte. Die meisten davon waren Bruchstücke aus Briefen. Sie geben einen Einblick in das tägliche Leben der mongolischen Garnisonsstadt. Ein Schreiben war einem Geschenk als Begleitschreiben mitgegeben worden. In einem anderen Brief beschwerte sich jemand über den Diebstahl eines Pferdes.

Viele Bruchstücke waren Kontrakte über Geliehenes und dessen Rückzahlung. Schuldner, Bürgen und Zeugen hatten ihre Namen genannt und dazu ihre Zeichen und Siegel gestempelt.

Und schließlich fand sich ein Blättchen Papier, mit nur vierzehn Zeilen der alten mongolischen Schrift bedeckt. Es nannte den Namen eines der treuesten Gefährten Dschingis Khans, des Bughurtschi noyan. Es enthielt als Bruchstück eine der Weisungen und Lebensregeln Dschingis Khans. Diese haben sich in verschiedenen jüngeren Abschriften und Niederschriften nach mündlicher Tradition bei vielen Mongolenstämmen und in mongolischen Geschichtswerken erhalten. Keiner aber dieser erhaltenen Aussprüche des ersten Mongolenherrschers glich dem alten Fragment aus Charachoto.

Zwei der Bruchstücke waren Reste von Blockdrucken in mongolischer Sprache. »Bis in die Gegenwart«, so schrieb 1923 Professor W. Kotwicz, bis dahin der einzige Bearbeiter der mongolischen Textfragmente aus Charachoto, »kannten wir nicht einen mongolischen Druck, der früher als aus der Mitte des siebzehnten Jahrhunderts stammt.« Damals freilich wußte Kotwicz noch nichts von der Existenz des großen Druckfragments von 1312, das die erste Preußische Turfan-Expedition schon 1902/1903 aufgefunden hatte.

Zwar sind die mongolischen Schriften und Drucke des 14. Jahrhunderts aus Charachoto seit 1909 dem trockenen, bewahrenden Sand der Wüste entrissen. Aber seitdem ruhen sie wieder in den Archiven der Russischen Akademie der Wissenschaft in Leningrad. Außer der ersten, allgemein gehaltenen Beschreibung durch Kotwicz und der Veröffentlichung einer Abbildung von einem der Schuldscheine hat niemand mehr etwas von ihnen gesehen oder gehört.

Die Geister der toten mongolischen Soldaten aus Charachoto hüten ihre Geheimnisse sehr fest.

Ein Soldatengrab an der Wolga

Der nächste Fund eines Klassikers der altmongolischen Dichtung geschah aus Zufall.

1930 stieß ein landwirtschaftlicher Arbeiter einer Kolchose an der Wolga auf ein Grab. Als er die Gebeine näher betrachtete, fiel ihm ein Bündel von Birkenbastblättern auf, die der Tote bei sich getragen hatte, als er zur Ruhe gebettet worden war. Die Birkenrinde war mit Schriftzeichen bedeckt, wie der Arbeiter sie noch nie gesehen hatte. Glücklicherweise warf der Arbeiter diese Bündel beschriebener und durch die Leichenfeuchtigkeit verschmierter und verfärbter Birkenrinde nicht weg, sondern brachte sie jemandem, der sich mit den Altertümern des Wolgagebietes beschäftigte.

Archäologen wurden auf das gefundene Grab aufmerksam gemacht. Sie untersuchten die darin enthaltenen Bestattungsreste. Aus diesen glaubten sie schließen zu können, daß es sich um das Grab eines einfachen mongolischen Soldaten handelte und nicht um die Ruhestätte eines der Adligen der »Goldenen Horde«.

Hier in Südrußland an der Wolga hatten die Nachkommen von Dschingis Khans ältestem Sohn Dschotschi, dem die Gebiete im Westen zugesprochen worden waren, ihren Sitz. Unter Batu Khan (1237–1256) festigte sich die Herrschaft dieses Zweiges der Mongolen über Rußland. An einem Wolgaarm, nicht weit vom heutigen Stalingrad, das jetzt Wolgograd heißt, baute Batu Khan seine Hauptstadt Altsarai. Hierbei fluteten die mongolischen Heere zurück, nachdem sie 1241 bei Liegnitz in Schlesien das deutsch-polnische Ritterheer geschlagen und bei Mohacz die ungarische Ritterschaft vernichtet hatten. Hier traf um den 8. August 1253 der flämische Franziskanermönch Wilhelm von Rubruck, den König Ludwig IX. von Frankreich zu den Mongolen geschickt hatte, mit Batu Khan zusammen. Das Mongolenlager war so groß, daß Rubruck, dem große Heerlager nichts Unbekanntes waren, von Bestürzung befallen wurde: »Denn die ihm (Batu) gehörenden Zelte allein«, berichtete er, »machen schon den Eindruck einer großen, langhin ausgebreiteten Stadt, und bis auf drei oder vier Meilen im Umkreis war sie von Ansiedlungen umgeben.«

Der einfache mongolische Krieger nun, in dessen Grab man die beschriebenen Blätter aus Birkenrinde fand, muß ein späterer Nachkomme der Mongolen des großen Westfeldzuges gewesen sein. Auf der Rückseite der Birkenrindeblätter finden sich nämlich Worte der Quadratschrift, die Kaiser Khubilai eingeführt hat. Dies geschah erst nach 1294. Der tote Krieger kann also erst *nach* dieser Zeit ins Grab gelegt worden sein und mit ihm die Handschrift auf Birkenrinde.

Auf Birkenrinde hat man in Zentralasien schon immer geschrieben. Wenn kein anderer Stoff, auf dem man schreiben konnte, da war, schälte man eben die dünne weiße Rinde der Birken ab und benützte sie wie Papier.

Schon in Turfan hatte man einige wenige Texte auf Birkenrinde gefunden. Ein mongolisch-buddhistischer Text aus dem frühen 17. Jahrhundert, der auf Birkenrinde geschrieben ist, galt schon vor mehr als hundert Jahren als Kuriosum der Königlichen Bibliothek Kopenhagen.

Die Birkenstämme gaben aber immer nur verhältnismäßig kleine, zum Beschreiben geeignete Rindenstücke her. So mußte selbst eine kurze Mitteilung auf vielen Seiten geschrieben werden. Erhalten haben sich nur wenige Seiten.

Auch die bei dem Toten an der Wolga gefundene Handschrift hat so einen Umfang von ungefähr fünfundzwanzig Blatt. Von diesen waren 19 Blatt auf beiden Seiten beschrieben. Alter, Wasser und die Verwesung hatten zusammengewirkt, um große Stellen unleserlich zu machen. Nur sieben von all den neunzehn Blatt waren in alter mongolischer Schrift beschrieben. Der Rest war uighurisch, aber völlig unleserlich. Nur einzelne Namen konnte man entziffern.

Die erhaltenen Seiten in mongolischer Schrift aber waren mit einem Gedicht im Stabreim beschrieben. Wohl fehlte der eine oder andere Reimanfang. Aber daß es ein Gedicht war, ließ sich deutlich erkennen.

Es war das Lied eines Sohnes an seine Mutter, gesungen auf dem Feldzug aus Sehnsucht nach ihr, nach der Heimat. Nichts ist darin zu finden von Begeisterung über den Kriegszug, keine Lobpreisung des Herrschers findet sich. Schlichte Sehnsucht nach der Mutter, den Brüdern und Gefährten spricht aus den erhaltenen Zeilen:

. . . da will ich gehen,
Oh Mutter mein, herzliebstes Mütterchen!
Im Gras der Wiesen steigt der Saft,
Die lieben Freunde fangen an zu kommen,
Drum mach auch ich mich nach meiner angenehmen Heimat auf.

Das Lied endet:

Zur Zeit nun, da ich auffliege,
Ruf ich da zu
Meiner Mutter, herzallerliebstem Mütterchen:
Der Berge Wiesengras wird voll,
Die lieben Brüder rüsten sich zum Kommen,
Nun geh ich nach der Heimat, um dort stets zu sein.

Soweit hat man dieses Lied, eines der frühesten Zeugnisse der mongolischen Volksdichtung des 13. Jahrhunderts, rekonstruieren können. Dem ehemaligen Besitzer des Textes, einem unbekannten mongolischen Krieger, wurde sein Wunsch nach Rückkehr nicht erfüllt. Sein Lied liegt heute für die Wissenschaft in den großen Sammlungen der Eremitage in Leningrad aufbewahrt.

Ruinen der Mongolei

Die Mongolei, sowohl die Gebiete der südlichen Inneren Mongolei als auch die der Mongolischen Volksrepublik im Norden, sind von einem Netz alter Ruinenstädte, Wallgevierte und Wällen überzogen. Das ehemalige Wissenschaftliche Komitee der Mongolischen Volksrepublik, heute eine Akademie der Wissenschaften, hat 1946 siebenundzwanzig Ruinenstädte allein auf dem Gebiet der Mongolischen Volksrepublik registriert. Dazu kommen noch zwanzig langhingestreckte Wälle, die alle meist Dschingis Khan zugeschrieben werden, obgleich sie aus viel älteren Zeiten stammen.

Ähnlich verhält es sich auch mit der südlichen Inneren Mongolei, deren Ruinenstätten aber noch nicht registriert worden sind. Aber auch deren Zahl ist hoch.

Quer durch die Weidesteppe und längs dem Hsingan-Gebirge ziehen sich ebenfalls zahlreiche Wälle und Wallsysteme, die meist der Wei- (220–229 n. Chr.) und Chin-Dynastie (265–420 n. Chr.) entstammen. Lintung, Borogochoto und Tsaghan suburga in der östlichen Inneren Mongolei sind alte Hauptstädte des Liao-Reiches aus dem 11. und 12. Jahrhundert und sind archäologisch erforscht.

Nicht viele der Ruinenstädte der Mongolei stammen aus der Zeit der Mongolenherrschaft. Manche stammen aus älterer Zeit wie Chara balgasaun – »die schwarze Stadt«, das die am linken Ufer des Orchonflusses begründete Hauptstadt des Uighurenreiches im 9. Jahrhundert war (745–840 n. Chr.).

Aus der Zeit der Kitan im 10. und 12. Jahrhundert (916 bis 1125) stammen die Ruinenstädte von Charuchain chara balgasaun, Tschin tologoi und Bars choto. Andere Wallgevierte wieder, wie das unweit der heutigen Hauptstadt gelegene, sind Überreste befestigter hunnischer Lager.

Oftmals haben die Mongolen aber das Baumaterial der alten Ruinen benutzt. Inmitten der alten Wallgevierte finden sich Ruinen von buddhistischen Klöstern aus dem Mittelalter, die mit alten Ziegeln errichtet worden sind. Eine solche alte Klosterruine steht inmitten der Lehmwälle von Charuchain chara balgasaun. Das 1586 begründete älteste buddhistische Kloster der nördlichen Mongolei, Erdeni dschu, ist mit Ziegeln aus den angrenzenden Ruinen von Dschingis Khans Hauptstadt Charakorum errichtet worden.

Nur wenige der alten Ruinenstädte der Mongolenzeit des

Mittelalters wurden ausgegraben. Charakorum, die alte Hauptstadt des mongolischen Reiches, ist seit 1949 das Objekt von Grabungen, die mongolische Gelehrte und der russische Archäologe Kiselev durchgeführt haben.

Mehrere Meter dicke Siedlungsschichten wurden festgestellt. Sie waren reich mit Schmiede- und Keramikarbeiten meist chinesischen Ursprungs angefüllt.

Auch die Grundmauern des großen Palastes und Thronsaales, in dem die Mongolenkhane Ögödei und Möngke residiert haben, konnten die Gelehrten auffinden. Unter diesen Mauern jedoch fanden sich buddhistische Fresken, die zeigen, daß schon vor dem Bau des Mongolenpalastes an diesem Platz ein buddhistischer Tempel gestanden hat.

Charakorum war im 13. Jahrhundert eine der bedeutendsten Städte der Erde mit dem Sitz des Großkhans, zu dem die Päpste und der französische König Ludwig IX. Gesandtschaften schickten. Verschleppte aus Ungarn, ein lothringischer Goldschmiedemeister Wilhelm und sein Sohn, eine Kurtisane aus Paris, lebten ebenso in Charakorum wie mohammedanische Händler und Kaufleute, uighurische Gelehrte, nestorianische christliche Mönche neben den mongolischen Soldaten und Höflingen.

Die Franziskanermönche, die im 13. Jahrhundert als Gesandte an den mongolischen Hof kamen, haben uns farbenprächtige und begeisterte Schilderungen von dieser festen Stadt im Herzen der Mongolei überliefert. Der Pater Wilhelm von Rubruck, der als Gesandter des heiligen Ludwig, des französischen Königs, 1253–1255 nach Charakorum gezogen war, berichtet in beredten Worten vom Palast des Mongolenkaisers und den Wunderdingen, die Meister Wilhelm aus Paris, der lothringische Goldschmied, dort auf Geheiß des Khans errichtet hatte:

»Mangu (Möngke Khan) besitzt bei Charakorum einen großen Palast, der nicht weit von den Stadtmauern entfernt ist. Dieser Palast ist von einer Ziegelmauer umgeben, so wie bei uns die Mönchskloster von einer Mauer eingeschlossen sind. Daselbst befindet sich ein großes Schloß, in dem der Khan zweimal im Jahre ein Trinkgelage abhält . . .«, berichtet Rubruck über das Charakorum des Jahres 1254 und er fährt fort: »Daselbst befinden sich viele Baulichkeiten von länglicher Gestalt wie Scheunen, in denen seine Lebensmittelvorräte und Reichtümer aufgespeichert werden. Im Eingang dieses großen Schlosses errichtete Meister Wilhelm aus Paris, da es wenig schön aussah, dorthinein Schläuche mit Milch und anderen Getränken zu tragen, einen großen Baum aus Silber, an dessen Wurzeln vier Löwen aus Silber liegen. Sie haben im Inneren eine Röhre und speien alle weiße Stutenmilch. Im Innern des Baumes sind vier Röhren emporgeführt bis oben zur Spitze, und ihre äußersten Enden sind von oben wieder etwas nach außen herabgebogen, und um jedes dieser Röhrenenden windet sich in gleicher Weise eine goldene Schlange, deren Schwanz sich um den Stamm des Baumes schlingt. Aus einer dieser Röhren strömt Wein, aus einer anderen Karakosmos, das ist gereinigte Stutenmilch, aus einer dritten Bal, das ist ein aus Honig bereitetes Getränk, und aus der vierten Röhre kommt ein aus Reis zubereiteter Wein, der Terracina genannt wird.«

Die Größe des kaiserlichen Palastes beeindruckte Rubruck. Er schreibt darüber: »Dieser Palast ist wie eine Kirche gebaut. Er hat ein Mittelschiff und zwei Seitenschiffe hinter zwei Säulenreihen und drei Türen nach Süden zu, und vor dem mittleren Eingang im Innern befindet sich der Baum . . .« Rubruck, der vom 5. April bis 9. Juli 1254 dort lebte, gibt auch genaue Angaben über Größe und Umfang der Stadt Charakorum selbst, die er mit St. Denis, dem Vorort von Paris mit seiner berühmten, großen Benediktiner-Abtei, vergleicht: »Was nun die Stadt Charakorum anbelangt, so sollt ihr wissen, daß, abgesehen von dem Schlosse des Khans, sie nicht so ansehnlich ist wie der Flecken St. Denis, und das Kloster St. Denis ist zehnmal größer als jenes Schloß. Zwei Stadtviertel befinden sich daselbst: einmal das Viertel der Sarazenen, wo die Märkte stattfinden und wo viele Kaufleute zusammenströmen wegen des Hofes, der sich immer nahe dabei aufhält, und wegen der Menge der Gesandten, zum andern das Viertel der Chinesen, die sämtlich Handwerker sind. Außerhalb dieses Viertels liegen die großen Häuser, die den Schreibern vom Hofe gehören. Es gibt dort zwölf Götzentempel der verschiedenen Völker, zwei Moscheen, in denen das Gesetz des Mohammed verkündet wird, und eine christliche Kirche am äußersten Ende der Stadt. Das Stadtgebiet ist von einer Lehmmauer umgeben, und es hat vier Eingangstore. Am Osttor wird Hirse verkauft und andere Kornfrucht, die freilich nur selten hier eingeführt wird. Am Westeingang werden Schafe und Ziegen verkauft, am Südeingang Ochsen und Wagen, und am Nordeingang Pferde.«

Vieles von dem haben die bisherigen Ausgrabungen in Charakorum bestätigt. Eine Vielzahl von bunten chinesischen Keramiken, bunte Majolika-Ziegel von den heute zertrümmerten Dächern, Eisenwaren aller Art, Waffen, Radnaben, Pflugschare, Kessel wurden gefunden. Nur eines haben die Ausgrabungen bis heute noch nicht zu Tage gefördert: mongolische Schriftenreste.

Auch die japanischen Grabungen in Schangtu, der Sommerresidenz des Mongolenkhans Khubilai, die um 1939 durchgeführt wurden, haben keine Reste von Büchern, Urkunden und Briefen erbracht. Allerdings hat man den großen Friedhof am Rand der alten Stadt Schangtu unberührt gelassen. Hier hätte man am ehesten eine Wiederholung des Fundes von der Wolga erwarten dürfen.

Bei allen bisherigen Grabungen hat es sich allerdings noch nicht um systematische Nachsuche nach alten Dokumenten gehandelt, sondern mehr um die Vermessung und Aufnahme der Mauerruinen, um Versuchsschnitte. Man kann es nicht glauben, daß nichts von den Archiven und dem Schriftverkehr jener Zeit hier im Sand und Löß bewahrt worden ist. Dagegen sprechen nämlich die Erfahrungen von anderen Plätzen.

Die Stadt der vielen Tempel

1929 stieß ein Mitglied der chinesisch-schwedischen Expedition Sven Hedins, Herr Huang Wen-pi, etwa zwanzig Kilometer nördlich des lamaistischen Klosters Pai-ling-miao in der Inneren Mongolei auf eine umwallte Ruinenstätte, die die Mongolen Olon sümein tor, »die Ruinen vieler Tempel«, nannten. In dem 1000 mal 570 Meter großen Wallgeviert waren große Stein- und Ziegelhaufen. Viele Fundamente aus solidem Stein zeigten, daß hier einmal eine große Zahl fester Gebäude, Paläste und Tempel gestanden hatte.

Wenig später, 1932, besuchte auch der amerikanische Mongoleiexperte Owen Lattimore die Ruinenstätte. Er fand viele Steinsäulen, auf die das Kreuz der nestorianischen Christen eingemeißelt war, und kam zu dem Schluß, daß hier eine kleine Stadt war, die einst ein bedeutendes nestorianisch-christliches Zentrum gewesen sein mußte. Die Sagen und Märchen, die die Mongolen der Umgebung erzählten, sagten alle übereinstimmend, daß das Ruinengebiet »verwunschen« sei.

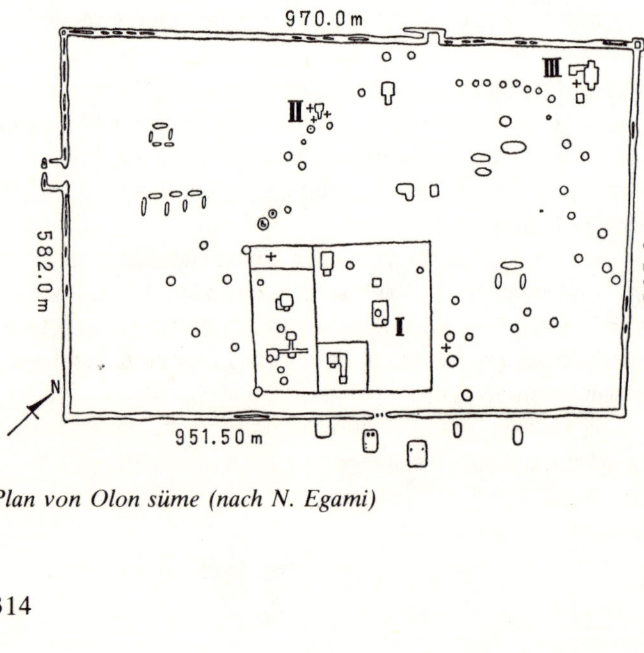

Plan von Olon süme (nach N. Egami)

Ein Teil der Ruinen bildetete die Grundmauern eines großen, lamaistischen Tempels. Hier fand sich ein großer schwarzer Stein, in den eine zum Teil vom Zahn der Zeit zerstörte mongolische Inschrift eingemeißelt war. Sie erwähnte Altan Khan, den Tümet, den großen Förderer des Buddhismus im 6. Jahrhundert, der 1583 gestorben war.

An einer anderen Stelle innerhalb der Einfriedigung fand sich eine zertrümmerte Stelle aus weißem Marmor. Auf ihr waren in chinesischer Schrift Namen von Mongolen verzeichnet. Daraus und aus dem Auftreten der nestorianischen Kreuze schloß Lattimore, daß die Stadt in zumindest zwei Perioden geblüht hatte – einmal im 13. Jahrhundert und dann wieder ein wenig vor und ein wenig nach dem Jahre 1600.

Zwei Jahre nach Lattimore kam auch der japanische Archäologe Namio Egami nach Olon süme und sah die Inschrift auf dem Marmorstein. Dieser enthält in Wirklichkeit zwei Inschriften: Die eine aus dem Jahre 1308 war zu Ehren eines chinesischen Beraters des Königs der Ongut eingemeißelt worden; die zweite Inschrift aus dem Jahre 1347 enthielt die Genealogie der Königsfamilie der Ongut von einem gewissen Alachus bis Batu-temür.

Hier wurde Egami hellhörig.

Der päpstliche Legat Johannes von Montecorvino, der 1291 nach dem Sitz des Mongolenkaisers als erster katholischer Erzbischof von Peking entsandt worden war, hatte nämlich in seinem Bericht, den er am 8. Januar 1305 an den Papst schickte, von einem König der Onguten, eines dem nestorianischen Christentum ergebenen Stammes nordwestlich von Peking, erzählt.

»Ein gewisser König dieses Teiles der Welt«, hatte Montecorvino geschrieben, »Georg genannt, . . . schloß sich im ersten Jahre meiner Ankunft hier an mich an und nahm die ersten Ordensgelübde, nachdem er durch mich zur Wahrheit des katholischen Glaubens bekehrt worden war . . . Er brachte einen großen Teil seines Volkes mit sich zum wahren katholischen Glauben und baute in wahrlich königlicher Größe eine Kirche . . .«

Die Namen, die die chinesische Inschrift von 1347 aus Olon süme nannte, waren die gleichen, die Montecorvino in seinem Berichte nannte.

Hatte man in Olon süme die Hauptstadt des Königs Georg der Onguten gefunden? Dann mußten sich auch Spuren der von Montecorvino genannten Kirche finden lassen.

Gotische Kapellenreste in der Mongolei

1938 rüstete die Akademie für Orientalische Kulturen in Tokio eine Expedition unter Leitung Egamis zur Erforschung Olon sümes aus.

Um die Sache kurz zu machen: Der japanische Gelehrte entdeckte tatsächlich im Nordosten des Wallgevierts die Reste eines Gebäudes mit kreuzförmigem Grundriß. Die Ziegel der Ruine aber waren mit einem Blättermuster in Hochrelief in gotischem Stil verziert und mit einer dunkelblauen Glasur überzogen. Auch die Reste einer stark zerstörten Statue in europäischer Art fand man.

Egami hatte die Ruinen der von Erzbischof Montecorvino 1292 gegründeten katholischen Kirche aufgefunden. Ein weiteres Rätsel der mittelalterlichen Geschichte Zentralasiens war gelöst. Der Fund bestätigte andererseits auch die Zuverlässigkeit der Berichte der ersten katholischen Mönche in China aus dem 13. und 14. Jahrhundert.

Und schriftliche Zeugnisse auf Papier hatte er nicht gefunden, fragt man sich jetzt. Egami hat keine Dokumente des 12. und 13. Jahrhunderts, wie wir sie aus Charachoto und Turfan kennen, in Olon süme entdeckt. Aber er fand wichtige Textfragmente aus dem 16. Jahrhundert, aus der zweiten Blütezeit von Olon süme.

Natürlich kreiste das Interesse des Archäologen um den aufsehenerregenden Fund der gotischen Kirchenruine. Aber zwischen den Ruinen des einstigen Palastes und der Ruine der gotischen Kirche stehen auf einem ungefähr zwanzig Meter breiten Hügel die Überreste einer Pagode. Egami glaubt, daß der alte, zerstörte Lamatempel in Olon süme ursprünglich von 108 Pagoden oder Stupas umgeben war. In dem Pagodenrest war eine Höhlung. In sie faßte Egami eines Tages hinein, von Neugier getrieben. Er brachte daraus zahlreiche kleine Pagoden-Nachbildungen, aus Ton modelliert, heraus. Dazwischen aber lagen auch einige mongolische und tibetische Manuskripte, unter ihnen der Befehl einer Prinzessin.

Der Fund aus Zufall

Eine Mäusefamilie hatte zwischen den Pagodenmodellen aus Ton ihr Lager aufgeschlagen. Dieses hatte sie mit den zerfressenen Manuskriptfetzchen ausgepolstert. Was Egami als erstes hervorgeholt hatte, waren 20 Fragmente von Gebeten und Handbüchern für die Zeichendeutung, ein Schreiben einer Prinzessin an den Abt eines Klosters. Wenn man sie bearbeitete, würden diese Fragmente einen guten Einblick in das kulturelle Leben eines mongolischen Fürstenhofes und Klosters im frühen 16. Jahrhundert geben. So ganz nebenbei war hier ein Fund gelungen, der ein wenig Licht in eine der dunkelsten Epochen der mongolischen Geschichte warf. Über das eigentliche Leben, über den Alltag der Mongolen des 15. und 16. Jahrhunderts ist nämlich viel weniger bekannt als über die Zeit Dschingis Khans und seiner nächsten Nachfolger.

Was man über die Mongolen des 15. und 16. Jahrhunderts weiß, stammt meist aus zeitgenössischen chinesischen Berichten. Und die Chinesen waren voreingenommen gegen die wilden Reiter von jenseits der Großen Mauer, die immer wieder die schwachen Grenzgarnisonen überrannten und dann plündernd und raubend in das chinesische Agrarland einfielen. Manchmal stießen sie bis nahe vor die Hauptstadt Peking vor.

Einmal haben sie dabei 1449 auch den chinesischen Kaiser

Yingtsung gefangengenommen und ihn erst nach vielen Jahren gegen hohes Lösegeld freigelassen. Die Chinesen der Ming-Dynastie (1368–1644) hatten also wahrlich keinen Grund, den Mongolen freundlich gesinnt zu sein. Das wirkt sich aber auch auf ihre Berichterstattung über die unruhigen nördlichen Nachbarn aus, die die Chinesen »Barbaren« nannten.

Hsiao Ta-heng, Berater des chinesischen Kaisers in Angelegenheiten der nördlichen Barbaren, schrieb um 1594 über diese: »Die Barbaren sind von Natur aus naiv und einfach ... Wenn ein Barbar schreiben kann, ... so gibt ihm dies eine höhere Stellung unter den gewöhnlichen Barbaren. Das ist es, weshalb die Barbaren so sehr die Bakschi verehren ... Zur Zeit benützen sie Holzbrettchen oder Häute, um darauf zu schreiben. Seitdem sie sich unterworfen haben und an China Tribute bezahlen, geben wir ihnen jedesmal Papier und Pinsel, aber das Papier dient nur, um die Erinnerungen des Kaisers niederzuschreiben. Diejenigen, die schreiben gelernt haben, bedienen sich weiterhin der Holzbrettchen, die sie so wie unsere Lackbretter herrichten, nur sind sie viel unebener. Zum Schreiben bedienen sie sich nicht des Pinsels, sondern gebrauchen statt dessen das Schilfrohr ...«

Aber Schriftliches aus jener Zeit hatte sich bislang nur wenig gefunden. Egami waren nun von einem klar bestimmbaren Fundort, aus dem Tümet-Gebiet, der Heimat des Altan Khan, viele solcher Fragmente in die Hände gefallen.

Zurück nach China

Den Ausgrabungen und Funden von Olon süme schien kein günstiger Stern. Wohl konnte Namio Egami nochmals 1941 und 1944 nach Olon süme reisen, aber an systematisches archäologisches Arbeiten war nicht mehr zu denken.

Der Zweite Weltkrieg war ausgebrochen. Japans Position in der Inneren Mongolei war zwar zunächst militärisch noch gesichert, doch nahm sie im Laufe der folgenden Jahre rasch ab, bis sie sich auf das Halten der befestigten Plätze und der Bahnlinien beschränkte. Das freie Land war Niemandsland, in das prochinesische mongolische Partisanen und solche der 8. kommunistischen chinesischen Armee immer wieder einsickerten.

So kam es, daß Egamis letzter Besuch in Olon süme 1944 nur kurz war und mehr einer Bestätigung und Überprüfung der bisher aufgefundenen Ruinenstädte galt als neuen Ausgrabungen. Aber einmal noch faßte Egami in das Mäuseloch in der großen Pagode. Es waren nur Papierfetzen und lehmverkrustete Bruchstücke, die er herauszog. Er nahm sie mehr der Kuriosität halber mit, so wie er auch einige Blätter angekohlter Schriften aus dem am Wege liegenden Kloster Pai-ling-miao mitnahm, das in der Zwischenzeit von Partisanen überfallen und niedergebrannt worden war. In Tokio vergaß er dann auch bald die wenigen lehmverkrusteten Papierknäuel.

Als der Krieg zu Ende gegangen war, mußten die Funde von Olon süme mit anderen in China ausgegrabenen und gesammelten Gegenständen von Japan an China zurückgegeben werden.

Über ihren Verbleib ist nichts bekannt. Man weiß nicht einmal sicher, ob sie China jemals erreicht haben. Es scheint, als ob die Reste von Montecorvinos gotischer Kirche und auch die mongolischen Manuskriptreste nunmehr für immer verloren sind. Nur ein kleines Stück der blauglasierten Ziegel mit gotischem Blattmuster, das beim Verpacken der Funde zur Rücksendung nach China durch Zufall liegengeblieben war, fand Egami später wieder. Er schenkte es dem berühmten Museé Guimet in Paris, jener weltbekannten Sammelstätte von Kunstschätzen aus Zentralasien, damit es jedermann zugänglich sei.

Das Mäusenest von Olon süme

Als mir Professor Egami das traurige Schicksal seiner Funde aus Olon süme erzählte, saßen wir 1962 im Institut für Orientalische Kulturen in Tokio beisammen.

Ich erinnerte mich an einen Tag im Jahre 1941, als er mir im gleichen Institut voller Stolz die Reste der gotischen Kirchenverzierungen und die Statue aus der Kirche des Erzbischofs Montecorvino gezeigt hatte. Diesmal konnte er nur leere Schachteln vorweisen.

Ich fragte Egami nach anderen Manuskripten, denn ich war nach Japan gekommen, um nach alten mongolischen Handschriften zu suchen. Egami lächelte verneinend.

Nein, er habe nichts mehr davon. Mikrofilme der Fragmente aus Olon süme könnte ich sehen, aber diese seien mir ja bekannt. Und dann seien da noch ein paar angekohlte Blätter aus dem von Partisanen verbrannten Kloster Pai-ling-miao, die er 1944 mitgebracht habe. Ich wollte sie natürlich sehen und bekam sie auch gezeigt. Es war nichts Wichtiges darunter, nichts, was nicht in umfangreichen oder vollständigen Handschriften aus anderen Bibliotheken schon bekannt und erhalten war. Nun, nichts zu finden gehört auch zum Abenteuer des Suchens.

Aber da lag noch ein kleines lehm- und schmutzverkrustetes Knäuel von Papierfetzchen, um eine zündholzähnliche Schachtel gewickelt, zerrissen und wurmzerfressen. Was war das? Der Rest eines Mäusenestes, aus der Pagode von Olon süme, 1944 als Andenken mitgebracht, ohne jeglichen Wert.

Ich bat mir das Lehmknäuel aus, erhielt die Erlaubnis, es auseinanderzunehmen und in die einzelnen Papierfetzchen zu zerlegen. Tage und Stunden säuberte und glättete ich, bürstete und kratzte ich den Lehm weg. Zunächst gelang es, 17 Fragmente mongolischer Handschriften aus dem Knäuel zu gewinnen. Das Mäusenest aus Olon süme erwies sich als ein wichtiger Handschriftenfund. Unter den Schriftstücken, die es enthielt, befanden sich ein Leihvertrag und Bruchstücke buddhistischer

Gebete. Ein Fragment war der Teil eines Gebetes gegen Streit und Verwünschung in einer Fassung, von der bekannt ist, daß sie erst nach 1587 entstand. Dies und die Nennung von Enkeln des Tümet-Fürsten Altan Khan in dem Text der in Olon süme aufgefundenen Steininschrift datieren die Klostergemeinschaft von Olon süme, von deren Leben und geistigen Interessen diese Fragmente berichten, in die Wende vom 16. zum 17. Jahrhundert. Ein Blättchen enthielt die Reste einer Hymne an Buddha, ein anderes war das Fragment einer Lehrdichtung, die den guten Würdenträger und Minister lobte.

1966 fand Namio Egami weitere Manuskriptfragmente aus Olon süme während des Wiederaufbaues seines Institutes wieder, die ich dann auch bearbeiten durfte. Nun erwiesen sich allein 39 der insgesamt 211 aufgefundenen Fragmente als Teile der mongolischen Übersetzung der buddhistischen moralistischen Lehrschrift ›Boddhicaryāvatāra‹, die der Mönch Tschosgi odser 1305 angefertigt hatte.

Ein Blatt dieser Handschrift der ›Boddhicaryāvatāra‹-Übersetzung war schon unter den Fragmenten gewesen, die Egami zuerst 1938 in Olon süme entdeckt hatte. Nun aber fanden sich noch weitere Teile aus diesem Werk. Die einzelnen Fetzchen paßten zu Fragmenten aus dem Fund von 1938, die bislang noch nicht zu identifizieren gewesen waren. Als ich mit der mühsamen Arbeit des Aneinanderpassens und Identifizierens fertig war, hatte ich Stellen aus fast allen Kapiteln dieses seltenen Werks herausgefunden. Damit war das älteste, heute bekannte Manuskript der mongolischen Übersetzung dieses bedeutenden buddhistischen Werkes aufgefunden.

Die Mäuse von Olon süme hatten so wichtige Denkmäler der mongolischen mittelalterlichen Literatur gerettet. Die Überreste ihrer Nagesucht gaben Einblick in die Interessen dieser mongolischen Gemeinde des 16. Jahrhunderts. Dabei war Papier damals so knapp und selten gewesen, daß zwischen die Zeilen einer Seite, Prinzen, die schreiben lernten, mit ungelenker Hand ihren Namen geschrieben hatten.

Zum Schluß bleibt nur die Frage, wieso diese verschiedenen Blätter, auf die Leihkontrakte und Gebete, Hymnen und medizinische Rezepte geschrieben waren, sich alle in der Pagode von Olon süme gefunden hatten? Diente die Pagode als einer jener verschlossenen heiligen Plätze, in die man unbrauchbar gewordene Schriftstücke, lose Blätter alter Bücher vor der Vernichtung schützte? Hatten wir es hier mit einem jener Friedhöfe heiliger Schriften zu tun? Oder trugen die fleißigen Mäuse von Olon süme aus einem Archiv, aus einer einstigen Klosterbibliothek die verschiedenen Blätter zusammen, um ihr Nest zu polstern. Hatten sich so die Reste einer einstigen Klosterbibliothek erhalten? Oder hatte man beim Herannahen einer Gefahr die Schriften, wichtige weltliche Dokumente und heilige Schriften, in der Pagode in Sicherheit gebracht und später keine Gelegenheit mehr gehabt, sie wieder hervorzuholen?

Solange man nicht in den Ruinen von Olon süme weitersuchen und graben kann, wird auf diese Fragen keine Antwort gegeben werden können.

Ein anderer Pagodenfund

Doch auch in der Mongolischen Volksrepublik glückte ein aufsehenerregender Handschriftenfund. Dort fanden der mongolische Archäologe H. Perlee und sein sowjetischer Kollege E. W. Sawchunow 1970 300 Manuskriptfragmente auf Birkenrinde in den Fundamenten einer alten Pagode. Die Pagodenreste fanden sich in den Ruinen einer Harbuhyn balgas, »Stadt des Schwarzen Stieres«, oder Nomügüj taizyn balgas, »Stadt des glaubenslosen Tayǰi«, genannten Siedlung. Weitaus der größte Teil der Schriftstücke, die sich auf den 300 ca. 7 mal 14 cm großen Birkenrindenstücken finden, sind achtzehn umfangreiche Rechtsvereinbarungen, die die Adeligen der nördlichen Mongolei in den ersten Jahren des 16. Jahrhunderts auf Fürstenversammlungen getroffen haben, Gesetze, die Frieden und

Ruhe gewährleisten sollten. Sieht man von Fragmenten der Gesetze Dschingis Khans, der sogenannten ›Yassa‹ ab, die sich als Zitate in den Geschichtswerken vorderasiatischer Chronisten wiederfanden, so sind diese Gesetzestexte aus den Jahren 1603 bis 1639 die ältesten, die man bisher in der Mongolei aufgefunden hat. Die Gesetzgeber der Fürstenversammlungen gingen mit ihresgleichen nicht gerade zimperlich um. Die vorgesehen Strafen waren hart.

§ 1: »Wenn ein Fürst dieses Gesetz verletzt«, heißt es in einer Vereinbarung aus dem Jahre 1620, die aus den Fragmenten rekonstruiert wurde, »soll man ihm 100 Pferde, 100 Harnische und 100 Kamele abnehmen . . .«

§ 12: »Wenn ein Fürst unter seinesgleichen eine spitze Klinge zieht, nehme man ihm 1000 Pferde und 100 Kamele ab. Wenn ein Fürst in einen Tempel eindringt, ist er durch die sieben Banner zu verfolgen, wenn ein gemeiner Mann eindringt, ist er zu töten . . .«

Es sind alle Möglichkeiten von Übertretungen der Ruhe und des Friedens berücksichtigt: »Wenn ein Dienstmann einen Jugendlichen schlägt, so ist dies, wenn es wegen des Dienstes ist, straflos, wenn er ihn zu unrecht schlägt, nehme man ihm einmal neun (Tiere) ab.« – »Wenn Zähne gebrochen sind, sind einmal neun (Tiere) an Stelle jeden Zahnes zu geben.« – »Wenn ein Mensch, von einem Hund angefallen und gebissen, stirbt, ist für den Menschen ein Kamel zu ersetzen.«

Wie in Olon süme fanden sich auch in dem Pagodenfundament von Harbuchyn balgasun neben den juristischen Dokumenten und Rechtsvereinbarungen Überreste von schamanistischen und auch von buddhistischen Gebeten, die Einblick geben in die Vorstellungswelt dieser Zeit vor etwa 350 Jahren. Unter ihnen sind eine Lobpreisung der neun heldischen Gefährten Dschingis Khans ebenso wie Werke der volksreligiösen Dichtung, ein Sattelriemen-Rauchopfer, das Glück bei der Jagd bringen soll; auch eine Anrufung des Geser Khans, des Heldens des weitverbreiteten Epos, der gegen Feinde und

Räuber helfen soll. Diese Anrufung des mythischen Heldens aus der Wende des 16. zum 17. Jahrhundert stimmt inhaltlich mit jüngeren Niederschriften aus dem 18. und 19. Jahrhundert überein. Das wiederum beweist eine durch mehrere Jahrhunderte fast unveränderte schriftliche und mündliche Weitergabe mongolischer Literaturdenkmäler.

Somit erhält jedes neu aufgefundene Manuskript aus alter Zeit besondere Bedeutung für die Rekonstruktion der mongolischen Kultur vergangener, wenig bekannter Zeiten, für die Suche nach der Geschichte dieser Zeit.

Literaturverzeichnis

1. Kapitel

Roger von Varasdin, Carmen miserabile, Scriptores Rerum Hungaricarum I, 1937.

I. Baranov, Portretnaja galerija mongolskoj dinastii (Eine Bildergalerie der Mongolendynastie). Memoirs of the Club of Natural Science and Geography of the YMCA, Harbin 1941, 101–106 (russ.).

A. Mostaert, A propos de quelques portraits d'empereurs Mongols. Asia Maior IV, Leipzig 1927, 148–156.

W. Hung, The transmission of the book known as the Secret History of the Mongols. Harvard Journal of Asiatic Studies 14, Cambridge Mass. 1951, 433–492.

S. D. Dylykov, Edžen-choro. Filologija i istorija Mongol'skich narodov, Moskau 1958, 227–276.

B. L. Putnam Weale, Indiscreet Letters from Peking. London 1906.

E. Haenisch, Die Schriftfrage im mongolischen Ostreich. Oriente Poliano, Rom 1957, 103–110.

G. Doerfer, Zur Datierung der Geheimen Geschichte der Mongolen. Zeitschrift der Deutschen Morgenländischen Gesellschaft 113, 1963, 87–111.

O. Franke, Zur Frage der ursprünglichen Schriftform des Yüan-ch'ao pi-shih. Studia Serica X, Chengtu 1951, 1–18.

E. Haenisch, Die Mongolei – Bilder aus alter und neuer Zeit. Der Orient in deutscher Forschung, 126–136.

E. Haenisch, Untersuchungen über das Yüan-ch'ao pi-shih, die Geheime Geschichte der Mongolen. Leipzig 1931.

E. Haenisch, Die Geheime Geschichte der Mongolen (Übersetzung). 2. Aufl. Leipzig 1948.

C. Ž. Žamcarano, The Mongol Chronicles of the Seventeenth Century, 2. Aufl. Wiesbaden 1955.

F. Bischoff, Eine buddhistische Wiedergabe christlicher Bräuche. Monumenta Serica XX, Nagoya 1961, 282–231.

W. Heissig, Einige Bemerkungen über die Köke sudur, eine neuere mongolische Darstellung der Yüan-Zeit. Monumenta Serica VIII, Peking 1943, 244–259.

Erdenitoghtachu, Indschanaschi, Köke Hota 1958 (mong.).

Namžilcewen, Höh sudryn sudlalyn tobclol (Zusammenfassung über das Studium der Köke sudur). Ulanbator 1959 (mong.).

2. Kapitel

R. A. Rupen, Mongolia in the Sino-Soviet Dispute. The China Quarterly 1963.

P. Pelliot und L. Hambis, Histoire des Campagnes de Gengis Khan. Leiden 1951.

R. Grousset, L'Empire Mongol. Paris 1941.

B. J. Vladimircov, The Life of Chingis-Khan. London 1930.

H. Desmond Martin. The Rise of Chingis Khan and his Conquest of North China. Baltimore 1950.

R. H. van Gulik, Pi Hsi T'u K'ao. Erotic Colour Prints of the Ming Period. Tokyo 1951.

R. H. van Gulik, Sexual Life in China. Leiden 1961.

H. Schulte-Uffelage, Das Keng-Shen-Wai-Shih, eine Quelle zur späten Mongolenzeit. Berlin 1963.

W. Heissig, Mongolenreiche. Propyläen Weltgeschichte, Bd. VI, Berlin 1964, 345–372.

Chinesische Akademie der Wissenschaften, Die Entwicklung der sprachlichen Schöpfung der mongolischen Minderheiten Chinas in zehn Jahren und der Zustand dieser Studien. Peking 1959 (mong.).

I. Ch. Ovdienko, Vnutrennaja Mongolija (Die Innere Mongolei). Moskau 1954 (russ).

W. Heissig, Die Schwänke des »Verrückten« Šagdar. Festschrift für Erich Haenisch, Wiesbaden 1961.

3. Kapitel

C. D. Barkmann, The Return of the Torghuts from Russia to China. Journal of Oriental Studies II, Hongkong 1955, 89–115.

B. V. Dolbetov, Sud'ba kalmykov, bgežavšich c Volgi, Karašarskoe chanstvo (Das Schicksal der Kalmückenflüchtlinge von der Wolga und das Khanat von Karaschar). Ulan zalat II, Prag 1928, 20–37 (russ.).

O. Franke, Leibniz und China. Gottfried Wilhelm Leibniz, Hamburg 1946, 108.

T. K. Safranovskaja, Mongolist XVIII veka Iogan Ierig. Strany i Narody Vostoka IV, Moskau 1965, 155–163.

W. Heissig, Mongolenreise zur späten Goethezeit, Berichte und Bilder des J. Rehmann und A. Thesleff von der russischen Gesandtschaftsreise 1805/06. Wiesbaden 1971.

W. Heissig, Mongolisches Schrifttum im Lindenmuseum. Tribus VIII, Stuttgart 1959, 39–56.

W. Heissig, Ein mongolisches Handbuch für die Herstellung von Schutzamuletten. Tribus XI, Stuttgart 1962, 69–83.
W. Heissig, Mongolische Handschriften, Blockdrucke, Landkarten. Verzeichnis der Orientalischen Handschriften in Deutschland, I, Wiesbaden 1961.
A. N. Pozdneev, Očerki byta buddijskich monastyrej (Skizzen aus dem Leben der buddhistischen Klöster). St. Petersburg 1837, insbes. 382–384.
B. Rinčen, Üür-ün tuyagha II (Strahlen der Morgenröte). Ulanbator 1955, 283–285 (mong.).
O. Lattimore, Nationalism and Revolution in Mongolia. Leiden 1955.
J. F. Baddeley, Russia, Mongolia, China, I. London 1919.
N. Poppe, Renats Kalmuck Maps. Imago Mundi XII, 1955, 157–159.
W. A. Berendson, The Oriental Studies of August Strindberg. Central Asien Collectanea 5, Washington 1960.
W. Heissig, Über mongolische Landkarten. Monumenta Serica IX, Peking 1944, 123–173.

4. Kapitel

K. Gronbech, Sprog og skrift i Mongoliet. Forelobig beretning om det sproglige arbejde paa det Kgl. Danske Geografisk Selskab Centralasiatiske Ekspedition 1938–39 (Sprache und Schrift in der Mongolei. Vorläufiger Bericht über die sprachwissenschaftlichen Arbeiten der zentralasiatischen Expedition der Königlich Dänischen Geographischen Gesellschaft 1938–39). Geografisk Tidsskrift 43, Kopenhagen 1940, 56–93 (dänisch).
K. Gronbech, Auszüge aus dem unveröffentlichen Expeditionstagebuch.
W. Heissig, Catalogue of Mongol Manuscripts, Xylographs and Books in the Royal Library Copenhagen (in Vorbereitung).
C. R. Bawden, On the Practic of Scapulimancy among the Mongols. Central Asiatic Journal IV, Den Haag 1958, 1–31.
C. R. Bawden, Astrologie und Divination bei den Mongolen: die schriftlichen Quellen. Zeitschrift der Deutschen Morgenländischen Gesellschaft 108, Wiesbaden 1958, 317–337.
W. Heissig, Die mongolische Geschichtsschreibung im 18. und 19. Jahrhundert. Saeculum III, 1952, 218–236
W. Heissig, Die Familien- und Kirchengeschichtsschreibung der Mongolen, I. Wiesbaden 1959.
W. Heissig, Mongolische Literatur. Handbuch der Orientalistik, Bd. V. 1964, 228–274.

5. Kapitel

B. J. Vladimircov, Nadpisi na skalach chalachaskogo Tsoktu taidzi (Die Steininschriften des Tsoktu taidzi der Chalcha). Izvestija Akad. Nauk, 1926–1927.
W. Heissig, Zur geistigen Leistung der neubekehrten Mongolen des späten 16. und frühen 17. Jahrhunderts. Ural-Altaische Jahrbücher 26, Wiesbaden 1954, 101–116.

W. Heissig, Zur Entstehungsgeschichte der mongolischen Kandjur-Redaktion der Ligdan Khan-Zeit. Studia Altaica, Wiesbaden 1957.

W. Heissig, Beiträge zur Übersetzungsgeschichte des mongolischen buddhistischen Kanons. Abhandlungen der Akad. der Wissenschaften in Göttingen, 1962, 71–87.

6. Kapitel

W. Heissig, The Mongol Manuscripts and Xylographs of the Belgian Scheut-Mission. Central Asian Journal III, Den Haag 1957, 161 bis 189.

W. Heissig, Helden-, Höllenfahrts- und Schelmengeschichten der Mongolen. Zürich 1962, 81–167 (Übersetzungen).

I. J. Schmidt, Die Thaten Bogda Gesser Chans, des Vertilgers der Wurzel der zehn Übel in den zehn Gegenden. St. Petersburg-Leipzig 1839.

B. Rinčen, Folklore Mongol III. Wiesbaden 1963.

J. Mullie, De bedrijvigheid van de vlaamse missionarissen op het gebied der Mongolistiek. Mittlg. d. Kgl. Flämischen Akademie XIX, 1917, N. 15.

W. Heissig, Zur Frage der individuellen Idiomatik der Rhapsoden: ›Erzählung, wie der Menschenfresser unterdrückt wurde‹. Eine Ependichtung des ostmongolischen Sängers Paǰai (1902–1960). Zentralasiatische Studien 6, 1972, 145–228.

V. Veit, Siregetü-yin mergen qagan, ein Epos aus der Inneren Mongolei. Zentralasiatische Studien 6, 1972, 63–144.

N. Poppe, Die mongolische Heldensage Khilen Galdzu. Zentralasiatische Studie 6, 1972, 229–272.

N. Poppe (Übers.), Mongolische Epen I–VI. Wiesbaden 1975–1977.

7. Kapitel

J. v. Hecken, Les Missions chez les Mongols aux Temps Modernes. Peiping 1949.

P. Fleming, The Siege at Peking. London 1959.

W. Heissig, Die Pekinger lamaistischen Blockdrucke in mongolischer Sprache. Wiesbaden 1954.

B. Laufer, Descriptive Account of the Collection of Chinese, Tibetan, Mongol, and Japanese Books in The Newberry Library. Chicago 1913.

B. Laufer, Skizze der mongolischen Literatur. Keleti Szemle VIII, Budapest 1907, 165–260.

W. Heissig, Das mongolische Publikations- und Übersetzungswesen der Mandju-Zeit. Sinologica III, Basel 1953, 203–209.

Š. Natsagdordsch, Halhyn tüüh. Ulanbator 1963.

W. Heissig, Eine kleine mongolische Klosterbibliothek aus Tsachar. Jahrbuch d. Bernischen Hist. Museum. Bern. 1961/62, 557–590.

W. Heissig, Geschichte der mongolischen Literatur, 2 Bde, Wiesbaden 1972.

8. Kapitel

O. Lattimore, The Mongols of Manchuria. London 1934.

W. Heissig, Ostmongolische Reise. Darmstadt 1955.

A. N. Pozdneev, Mongolija i Mongoly (Die Mongolei und die Mongolen). St. Petersburg 1896 (russ.).

O. Lattimore, Nationalism and Revolution in Mongolia. Leiden 1955. Dindob, Monggol-un tobči teüke. Ulanbator 1934/35 (mong).

W. Heissig, A. Description of the Mongolian Manuscripts in the University Library Oslo. Acta Orientalia XXIII, 92–106.

Š. Natsagdordsch, Iz istorii aratskogo dviženija vo vnešnej Mongolii (Aus der Geschichte der Araten-Bewegung in der Äußeren Mongolei). Moskau 1958 (russ.).

Urgunge Onon, Mongolian Heros of the 20th Century. New York 1976.

9. Kapitel

R. A. Rupen, The Buriat Intelligentsia. The Far Eastern Quarterly XV, 1956, 383–398.

R. A. Rupen, Cyben Žamcaranovič Žamcarano (1880?–1940). Harvard Journal of Asiatic Studies 19, Cambridge/Mass. 1956, 126 bis 145.

E. M. Murzaev, Die mongolische Volksrepublik, Gotha 1954.

I. N. Ustjužaninov, Kul'tura mongol'skogo naroda (Die Kultur des mongolischen Volkes). Mongol'skaja narodnaja respublika, Sbornik statej, Moskau 1952 (russ.).

C. Ž. Žamcarano, Proizvedenija narodnoj slovesnosti burjat (Erzeugnisse der burjatischen Volksliteratur). Petrograd 1918 (russ.-mong.).

C. D. Dylykov, Demokratičeskoe dviženie Mongol'skogo naroda v. Kitae (Die demokratische Bewegung der mongolischen Völker in China). Moskau 1953.

10. Kapitel

Če. Damdinsürüng, Saran kökügen- u. namtar (Das Leben des Mondkukkucks). Corpus Scriptorum Mongolorum, Ulanbator 1962 (mong.).

Če. Damdingsürüng, Saran höhöönij duulalt žüžig (Das Theaterstück ›Mondkuckuck‹). BNMAU Šinzleh uhaany akademijin medee (Mitteilungen der Akademie der Wissenschaften der Mongolischen Volksrepublik) 1961/62, 85–108.

11. Kapitel

E. Haenisch, Die geheime Geschichte der Mongolen aus einer mongolischen Niederschrift des Jahre 1240 von der Insel Kode'e im Keluren-Fluß (Übersetzung). Leipzig 1941.

A. v. LeCoq, Von Land und Leuten in Ost-Turkistan. Berlin 1928.

P. K. Kozlov, Mongolija i Amdo i mertvyj gorod Chara-choto (Die Mongolei und Amdo und die tote Stadt Charachoto). Moskau 1923 (russ.).

F. W. Cleaves, An Early Mongolian Loan Contract from Qara Qoto. Harvard Journal of Asiatic Studies 18, Cambridge/Mass 1955, 1–49.

O. Franke, Geschichte des Chinesischen Reiches. Bd. IV, Berlin 1948, 160 ff.

E. Haenisch, Mongolica der Berliner Turfan-Sammlung. II. Mongolische Texte der Berliner Turfan-Sammlung in Faksimile. Berlin 1959.

V. S. Kiselev, Drevnije goroda Mongolii (Alte Städte der Mongolei). Sovjetskaja Archeologija 1957/2, 91–101 (russ.).

N. Poppe, Eine mongolische Fassung der Alexandersage. Zeitschrift der Deutschen Morgenländischen Gesellschaft 107, Wiesbaden 1957, 105–129.

N. Poppe, Zolotoordynskaja rukopis' na bereste (Handschriften der Goldenen Horde auf Birkenbast). Sovetskoe Vostokovedenie II, Moskau 1940, 81 (russ.).

O. Lattimore, A. Ruined Nestorian City in Inner Mongolia. The Geographical Journal LXXXIV, 1934.

O. Lattimore, Mongol Journeys. London 1941, 101–114.

N. Egami, Olon-Sume et la découverte de l'eglise catholique romaine de Jean de Montecorvino. Journal Asiatique CCXL, Paris 1952, 155–167.

W. Heissig, Die mongolischen Handschriften-Reste aus Olon Süme, Innere Mongolei (16.–17. Jhdt.). Asiatische Forschungen 46, Wiesbaden 1976

H. Perlee, Mongol ba Töb azijn ornudyn sojolyn tüühend holbogdoh hojor hovor survalž bičig. Monumenta Historica VI, Ulanbator 1974, fasc. I.

Register

Personenregister

Ortsregister